**Wolfgang Elsner**
**Irrtum!**

**Wolfgang Elsner**

# Irrtum!

MOEWIG

Originalausgabe
Umschlagabbildung: Bavaria, München; AKG, Berlin

Printed in Germany 1998
ISBN 3-8118-1426-5

**Wolfgang Elsner**

# Irrtum!

MOEWIG

Originalausgabe
Umschlagabbildung: Bavaria, München; AKG, Berlin

Printed in Germany 1998
ISBN 3-8118-1426-5

# Inhalt

# Vorwort

»Sobald man spricht, beginnt man zu irren«, wußte schon Johann Wolfgang von Goethe (1749–1832). Da ist was dran. Obwohl wir in der Schule viel gelernt haben und unser Wissen durch Bücher und Fernsehen beständig erweitern, sind wir gegen Irrtümer, Fehleinschätzungen oder Vorurteile nicht gefeit. Wir übernehmen die Denkfehler anderer Menschen, erliegen Mißverständnissen, und allzuoft sind wir von unserem eigenen Falschdenken derart überzeugt, daß es unseren Mitmenschen große Mühe bereitet, uns in die Wirklichkeit zurückzuholen.

Gedanken sind mächtig. Die Macht der Einbildung beeinflußt uns ohne Unterlaß. Was wir uns einbilden, halten wir für wahr. Selbst die Wissenschaft hat sich bisher vergeblich bemüht, Fehleinschätzungen auszuschließen, sind doch auch Gelehrte nur Menschen, die hin und wieder kapitale Böcke schießen. Heute denkt niemand mehr, daß die Erde nur knappe 5000 Jahre alt ist. Auch die Behörden, die sich so gerne allwissend geben, irren wie alle Sterblichen. Wer New York City für die Hauptstadt des Staates New York hielt (richtig ist Albany), der kann Trost in der Tatsache finden, daß eine 1997 geprägte italienische Münze Deutschland noch als zweigeteilten Staat zeigte.

In diesem Buch werden über 500 Irrtümer aus allen Gebieten des Wissens richtiggestellt, Vorurteile entlarvt und Legenden zerstört – nicht nur die, die sich in unseren Köpfen festgesetzt haben, sondern auch die gewaltigen Fehler, die Wissenschaftlern, Behörden und Respektspersonen unterliefen. Das Buch soll die Wahrheit an den Tag bringen, aber nicht »belehren«, sondern ein Lesespaß für alle sein, die ihre Allgemeinbildung beflügeln wollen.

Und warum das alles? Weil Irrtümer, wie der deutsche Essayist Adolf Reitz (1884–1964) es formulierte, »der ironische Wegweiser zur Wahrheit« sind.

# 1. Einstein war ein Musterschüler
## Populäre Irrtümer

**Bauchredner sprechen mit dem Bauch**

Bauchredner gab es schon in der Antike, und damals glaubte man tatsächlich, daß die Stimme aus dem Bauchraum komme. Der Bauchredner preßt jedoch seine Gaumenbögen zusammen und verengt den Kehlkopfeingang durch Rücklage der Zunge. Heute benutzen Bauchredner oft Handpuppen, um einen Dialog zu simulieren – und um von ihren nahezu unmerklichen Mundbewegungen abzulenken.

Quelle: *Microsoft Encarta 98 Enzyklopädie*

**Billy the Kid ermordete 21 Menschen**

Die Legende von Billy the Kid (1859–1881) ist eine der beständigsten aus dem Wilden Westen. Die Folklore porträtiert Billy als einen jungen Rebellen, doch in Wahrheit war er nichts anderes als ein brutaler Killer. »The Kid« wurde in New York geboren. Nach dem Tod des Vaters heiratete seine Mutter 1873 erneut. Die Familie zog nach Silver City in New Mexico. Billy the Kid verbrachte dort einen Großteil seiner Jugend in den Saloons. Als Zwölfjähriger beging er angeblich seinen ersten Mord, später brüstete er sich damit, 21 Menschen ermordet zu haben. Es dürften tatsächlich aber insgesamt »nur« sechs gewesen sein.

Der kindlich aussehende Billy war berüchtigt für seine Raubüberfälle, Morde und Viehdiebstähle. 1880 gelang es dem Sheriff des Bezirks Lincoln, Pat Garret, den Killer zu fassen. Billy the Kid wurde zum Tod durch den Strang verurteilt, brach aber am 28. April 1881 aus dem Gefängnis aus, wobei er zwei

Hilfssheriffs tötete. Auf seiner Flucht geriet »The Kid« in eine Falle und wurde in Fort Sumner (New Mexico) von Sheriff Garret erschossen.

Quelle: William C. Davis, Joseph G. Rosa: *Amerikas Wilder Westen*, Rastatt 1997; *Microsoft Encarta 98 Enzyklopädie*

**Zur Dämpfung des Geschlechtstriebs wird dem Bundeswehr-Kaffee »Hängolin« beigemischt**

Das wäre Körperverletzung. Womit der Kaffee allerdings »gewürzt« wird: täglich sehr früh aufstehen, Eile den ganzen Tag über, körperliche Anstrengung, gelegentlich ein Alarm oder eine Nachtübung und vor allem weniger Schlaf als gewohnt. Das alles trägt zur, von dem einen erwünschten, dem anderen befürchteten, »Dämpfung« bei.

Quelle: *Playboy* 3/1983

**Coca-Cola eignet sich nur zum Durstlöschen**

Tatsächlich hilft die Limonade auch bei der Analyse von Bodenproben. Vor allem in Entwicklungsländern ließen sich mit der Brause die Untersuchungen verbessern, berichtet die Bundesforschungsanstalt für Landwirtschaft in Braunschweig. Die Herstellung eigener Lösungen entfalle ebenso wie die Entsorgung üblicherweise für Analysen benutzter Chemikalien.

Quelle: *Hamburger Abendblatt* 27. 11. 1998

**Cowboys waren nur Weiße**

So zeigen es die amerikanischen Wildwestfilme, in denen ein rein weißer Kolonisations- und Eroberungsmythos dargestellt wird. In Wirklichkeit ritten aber auch mexikanische »Vaqueros« und schwarze Cowboys auf den Viehtrails nach Norden, viele von ihnen ehemalige Sklaven, deren Erfahrung im Umgang mit Vieh lange Zeit verkannt worden war. In den Jahren unmittelbar nach dem amerikanischen Bürgerkrieg (1861–1865) rekrutierten sich die Cowboys überwiegend aus Weißen und Mexikanern, doch nach 1870 waren schwarze Viehtreiber auf den Trails ein vertrauter Anblick. Die texanischen Herdenbesitzer bevorzugten im Zweifelsfall sogar die Schwarzen, weil sie die Mexikaner wegen des Krieges mit Mexiko (1846–1848) nach wie vor als Feinde ansahen.

Quelle: William C. Davis, Joseph G. Rosa:
*Amerikas Wilder Westen*, Rastatt 1997

**Die beliebteste Comicfigur ist Mickymaus**

Nein, es ist Donald Duck. Nachdem die Zeter-Ente 1934 das Licht der Welt erblickt hatte, spielte sie in ihren ersten Filmen meist die zweite Geige – die Hauptperson war Mickymaus. Zum Star wurde Donald 1937 im Film *Don Donald*. 1940 erhielt er bereits mehr Verehrerpost als Mickymaus, und die Romanze zwischen Donald und Daisy erregte viel größeres Aufsehen als die zwischen Micky und Minnie.

Quelle: Maurice Zolotow: »Donald Duck«,
*Reader's Digest 11/1984*

**Für Comicfilme gibt's keinen »Oscar«**

Doch – im Jahre 1943 wurde der Antinazi-Film *Der Fuehrer's Face* (Das Gesicht des Führers) mit Walt Disneys berühmter Comicfigur Donald Duck in der Hauptrolle mit einem Oscar ausgezeichnet.

Quelle: Maurice Zolotow: »Donald Duck«,
*Reader's Digest* 11/1984

**Der Dudelsack wurde im 15. Jahrhundert in Schottland erfunden**

Keineswegs – vielmehr war er schon in vorchristlicher Zeit in Westasien und Europa bekannt, oft als Hirteninstrument. Zylindrische Pfeifen mit einfachem Blatt sind noch immer kennzeichnend für westasiatische und nordafrikanische Dudelsäcke sowie für einige osteuropäische Instrumente, wie der »Gaida« in Bulgarien. Westeuropäische Dudelsäcke, wie der spanische »Gaita gallega« und der bretonische »Biniou«, haben Melodiepfeifen mit doppeltem Rohrblatt und konischer Bohrung, behielten aber typischerweise zylindrische Bordunpfeifen mit nur einem Blatt. Die meisten haben einen Tonumfang von neun Tönen.

Man nimmt an, daß der Dudelsack mit Cäsar und den Römern nach England und von dort nach Schottland kam. Der älteste erhaltene Dudelsack der Art, wie er in den schottischen Highlands hergestellt wird, stammt aus dem Jahr 1409.

Quelle: *Microsoft Encarta 98 Enzyklopädie*

**Einstein war ein Musterschüler**

Nein, er war ein schlechter Schüler. Allerdings nicht aufgrund mangelnder Intelligenz. Einstein sah einfach nicht ein, auch Dinge zu lernen, die ihn nicht interessierten. Nur in Literatur und Mathematik zeigte er am Münchner Luitpoldgymnasium gute Leistungen, weil ihn diese Fächer interessierten. Sprachen und Geschichte lagen ihm nicht, was sich dementsprechend in Fleiß und Leistungen zeigte. Den Kasernenton beim Sportunterricht haßte er. Als seine Familie nach Mailand in Italien umsiedelte, blieb der damals 15jährige Einstein allein in München zurück. Er sollte bis zum Abitur in einem kleinen Zimmer zur Untermiete wohnen. Aber der Junge wollte nur eines: weg von der gehaßten Schule. Über einen Freund, Sohn eines Arztes, beschaffte sich Albert schließlich ein Attest, mit dem ihm bestätigt wurde, daß er wegen einer Nervenzerrüttung einen

Erholungsurlaub von der Schule bei seinen Eltern in Italien brauchte. Das Luitpoldgymnasium ließ ihn widerstandslos ziehen, und Einstein machte sich auf den Weg zu seinen Eltern nach Mailand. Ein Jahr blieb er dort, dann machte er in Aarau (Schweiz) sein Abitur. Anschließend schrieb er sich an der Technischen Hochschule in Zürich ein. Doch Einstein mißfielen die dortigen Unterrichtsmethoden. Oft versäumte er den Unterricht und nutzte die Zeit, um eigenständig Physik zu studieren oder Geige zu spielen. Sein Studium schloß er 1900 mit Hilfe der Aufzeichnungen eines Mitschülers ab. Seine Professoren schätzten seine Leistungen gering ein und empfahlen ihn folglich auch nicht für eine Laufbahn an der Universität.

Quelle: *Microsoft Encarta 98 Enzyklopädie;*
Gerhard Prause: *Genies in der Schule*,
Reinbek 1976

? **Einstein war ein weltfremder, etwas wirrer Gelehrter**

Im Gegenteil, Einstein war Realist und mischte sich mehr in die Politik ein, als manchem Machthaber lieb war. Im Ersten Weltkrieg gehörte er zu den wenigen deutschen Akademikern, die öffentlich gegen die deutsche Kriegspolitik auftraten. Nach Kriegsende pries er die Novemberrevolution und die Ausrufung der Weimarer Republik. 1919 wurde Einstein mit seiner zwischen 1914–1916 entwickelten allgemeinen Relativitätstheorie international berühmt. Er erhielt viele Ehrungen und Preise, 1922 sogar den Nobelpreis für Physik. Einstein nutzte seinen Ruhm, um auch politisch Einfluß zu nehmen. Unter anderem unterstützte er die pazifistische Bewegung und den Zionismus. Doch eine kleine Gruppe völkischer Wissenschaftler bekämpfte ihn bereits aus ideologischen Gründen: Seine Relativitätstheorie sei »jüdisches Blendwerk«. Ein damals noch relativ unbekannter Hitler giftete, Einstein wolle mit seinem »Schwindel die Volksseele vergiften«.

Mitte der zwanziger Jahre geriet der Gelehrte ins Visier des »Reichskommissariats für die Überwachung der Öffentlichen

Ordnung«. Die Staatsschützer registrierten, wann und wo Einstein an Treffen der »Liga für Menschenrechte« teilnahm. 1927 wurde vermerkt, daß er dem Präsidium der »Gesellschaft der Freunde des neuen Rußlands« angehörte. Die Nazis waren später dankbar für die »streng vertraulichen« Überwachungsprotokolle, und als Einstein bereits im Oktober 1933 mahnte: »Sieht die Welt nicht, daß Hitler den Krieg zum Ziel hat?«, wurde der Meisterdenker endgültig zum Staatsfeind. Im selben Jahr kehrte er von einer Vortragsreise in Amerika nicht mehr zurück. Öffentlich verkündete der berühmte Professor, er »wage es nicht mehr, deutschen Boden zu betreten«. Die Nazis schäumten vor Wut, verbrannten Einsteins Schriften und konfiszierten sein Haus sowie sein Vermögen. Der Gelehrte nahm es gelassen: »Mögen die Deutschen mein bißchen Geld fressen.«

Nach dem Zweiten Weltkrieg setzte sich Einstein für internationale Abrüstung und die Berufung einer Weltregierung ein. Er unterstützte zwar weiterhin den Zionismus, lehnte es aber ab, Israels Staatspräsident zu werden.

Quelle: *Spiegel* 43/1997;
*Microsoft Encarta 98 Enzyklopädie*

**Eine Elfe ist eine zierliche gute Fee**

Das zauberhafte Wesen ist tatsächlich nur eine Elfengattung. Denn Elfen können auch bösartig sein. In der germanischen Mythologie sind Elfen der Sammelbegriff für Zaubergeister hilfreicher, aber auch unheilvoller Art.

Quelle: *Meyers Lexikon, Microsoft Lexirom 3.0*

**Die Erde ist etwa 5500 Jahre alt**

Anno 1650 war man allen Ernstes der Meinung, die Erde sei vor wenig mehr als 5500 Jahren entstanden. Dem irischen Bischof Ussher war dies noch zu ungenau: Nach seinen daraufhin angestellten Berechnungen hatte die Schöpfung am 23. Oktober des Jahres 4004 v. Chr. um Punkt 9 Uhr begonnen. Tatsächlich ist die Erde jedoch ca. 4,5 Milliarden Jahre alt.

Quelle: Ernst Probst: »Noahs Rabe – ein Dino?«; *Süddeutsche Zeitung* 16. 10. 1993

**Die Erde ist eine Kugel**

Nein, sie ist nicht kugelrund. Die Erdrotation hat bewirkt, daß die Weltkugel an den Polen etwas abgeflacht ist.

Quelle: *Microsoft Encarta 98 Enzyklopädie*

**Die Erde läuft in einer Kreisbahn um die Sonne**

Nein, sie umrundet die Sonne in einer schwach elliptischen Bahn. Für einen Umlauf um die Sonne benötigt die Erde ein Jahr.

Quelle: *Microsoft Encarta 98 Enzyklopädie*

**Genies haben einen sehr hohen Intelligenzquotienten**

Das muß nicht zwangsläufig so sein, wie eine Untersuchung an der Stanford University (USA) ergab. Dabei wurden die Lebensläufe und Werke genialer Menschen sorgfältig geprüft, um deren Intelligenzquotienten im nachhinein zu schätzen. Niedrige Werte konnten zwar nicht ermittelt werden, aber auch nur wenig ungewöhnlich hohe: So brachten der Mathematiker und Philosoph Leibniz und der Dichter Goethe sowie der holländische Jurist Grotius es immerhin auf einen Intelligenzquotienten von 190 (Durchschnitt 90–120). Bei anderen großen Genies konnte jedoch nur eine durchschnittliche bis gehobene Intelligenz ermittelt werden: Cervantes, dem Dichter von *Don Quijote*, wurden nur 110 Punkte zugebilligt, dem Astronomen Kopernikus 130, Rembrandt erzielte 135, Darwin und Lincoln erhielten 140, und Leonardo da Vinci kam immerhin auf 150 Punkte.

Quelle: *Reader's Digest* 1/1958

## ? Der gute Geschmack macht's

»Das schmeckt aber gut!« So kommentiert man in der Regel kulinarische Genüsse, z. B. den einer gut gewürzten, mit Madeira verfeinerten Ochsenschwanzsuppe. Aber das ist ein Irrtum: Die Suppe schmeckt nicht gut, sie riecht gut. Der Geschmackssinn verrät nur, ob etwas süß, sauer, salzig oder bitter ist. Das eigentümlich Würzige wird dem Menschen nicht durch den Geschmack, sondern durch den Geruch offenbart. Ißt man die gleiche Ochsenschwanzsuppe mit zugehaltener Nase oder mit einem Schnupfen, empfindet man nichts mehr von dem charakteristischen Aroma. Man schmeckt nur noch eine heiße, irgendwie salzige Flüssigkeit. Denn nicht die »feine Zunge«, sondern der »gute Riecher« macht's.

Quelle: Ruth und Edward Brecher: »Allerlei Nasen-Weisheiten«, *Science News Letters* 1/1956

## ? Ein König ohne Krone ist kein König

Ausnahme: König Juan Carlos I. von Spanien trägt keine, obwohl er die Krone wahrlich verdient hätte. Von General Francisco Franco zum Nachfolger designiert, bestieg Juan Carlos nach dessen Tod 1975 den spanischen Thron. Er leitete entgegen den Absichten Francos die Demokratisierung seines Landes ein. Mit der neuen Verfassung von 1978 wurde ein parlamentarisches Regierungssystem etabliert. Der Militärputsch gegen die demokratische Regierung am 23. Februar 1981 scheiterte dank Juan Carlos' Eingreifen.

Quelle: Walter Haubrich: »König der Republik Spanien«, *Frankfurter Allgemeine Zeitung* 10. 12. 1997

**Korken: Ob Plastikkork oder Naturkork – über den Inhalt der Flasche sagt das nichts aus**

Falsch: Bei den mit Plastikkorken versehenen Flaschen handelt es sich um Sekt (Inland) oder um sogenannten Demi-sec (Frankreich). Wurde die Flasche dagegen mit Naturkork mit Korkbrand verschlossen, so handelt es sich bei dem Inhalt entweder um einen Qualitätssekt besonderer Art (Inland) oder französischen Champagner.

Quelle: *Playboy* 9/1976

**Die Fusion von Konzernen dient dem Umweltschutz**

»Wir alle müssen dazu beitragen, die natürlichen Grundlagen unseres Planeten zu schonen und zu bewahren«, warb 1994 die zum Philips-Konzern gehörende Grundig AG. Wie eine solche Schonung aussah, machte eine Studie des Instituts für ökologische Wirtschaftsforschung deutlich, nachdem die Grundig Vertriebs GmbH die Zahl ihrer Kundendienststandorte von zwölf auf sechs reduziert und sich dadurch eine jährliche Kostensenkung zwischen 4,3 und 5,8 Millionen Mark versprochen hatte.

Die Einsparungen gingen eindeutig zu Lasten der Umwelt. War bisher eine Jahrestransportleistung von rund 73 000 Tonnenkilometern nötig, so ergab sich nach Berechnungen der Ökoforscher nach der Umstellung eine zusätzliche Jahrestransportleistung von 137 000 Tonnenkilometern – jährlich mußten 23 000 Lastwagenkilometer mehr gefahren, 535 Tonnen Diesel mehr verbrannt werden. Die Luft wurde mit 32 152 Kilogramm Stickoxiden und rund 13 000 Kilogramm Kohlenmonoxiden zusätzlich belastet.

Quelle: *Spiegel* 11/1994

**Ein Labyrinth ist ein Irrgarten**

Falsch: Ein Labyrinth hat nur einen Weg ins Zentrum, so daß man sich darin nicht verirren kann. Der heute bekannte Irrgarten hingegen wurde aus dem Labyrinth entwickelt.

Quelle: *Meyers Lexikon*

? **Die Lederhosen wurden im 17. Jahrhundert in Bayern erfunden**

Wie weit die Lederhosentradition tatsächlich zurückreicht, ist nicht zu ermitteln. Fest steht aber, daß das Beinkleid schon vor 2500 Jahren von eurasischen Reitern getragen wurde. Anfang des 17. Jahrhunderts gab es in ganz Europa Lederhosen verschiedenster Art. Im 18. Jahrhundert tauchten schließlich die Vorläufer der Lederhose, wie sie heute bekannt ist, im Tuxertal östlich von Innsbruck auf. Sie waren damals kniekurz und so eng, daß sie den Protest der strengen Geistlichkeit sowie der Ärzteschaft hervorriefen, die Impotenz und Mißbildungen befürchteten. Schließlich wurde verfügt, daß die Hose mit einer »anständigen Klappe« zu versehen sei. So entstand das berühmte »Hosentürl«, das in den Alpenländern als Inbegriff des Lederhosen-Sex-Appeals gilt. Und damit das »Türl« auch richtig zur Geltung kommt, ist es meist besonders prächtig verziert.

Quelle: John Dornberg: »Die Lederhosenstory«, *Reader's Digest* 3/1981

? **Fünf Irrtümer zum Nikolaus**

**1. Den Nikolaus hat es nie gegeben**

Am 6. Dezember begeht die katholische Kirche den Todestag des heiligen Nikolaus. Er war Bischof von Myra (in der heutigen Türkei) und starb im Jahre 342. Italienische Seefahrer brachten 1087 die sterblichen Überreste nach Bari – in die Kirche von Santa Nicola.

**2. Den Nikolaus gibt es nur im Winter**

Nein, denn viele Schokoladenhersteller mutieren die Figur vor Ostern einfach zum Hasen. Die größten Fans der Schoko-Nikoläuse leben übrigens in den neuen Bundesländern – wo der Nikolaus 40 Jahre lang als »Schokoladenhohlkörper« verunglimpft wurde.

**3. Der Nikolaus ist ein Einzelgänger**

Stimmt nicht. Der Nikolaus trifft sich regelmäßig im Juli mit 130 Kollegen in Kopenhagen zur Welt-Nikolaus-Konferenz. 1997 verkündete der älteste Teilnehmer Dayton C. Fauts (85) traurig: »Früher haben sich die Kinder noch gefreut, wenn sie einen Teddy bekamen – heute wollen sie mindestens einen Computer.«

**4. Nikolaus hatte schon immer ein rotes Outfit**

Den typischen Nikolaus (weißer Bart, roter Mantel) verdanken wir der Firma Coca Cola. 1931 hatte der Konzern den Nikolaus für eine Anzeige in dieser Aufmachung malen lassen.

**5. Nikolaus ist überall beliebt**

Wohl nicht überall: Niedersachsens Frauenministerin Waltraud Schoppe rief im Jahre 1991 zur »Entwaffnung« des Nikolaus auf, und der Kinderschutzbund kritisierte ihn als »Symbol archaischer Gewalt«.

Quelle 1–5: *Fernsehwoche* 49/1997

## ? Bei der Olympiade messen sich die besten Sportler der Welt

Nein, sie tun es während der Olympischen Spiele. Die Olympiade selbst ist die Zeitspanne von vier Jahren, nach deren jeweiligem Ablauf im antiken Griechenland die Olympischen Spiele gefeiert wurden.

Quelle: *Duden Fremdwörterbuch, Microsoft Lexirom 3.0*

## ? Erst kam der Osterhase, dann das Osterei

Klingt logisch – immerhin legt der Osterhase die Eier. Aber das Ei war schon ein halbes Jahrhundert früher da. So berichtete man bereits 1142 aus Italien, daß Kinder in der vorösterlichen Zeit durch Rom zogen, vor Kirchen und Privathäusern sangen und zum Lohn dafür Eier erhielten. Und in der in Tirol gelegenen bayerischen Benediktinerabtei St. Georgenberg lautete eine Anweisung aus dem Jahr 1419: »Am Ostertag teilt man dem Nachbarn um dem Berg Fladen aus und gibt in jedes Haus ein Viertel von einem Fladen, der zwei Spannen breit ist. Auch gibt man gewöhnlich einem jeden Ehevolk ein Stück von einem Fladen, ein Ei, und ein Stück Rindfleisch, das alles geweiht ist, und teilt es aus, wenn man vor der Kirche geht.« Der Osterhase kam erst im 17. Jahrhundert angehoppelt. In einer medizinischen Abhandlung von Georgius Francus im Jahre 1682 wird er erstmals erwähnt: »In Südwestdeutschland, in unserer Pfalz, im Elsaß und einigen benachbarten Orten wie auch in Westfalen werden diese Eier die Haseneier genannt. Man macht dabei einfältigen Leuten und kleinen Kindern weis, diese Eier brüte der Osterhase aus und verstecke sie im Garten im Gras, ins Gebüsch usw.; man will sie so von den Buben um so eifriger suchen lassen, zum erheiternden Gelächter der Älteren.«

Quelle: Brigitte Blobel:
*Das Osterbuch*, München 1980

**Der beste Portwein kommt aus Portugal**

Kenner genießen lieber den Portwein aus Seppeltsfield im australischen Barossa-Tal. Dort erntet man seit 1878 purpurne Shiraz-Trauben und hat seither jährlich 105 Gallonen eingelagert. Diese Mengen werden jeweils ein Jahrhundert nach ihrer Abfüllung versteigert und erzielen einen Auktionspreis von über 10 000 Mark pro Flasche.

Quelle: *Playboy* 1/1981

**Postulieren heißt »annehmen«**

Nein, vielmehr bedeutet es »fordern, zur Bedingung machen« oder aber auch »feststellen«.

Quelle: *Duden Fremdwörterbuch*

**Aus »Save our Souls« wurde der Morseruf SOS**

Falsch: Die Buchstabenfolge SOS wurde nur der Einfachheit halber gewählt – drei Punkte (drei kurze Töne), drei Striche (drei lange Töne), drei Punkte (drei kurze Töne).

Quelle: *Reader's Digest* 10/1950

**Das Londoner Auktionshaus Sotheby's ist eine durch und durch seriöse Institution**

Mit diesem Mythos ist es seit dem 1. März 1991 vorbei, als James Hodges, Mitarbeiter der Abteilung Altertümer bei Sotheby's, bei dem Journalisten Peter Watson auftauchte. Hodges hatte drei Koffer voller Dokumente dabei, die er während seiner zehnjährigen Tätigkeit in dem Auktionshaus gesammelt hatte: Kopien von Briefen, interne Memos, Rechnungen, Mitschriften von Gesprächen, Frachtpapiere. All diese Unterlagen offenbarten, daß der seriöse Schein so etablierter Auktionshäuser wie Sotheby's trog. Watson: »Unehrlichkeit und Falschdarstellungen waren ebenso verbreitet wie bewußte Betrügereien.« Die Dokumente ergaben, daß Sotheby's mit illegal ausgegrabenen und geschmuggelten Altertümern aus Italien und Indien gehandelt hatte, Gemälde von alten Meistern waren aus Italien geschmuggelt und die eigenen Geschäftsunterlagen gefälscht worden, um den Anschein zu erwecken, Privatpersonen mit Adressen in Großbritannien hätten die Waren zur Versteigerung angeboten.

Die Auktionen selbst schienen auch nicht gerade seriös abgewickelt worden zu sein: So war zum Beispiel nach Beginn einer Versteigerung der Mindestverkaufspreis eines Objekts erhöht worden. Ein andermal hatten angestellte Telefonbieter den Eindruck erweckt, daß eine große Nachfrage existierte. So wurde der Kunstmarktindex nach oben manipuliert.

Quelle: *Süddeutsche Zeitung* 10. 12. 1997;
Peter Watson: *Sotheby's. Das Ende eines Mythos*, München 1997

## Titanic: Ein Eisberg verursachte den Untergang

Nein, es war ein Materialfehler. Das konnte allerdings erst festgestellt werden, nachdem Wissenschaftler im Jahre 1991 eine etwa 25 Zentimeter hohe und 2,5 Zentimeter dicke Stahlscheibe von der Titanic geborgen hatten. Was die Forscher verblüffte: Die Bruchkanten waren gezackt, fast gesprungen, wie bei Porzellan. Hochwertiger Schiffsstahl ist hingegen sehr zäh. Drei Jahre später wurde das Stahlstück im kanadischen Halifax vom Metallurgen Ken Karis Allen, Spezialist für Bruch- und Korrosionsverhalten, untersucht. Er kam zu dem Ergebnis, daß der Stahl schon beim Bau der Titanic viel zu spröde war. Als das Schiff den Eisberg rammte, wurden die Rumpfplatten nicht einfach nach innen gedrückt. Sie zersplitterten.

Beim Bau der Titanic kannte man jedoch noch keine Unterscheidung zwischen sprödem und weniger sprödem Stahl. Es war auch unbekannt, daß Stahl durch einen hohen Schwefelgehalt spröde wird. Und der Schwefelgehalt des Titanic-Stahls war überaus hoch. Heute dürfte so ein Schiff keine Werft verlassen.

William Garzke, New Yorker Schiffbauingenieur, hat aufgrund dieser Erkenntnisse die nächtliche Katastrophe vom 14. April 1912 akribisch rekonstruiert. Daraus ergibt sich folgender Ablauf:

23.39 Uhr: Hätten die Ausguckposten im Krähennest nicht die Brücke alarmiert, wäre das Schiff frontal mit dem Eisberg zusammengestoßen. Das Schiff hätte sich weniger geneigt – jedenfalls nicht so weit, daß die Schotten unter die Wasserlinie gedrückt worden wären. Es hätte viele Verletzte, vielleicht auch Tote gegeben, aber die Titanic wäre nicht gesunken.

23.40: Das Schiff schrammt seitlich am Eis entlang. Wäre der Stahl des Rumpfes nicht so schwefelhaltig gewesen, hätte er sich verbeult und verzogen, wäre aber nicht geborsten. Als die Nieten heraussprangen, wären die Nähte aufgeplatzt und hätten Wasser eingelassen, doch ein qualitativ guter Stahl hätte die Aufprallenergie größtenteils geschluckt. Vermutlich wäre die Titanic stark beschädigt gewesen, aber sie hätte sich noch bis zum Eintreffen der Rettungsschiffe über Wasser halten können. Statt dessen durchstieß das Eis die spröden Stahlplatten und brach den Rumpf auf.

Quelle: *Popular Science* 2/1995;

### Wale werden von deutschen Fischern nicht gefangen

Leider doch: Mehr als 4000 Schweinswale verfangen sich jedes Jahr als »Beifang« in den Netzen auch deutscher Fischer und ertrinken. Die auch Kleine Tümmler genannten Schweinswale sind die einzige in deutschen Gewässern lebende Walgattung. Sieben Nord- und Ostsee-Anrainerstaaten haben sich 1992 zum Schutz der Kleinen Tümmler verpflichtet. Der Schweinswal ist etwa so groß und so schwer wie ein Mensch, und obwohl er nicht mehr direkt gejagt wird, nimmt die Zahl dieser kleinen Wale ständig ab. Der World Wide Fund for Nature (WWF) fordert daher ein Schutzgebiet für Deutschlands einzige Walart, die vor der Küste Sylts entstehen soll.

Quelle: *taz, Die Tageszeitung* 17. 11. 1997

### In Weinkaraffen bewahrt man Wein auf

Um Himmels willen – nein. Die Weinkaraffe dient nur dazu, den Wein zu servieren. Auf keinen Fall soll er darin gelagert werden, denn der Zerfallsprozeß des edlen Getränks beginnt, sobald die Flasche entkorkt ist.

Quelle: *Playboy* 6/1993

### Eineiige Zwillinge werden am selben Tag geboren

Daß es nicht so sein muß, haben die Mediziner Robert Edwards und Patrick Steptoe von der englischen Klinik Bourn Hall bei Cambridge gezeigt, als sie zunächst Amy Wright und 17 Monate später der Zwillingsschwester Elizabeth den Weg ins Leben ebneten. Die beiden Pioniere der Reagenzglasbefruchtung hatten der Mutter zunächst nur eine der beiden identischen Embryonalanlagen eingepflanzt, in die sich die künstlich befruchtete Eizelle geteilt hatte. Die zweite wurde ein Jahr und fünf Monate lang auf Eis gelegt.

Quelle: *Spiegel* 22/1989

**Zwillinge können nicht zwei Väter haben**

Doch, wenn die beiden nicht aus demselben Ei stammen und ein zweiter Mann während der fruchtbaren Tage der Frau »mitgemischt« hat, können diese Zwillinge drei Eltern haben.

Quelle: *Playboy* 7/1980

## 2. Mobbing ist Männersache
Irrtümer einer modernen Gesellschaft

**Aktien sind Männersache**

»Ein dummes Vorurteil«, meint Sara Tsudome. Die 32jährige Hobby-Börsianerin ist Mitinitiatorin des Frankfurter Frauen-Investmentklubs »Future Female Millionaires« (FFM), in dem 17 Spekulantinnen zwischen 25 und 60 Jahren tätig sind. Etwa 30 ähnliche Anlageklubs haben sich mittlerweile in Deutschland etabliert.

Quelle: *Spiegel* 1/1998

**Sechs Vorurteile über das Alter**

**1. Mit 65 kann man nichts mehr vom Leben erwarten**

Die durchschnittliche Lebenserwartung betrug 1995 für Männer 73, für Frauen 79 Jahre. Mit 65 kann man sich also auf mindestens weitere 8 beziehungsweise 14 Jahre freuen. Wenn man mit 65 unter Konzentrationsschwächen, Schwindelanfällen, einem Kontrollverlust über die Blase und nachlassendem Appetit leidet, dann sind das keine Alterserscheinungen, sondern Krankheitssymptome. Also nichts wie hin zum Arzt.

**2. Die Leistungsfähigkeit ist in jungen Jahren am größten – von da an geht's bergab**

Diese Behauptung stützt sich hauptsächlich auf die Biographien großer Männer – vorwiegend aus einer Zeit, in der die Lebenserwartung erheblich geringer war als heute. Die Höhe schöpferischer Produktivität bleibt auch in späteren Jahren beachtlich. Das gilt besonders für Gebiete wie Mathematik, Geisteswissenschaften, Botanik und technische Erfindungen. Im Bereich des abstrakten Denkens – also in der Logik und Philosophie – wird die höchste Leistung zwischen 45 und 83 Jahren erbracht.

**3. Senioren sind griesgrämig und launisch**

Das stimmt nicht. Untersuchungen haben ergeben, daß alte Menschen mit ganz jungen eines gemeinsam haben: Beide sind mit sich und ihrem Leben zufriedener als die von Zweifeln geplagten Angehörigen der mittleren Jahrgänge.

**4. Alte Menschen haben keine sexuellen Bedürfnisse**

Es ist wissenschaftlich erwiesen, daß mit fortschreitendem Alter weder das sexuelle Interesse noch das sexuelle Vermögen schwinden müssen. Ältere Frauen und Männer sprechen lediglich langsamer auf sexuelle Reize an und brauchen vielleicht mehr Stimulation. Sinnlichkeit, körperliche Nähe und Wärme, Liebe und Zuneigung sind aber für Senioren unentbehrlich, selbst wenn kein Geschlechtsverkehr mehr möglich ist.

**5. Viele Senioren möchten den Lebensabend mit ihren Kindern unter einem Dach verbringen**

80 Prozent der »älteren Semester« finden es völlig in Ordnung, daß sie von ihren Kindern getrennt wohnen. Dagegen sind fast die Hälfte der betagten Ehepaare und 29 Prozent der Witwen, die mit ihren Kindern oder Enkeln im selben Haus leben, dieses Zustands überdrüssig.

**6. Alte Menschen werden »senil«**

Früher bezeichnete man jede altersbedingte Art von Verhaltens- oder Persönlichkeitsveränderung als »Senilität«. Heute gibt es diesen Begriff in der Gerontologie nicht mehr. Wenn ein alter Mensch Persönlichkeitsveränderungen aufweist, können Depressionen, Stoffwechselstörungen, falsche Ernährung oder auch ein allgemeiner Verlust der Wahrnehmungsfähigkeit die Ursache sein. Ein älterer Mensch, der nicht mehr gut sieht oder hört, kann sich nicht richtig mitteilen. Er wirkt dadurch oft zerstreut und geistesabwesend.

Quelle 1–6: *Reader's Digest* 3/1984;
*Lexikon der Gegenwart,* Dortmund 1997

**Champagner kann man wie Wein jahrelang im Keller aufbewahren**

Kellereien verkorken den Champagner erst, wenn er seine optimale Reife erreicht hat. Von da an können sich seine Eigenschaften nur verschlechtern: Er verliert Spritzigkeit, dunkelt und bekommt einen intensiveren Weingeruch (»Renarde«). Mit atmendem Naturkork verschlossen, liegend, kühl und dunkel aufbewahrt, kann der Champagner höchstens fünf Jahre lang gelagert werden.

Quelle: *Playboy* 4/1982

**Die erste Disco entstand Mitte der sechziger Jahre**

Falsch: Bereits 1928 gab es in Berlin eine Diskothek, die allerdings nicht so genannt wurde, obwohl man nach Schallplattenmusik tanzte. »Willi Weigelts Insel« in der Innsbrucker Straße/Ecke Meraner Straße war eine sogenannte Kaffeeklappe mit Tanz. Die Musik wurde nicht von einem Diskjockey präsentiert, sondern von den reizenden Kellnerinnen des Lokals, die, wenn sie an dem Koffergrammophon in der Wandnische vorbeikamen, den Tonarm jeweils neu auflegten. Auf diese Weise gab es manchmal Halbstunden-Ohrwürmer, bis Wirt Willi einschritt. Die erste Diskothek, die sich auch so nannte, war zu Beginn der Sechziger das »Dollies« in London.

Quelle: *Playboy* 1/1979

**Fernsehen regt an**

Welch ein Irrtum: Mediziner der Memphis State University untersuchten den Kalorien-Grundumsatz von Mädchen, die mal mit, mal ohne Fernsehen auf den Klinikbetten saßen. 15 der Kinder zwischen acht und zwölf Jahren hatten Übergewicht, 16 waren normalgewichtig. In beiden Gruppen fiel zum Erstaunen der Ärzte die Grundumsatzrate, sobald der Fernseher eingeschaltet wurde: bei den übergewichtigen Mädchen um 16 Prozent im Vergleich zum Ruhezustand, bei den Normalgewichtigen um 12 Prozent. Die Ursache konnten die Forscher nicht erklären: »Wahrscheinlich versetzt das Fernsehen die Kinder in eine Art tiefe Entspannung. Oder sie hören einfach auf, sich zu bewegen.«

Quelle: *Spiegel* 11/1993

**Frauen verlieren in kritischen Situationen leichter den Kopf als Männer**

Psychologische Studien haben erwiesen, daß Frauen in geringfügigen Notlagen leichter als Männer aus der Fassung gebracht werden können. Wirklich kritische Situationen meistern sie dagegen gelassener als Männer.

Quelle: *Reader's Digest* 1/1957

**Ein Gastgeber, der die Weingläser halbvoll einschenkt, ist ein Knauser**

Einen guten Wein muß man riechen, darum dürfen Gläser nur halbvoll eingeschenkt werden. So bleibt genügend Duftraum. Darum: Je wertvoller der Wein, desto größer das Glas.

Quelle: *Playboy* 11/1979

**Sechs Glücks-Irrtümer**

**1. Glück läßt sich nicht erklären**

Doch, denn es setzt im Menschen die körpereigenen Endorphine (endogene Morphine) frei. Diese Botenstoffe machen »high«. Auslöser sind die Sinne: Gutes Essen, eine neue Liebe, Geldgewinn – all das macht glücklich.

**2. Schweine sind Glücksbringer**

Daran glauben laut einer Umfrage nur fünf Prozent der Bundesbürger – auch wenn zu Silvester die Borstentiere aus Marzipan Hochkonjunktur haben. Für 38 Prozent der Deutschen ist das vierblättrige Kleeblatt das Glückssymbol Nr. 1. Es folgen der Schornsteinfeger mit 26 Prozent, die Sternschnuppe (25 Prozent) und das Hufeisen (17 Prozent).

**3. Geld macht glücklich**

Jeder zweite glaubt zwar tatsächlich, daß ihn mehr Geld glücklicher machen würde. Doch 70 Prozent bezeichnen sich auch ohne mehr Geld als glücklich. Von den Millionären sind nur 23 Prozent glücklich. Buddha hatte übrigens mit Geld überhaupt nichts im Sinn: Für ihn war Glück das Verlöschen aller Empfindungen.

**4. Glück läßt sich nicht beschreiben**

Vielleicht doch? Die UNO hat es jedenfalls versucht. Ihre zwölf Glücksbedingungen lauten: 1. Ein Fernseher je 100 Einwohner. 2. Ein Fahrrad pro Familie. 3. 2500 bis 4000 Kalorien täglich. 4. Ein Platz zum Kochen. 5. Drei Kleidungsstücke, drei Paar Schuhe. 6. 100 Liter Wasser pro Tag. 7. Für jede Person sechs Quadratmeter Wohnraum. 8. Sechs Jahre Schule. 9. Ein Radio pro Familie. 10. Zehn Ärzte auf 20 000 Einwohner. 11. Ein Arbeitsplatz. 12. Hilfe für Kranke, Behinderte und Alte.

**5. Schönheit macht glücklich**

Der amerikanische Psychologe Ed Diener hat in einer Studie nachgewiesen, daß ein attraktiver Körper keine Garantie fürs Glück ist. Besonders schöne Menschen – wie einst Marilyn Monroe – leiden oftmals sogar extrem darunter, nur auf das Äußere reduziert zu werden.

**6. Jeder ist seines Glückes Schmied**

US-Wissenschaftler behaupten hingegen: Die »Glücksfähigkeit« sei erblich bedingt. Jedoch könne man das Glück beeinflussen. Vor allem durch die Konzentration auf das, was man hat – und nicht auf das, was man nicht hat.

Quelle 1–6: *Fernsehwoche* 52/1997

## Golf ist ein Sport nur für Reiche

In Deutschland gilt dies weitestgehend, wo Golfklubs in der Regel – noch – horrende Aufnahmegebühren und Mitgliederbeiträge verlangen. In Großbritannien ist Golf dagegen ein reiner Volkssport, der in Schottland im 14. oder 15. Jahrhundert erfunden wurde. Das Spiel wurde dort sogar so beliebt, daß das schottische Parlament sich gezwungen sah, sowohl Golf als auch Fußball im Jahr 1457 zu verbieten. Man wollte damit verhindern, daß das Volk die Übung im militärisch wichtigen Bogenschießen vernachlässigte. Das schottische Volk ignorierte dieses Gesetz jedoch weitgehend. In England gewann das Golfspiel an Beliebtheit durch das Interesse, das James VI. von Schottland (James I. von England) und sein Sohn Charles I. ihm entgegenbrachten.

Quelle: *Microsoft Encarta 98 Enzyklopädie*

## Die legendäre Gretna-Green-Schmiede ist eine romantische Erfindung

Gegen Ende des 18. Jahrhunderts eilten tatsächlich alle Verliebten, deren Verwandte die Heirat nicht zulassen wollten, per Postkutsche nach Gretna-Green an der schottischen Grenze. Jedoch wurde die Vermählung nicht von einem Schmied vorgenommen, sondern von einem dem Alkohol verfallenen Geistlichen namens Thomas Brown. Während der sechs Minuten dauernden Trauungszeremonie (laut Trauschein »nach dem Ritual der englischen und nach den Gesetzen der schottischen Kirche«) pflegte er nach Augenzeugenberichten fünf Gläser Branntwein zu trinken, um nicht Faden und Stimme zu verlieren. Seit 1940 wird keine Ehe mehr in der rauchigen Werkstatt geschlossen. Zum Heiraten muß man ein Haus weiter, ins Standesamt.

Quelle: *Playboy* 2/1978

### Der Hunger in der Welt wird sich nie stillen lassen

Warum eigentlich nicht? Immerhin werden heute 70 Prozent der Weltgetreideproduktion an Mastvieh verfüttert – eine maßlose Verschwendung angesichts einer Milliarde hungernder Menschen. Würden allein die Weideflächen der USA als Kornflächen genutzt, so könnten mit der Ernte 400 Millionen Hungernde ausreichend ernährt werden.

Quelle: *Spiegel* 16/1992

### Katzen sind harmlose Hausgenossen

Im Gegenteil: Für Menschen mit geschwächter Immunabwehr kann der Umgang mit Katzen gefährlich sein. Labormediziner der University of California in San Francisco berichteten über vier Patienten, die an bazillärer Angiomatosis erkrankt waren, einer mit Fieber sowie Haut- und Gefäßschäden verbundenen bakteriellen Entzündung. Ausgelöst wurde die Krankheit durch Bakterien vom Typ Rochalimaea henselae, einer Bakterienart, die sich in Hauskatzen heimisch fühlt. Der Erreger ist einem Krankheitskeim verwandt, der bei Frontsoldaten im Ersten Weltkrieg fiebrige Epidemien auslöste. Wie eine Blutuntersuchung in einer Zufallsgruppe von 61 Katzen im Bereich San Francisco ergab, waren 41 Prozent von dem (für die Tiere selbst unschädlichen) Erreger befallen.

Quelle: *Journal of the American Medical Association* 7/1994

### Der Kennedy-Clan kam auf saubere Art zu Reichtum

Von wegen, es geschah hauptsächlich durch Schmuggel. Joseph Patrick Kennedy (1888–1969), Vater des späteren Präsidenten, wurde in Boston als Sohn eines kleinen Geschäftsmannes geboren. Nach einem Studium an der Harvard University gewann »Joe« im Alter von 30 Jahren durch Börsenspekulationen eine

Million Dollar – und dann ging's los: Als 1920 in den USA die Prohibition, also das Verbot von Herstellung und Verkauf von alkoholischen Getränken, erlassen wurde, überquerten schon bald heimliche Schiffsladungen schottischen und irischen Whiskys sowie französischen Champagners den »großen Teich«, um in Kennedys Lagerhäusern an der nordamerikanischen Küste zwischengelagert zu werden. Ein kleines Risikospiel, das sich hübsch auszahlte: Joe Kennedy, der Dynastie-Gründer, war während der zwanziger Jahre der größte Alkoholschmuggler Amerikas und machte aus Schnaps ein Familienvermögen von vielen Millionen Dollar.

Quelle: Kenneth Anger: *Hollywood Babylon*,
München 1985

**Der Zeitungsbericht *Mein Mann John* stammt von Jacqueline Kennedy, die ihn nach der Ermordung des Präsidenten eigenhändig schrieb**

Tatsächlich handelte es sich bei der in der Illustrierten *Quick* (49/1963) veröffentlichten Geschichte *Jacqueline Kennedy: Mein Mann John* um ein Lügenmärchen. Es stammte aus der Feder des Düsseldorfer Agenten Frank Feldmann, der sich zwei Jahre zuvor von dem New Yorker Agenten Julius Sebastian Bach eine Reihe von Zitaten von Jacqueline Kennedy hatte beschaffen lassen. Mr. Bach wiederum hatte seine Mitarbeiterin Majorie Smith mit der Beschaffung beauftragt, die in einem Zeitungsarchiv zehn Seiten mit Zitaten füllte. Aus diesem Zitatenschatz fabrizierte Frank Feldmann die rührselige Schnulze. Dazu die Stellungnahme des Weißen Hauses: »Mrs. Kennedy hat diesen Bericht weder geschrieben noch autorisiert. Sie hat ihn nicht einmal gelesen.«

Quelle: *Stern* 52/1963

**Leggings sind schick, bequem und harmlos**

Schick und bequem vielleicht. Aber mit den superengen Beinkleidern entstand nach Ansicht des Kölner Dermatologie-Professors Hans Merk »ein großes Problem der Kontaktdermatitis«. Wie Merk betonte, erfüllen Leggings in geradezu klassischer Weise die Voraussetzung zur Sensibilisierung: Sie liegen – besonders im Oberschenkelbereich – sehr eng an der Haut und begünstigen so die Schweißbildung und eine Ablösung der allergenen Farbstoffe aus dem Textilmaterial.

Quelle: *Spiegel* 39/1992

**Ein guter Martini besteht zu gleichen Teilen aus Gin und Wermut**

Der Martini-Fachmann bevorzugt folgende Prozedur: Er füllt ein großes Mixglas mit Eis, schüttelt es und kippt das Schmelzwasser weg. Über das Eis gießt er 5 cl Gin und 2 cl trockenen Wermut. Gerührt wird so lange, wie man von eins bis zwanzig zählt. Die Mixtur kommt ohne Eis ins Glas, das vorgekühlt sein muß. Bei der Version »extra dry« heißt die Devise: Wermut über das Eis kippen und dann wegschütten. Martini-Trinker Winston Churchill schwor auf ein Extra-extra-dry-Rezept: beim Eingießen die Wermutflasche nur anschauen, aber auf keinen Fall berühren.

Quelle: *Playboy* 6/1984

**Mobbing ist Männersache**

Weit gefehlt – Frauen können es genausogut. Zu diesem Ergebnis kam die Berliner Beratungsstelle »No mobbing« in einer Studie. Danach wurden in 215 Mobbing-Fällen männliche und weibliche Vorgesetzte zu gleichen Teilen als Urheber bösartiger Schikanen am Arbeitsplatz ausgemacht.

Quelle: *Süddeutsche Zeitung* 27. 11. 1997

**Beim Poker gibt es 50 verschiedene Spielarten**

Tatsächlich existieren auf der Welt etwa dreimal so viele Spiel-Variationen. Die Hauptfamilien sind das offene Poker (Stud) und das verdeckte Poker (Straight oder Draw). Am meisten verbreitet ist das Draw-Poker, das man in England beispielsweise mit blinder Eröffnung, also mit Einsätzen spielt, ohne schon eine seiner Karten zu kennen. Erst nach einer Einsatzrunde werden die Karten verteilt. Neben den üblichen Kartenkombinationen wie Paar, zwei Paare, drei Gleiche, Straight, Full House, Flush (oder Royal Flush) gibt es Dutzende von Varianten wie Blaze (beliebige Kombination aus fünf Bildkarten), Ski Straight oder Dutch Straight (bestehend aus aufeinanderfolgenden geraden oder ungeraden Werten: 4–6–8 oder 3–5–7), Round-the-Corner-Straight (das As in der Mitte zwischen 2/3 und König/Dame). Weitere Variationen sind unter anderem High-Low, Seven-Card-Stud, Poker mit Joker, Big Dogs, Cats and Tigers – und der Strip-Poker.

Quelle: *Playboy* 4/1977

**Je besser das Restaurant, desto größer die Speisekarte**

Nur Häuser, die das breite Publikum ansprechen, haben eine große Speisekarte. Ein gutes Restaurant begnügt sich mit einer kleinen Auswahl, denn nur bei einer kleinen Karte können die Bestandteile der Gänge tagesfrisch eingekauft werden. Eine Ausnahme sind Feinschmeckerlokale, die an ein großes Delikatessengeschäft angeschlossen sind.

Quelle: *Playboy* 5/1978

**Die Deutschen sind Europas Saubermänner**

Schön wär's. Statt dessen liegen sie deutlich hinter den Franzosen zurück. Die Zahlen für 1996 besagen, daß die Nachbarn rund 32 Mark pro Jahr mehr für die Reinheit ausgaben. Außerdem verbraucht jeder Deutsche – statistisch gesehen – im Jahr nur 2,5 Zahnbürsten, obwohl von Zahnärzten der Verbrauch von sechs bis acht empfohlen wird. Aber selbst diese Statistik trügt. Wie nämlich mehrere Studien ergaben, putzen sich ein Drittel der Deutschen überhaupt nicht die Zähne.

Quelle: *Frankfurter Allgemeine Zeitung* 5. 12. 1997

### Kinder leiden unter der Scheidung ihrer Eltern

Ein Vorurteil, wie Abigail Stewart, Psychologin von der University Michigan (USA), bewies. Sie hatte 160 Scheidungsfamilien sechs Monate und ein weiteres Mal ein Jahr nach der Trennung besucht. Die Befragung der sechs bis zwölf Jahre alten Kinder ergab: »Die meisten Kinder kommen mit der Scheidung gut zurecht.« Nach den ersten sechs Monaten seien die Kinder zwar traurig und wütend, sie kränkelten oder hätten schulische Probleme. Doch nach einem Jahr hätten sie die Trennung verkraftet – bis auf 15 Prozent. Deren Probleme, glaubt die Psychologin, seien aber keine Folge der Scheidung, sondern eher des seelischen Leidens, das die schreckliche Zeit vor der Trennung verursachte habe.

Quelle: *Spiegel* 2/1998

### Die bösen Schwiegermütter sind in der Regel die Mütter der Frauen

Entgegen der allgemeinen Ansicht ist es nicht die Mutter der Frau, sondern die des Mannes, die am häufigsten Konflikte verursacht.

Quelle: *Reader's Digest* 1/1957

### Die Prostitution ist das älteste Gewerbe der Welt

Nein, der erste, der eine spezialisierte Tätigkeit ausübte, war der Schamane – ein Fachmann für menschliche Angelegenheiten. Ihn gab es schon in der späten Eiszeit, und bei allen noch lebenden Jägervölkern ist er noch heute anzutreffen. Der Schamane heilte Kranke mit Hilfe von Suggestion, Massage, Saugen und Aderlassen. Er kämpfte mit dem Unsichtbaren, und oft mußte er als Sündenbock herhalten. Der Schamane ist Stammvater von Priestern, Ärzten, Chirurgen, Lehrern und Wissenschaftlern.

Quelle: *Playboy* 10/1977

? **Mit Steuersparmodellen kann man dem Finanzamt ein Schnippchen schlagen**

Nicht immer. So landeten 1997 Millionen Deutsche wegen ihres riskanten Spiels mit Immobilien, Schiffen und Flugzeugen in der Abschreibungsfalle: Wohnungen wurden zu teuer gekauft, es fanden sich keine Mieter, oder die Miete fiel deutlich tiefer aus als erwartet – es reichte nicht, um die hohen Kreditzinsen zurückzuzahlen. Für die Schiffe fand der Reeder nicht genügend Aufträge, bei den Flugzeugen hatte der Leasingfonds eine finanzschwache Fluggesellschaft als Partner. Auch aufwendig gebaute Bürogebäude sind nur selten voll vermietet – und wenn doch, dann in der Regel nicht zum versprochenen Mietzins.

Quelle: *Focus* 48/1997

? **Vielweiberei ist in Deutschland verboten**

Falsch, denn eine Gesetzgebung, die im Wortlaut die Polygamie unter Strafe stellt, gibt es nicht. Strafbar ist nur die Bigamie – denn so weit, daß jemand mehr als bigam zu leben gedenkt, wagten die Verfasser des Strafrechts offensichtlich erst gar nicht zu denken. Seit wann die Bigamie ausdrücklich verboten ist, läßt sich nicht genau feststellen. Die Kirche verbot sie von Anfang an. In Gesetzessammlungen tauchte das Bigamieverbot zu unterschiedlichen Zeiten auf. In Preußens Allgemeinem Landrecht wurde es 1794 verankert, für das ganze Deutsche Reich wurde es 1872 rechtsverbindlich. Und man nimmt es auch heute noch streng mit der Bigamie: Auch Muslime dürfen in Deutschland nicht mehrfach verehelicht werden. Sind sie es schon bei der Einreise, kann die Rechtsprechung nichts machen. Tun sie es hierzulande, macht sich der Standesbeamte der Beihilfe schuldig.

Quelle: *Playboy* 12/1974

## Sechs Irrtümer über Weihnachten

### 1. Der Weihnachtsbaum ist ein Tannenbaum

Nein, denn in 75 Prozent der deutschen Haushalte werden Fichten aufgestellt. Die nadeln zwar schneller, sind aber viel billiger als Tannen. Übrigens kreierte Cartier 1983 den teuersten Weihnachtsbaum. Sein Wert betrug 10 Millionen Mark.

### 2. »O du fröhliche« ist ein Weihnachtslied

Die Melodie singen die sizilianischen Fischer schon seit Jahrhunderten, wenn sie in See stechen. Erst 1819 schrieb der Leiter eines Weimarer Waisenhauses den neuen herzergreifenden Text von der »gnadenbringenden Weihnachtszeit«.

### 3. Den Stern von Bethlehem gab es gar nicht

Einige Forscher denken, daß es ihn doch gab. Ihre Erklärung: Im Jahr 7 v. Chr. hat Jupiter dreimal die Bahn von Saturn gekreuzt. Dabei kamen sich die Planeten so nahe, daß sie für Beobachter von der Erde aus wie ein einziger großer Stern strahlten.

### 4. Die Engel als Weihnachtsbaumschmuck stammen aus der Bibel

Die Engel am Weihnachtsbaum haben mit der Bibel nichts zu tun, sie beruhen vielmehr auf einer traurigen Geschichte: Einst lebte in Nürnberg ein Puppenmacher mit einer wunderschönen blondgelockten Tochter. Doch sie starb sehr jung – und zur Erinnerung schuf der Vater die Engelsfigur.

**5. Heiligabend gibt's überall Würstchen**

Für 60 Prozent der Deutschen gehört am Heiligabend ein Gänsebraten auf den Tisch. Diese Tradition haben sie von den Briten übernommen: 1588 verspeiste deren Königin gerade eine Gans, als sie vom Sieg über die Spanier erfuhr. Seitdem gilt die Gans als Festmahl.

**6. Weihnachten ist ein friedliches Fest**

Nicht immer und nicht überall. Nach einer Umfrage der Wikkert Institute Illereichen (Bayern) gaben 13 Prozent der rund 1000 Befragten an, daß es während der Feiertage zum Familienkrach kommt. Bei jedem fünften Streit geht es um den Ablauf des Weihnachtsfestes. Weitere Auslöser für Reibereien sind Kinder, nicht gewünschte Geschenke und die Eltern.

Quelle 1–6: *Fernsehwoche* 51/1997; *taz, Die Tageszeitung* 18. 12. 1997

# 3. Brot macht dick
## Fast food, Alkohol, Diäten – Irrtümer über richtige und falsche Ernährung

**Drei hartnäckige Legenden zum Thema Alkohol**

**1. Rotwein ist gut fürs Herz**

Wie eine Studie über die Trinkgewohnheiten von 128 934 Menschen in Kalifornien zeigte, werden die gesundheitlichen Vorzüge des Rotweins überschätzt. Ausschlaggebend für den Schutz vor Erkrankungen der Herzkranzarterien ist ein moderater (!) Alkoholkonsum. Ob Rot- oder Weißwein oder gar Bier getrunken wird, ist zweitrangig. Viel entscheidender sind die Trinkgewohnheiten. »Auf nüchternen Magen zu trinken, kann den Herzschutz von Alkohol abschwächen«, warnen Experten im *American Journal of Cardiology*. Besser sei es, Bier oder Wein zum Essen zu genießen.

Quelle: *Men's Health* 11/1997

**2. Alkohol stimuliert**

Nein, er wirkt entspannend. Beim ersten Glas hat man zwar den Eindruck, als würden Geist und Körper beflügelt, doch sobald der Alkohol, und sei es auch nur in kleinen Mengen, ins Blut gelangt, macht er müde.

**3. Alkohol wirkt sexuell belebend**

Alkohol ist kein Aphrodisiakum. Geringe Mengen können wohl Hemmungen abbauen, haben aber auf die sexuelle Leistungsfähigkeit keinen unmittelbaren Einfluß. Dagegen kann starker Alkoholgenuß sogar zu einer vorübergehenden Impotenz führen.

Quelle 2–3: *Newsweek* 8/1949

**Bier wurde in Bayern erfunden**

Bier kannten schon die Sumerer im Zweistromland zwischen Euphrat und Tigris. Nach der ägyptischen Mythologie lehrte Osiris, der Gott der ägyptischen Religion und der Landwirtschaft, die Menschen die Kunst des Bierbrauens. Für das ägyptische Bier wurde Gerste in Töpfen angekeimt und die Malzmaische durch wildwachsende Hefen vergoren. Hopfen wird seit dem 7. Jahrhundert v. Chr. verwendet. In den europäischen Ländern braut man seit Beginn der Christianisierung Bier. Die wichtigsten Bier produzierenden Länder sind die USA, Deutschland und Großbritannien.

Quelle: *Microsoft Encarta 98 Enzyklopädie*

**Dunkles Brot ist gesund**

Dunkles Brot ist meist nur mit Zuckercouleur oder anderen Zutaten gefärbtes Mischbrot. Das gesündeste Brot – gleich, welcher Farbe – wird aus Vollkornmehl oder Vollkornschrot hergestellt.

Quelle: *Für Sie* 8/1986

**Brot macht dick**

Fälschlicherweise wird Brot immer wieder als Dickmacher bezeichnet. Indes enthält eine Scheibe Weißbrot von etwa 30 Gramm nur 80 Kalorien; das entspricht einem Apfel oder einem halben Glas Milch. Außerdem ist Brot eine Hauptquelle der energie- und faserreichen Kohlenhydrate, die von Ernährungswissenschaftlern empfohlen werden. Dick macht hingegen der kalorien- und fettreiche Belag.

Quelle: *Reader's Digest* 5/1984

## Getreideflocken sind das ideale Frühstück

Schön wär's. Doch eine Bewertung des Nährstoffgehalts von 14 Cerealien durch die Zeitschrift *Plus* ergab, daß Produkte wie Cornflakes, Crispies oder Frosties aus Weizen oder Mais zuwenig Energie liefern und oft zuviel Zucker enthalten – bis zu 45 Prozent. Um die von der Deutschen Gesellschaft für Ernährung empfohlene Energiemenge von 575 Kilokalorien pro Frühstück zu erreichen, müßten jeden Morgen rund 90 Gramm Cornflakes o. ä. mit Milch verzehrt werden – ein Drittel der handelsüblichen Packung.

Quelle: *taz, Die Tageszeitung* 18. 12. 1997

## Croissants sind eine französische Erfindung

Das stimmt nicht ganz: Die Hörnchenform wurde zum erstenmal in Österreich gebacken, und zwar in Wien 1683 zur Zeit der Türkenbelagerung. Die Wiener verzehrten die dem türkischen Halbmond nachgebildeten Kipferln, um den gegen die Stadt anrennenden Feind symbolisch zu vernichten.

Quelle: *Reader's Digest* 4/1979

## Zehn falsche Ansichten zum Thema Diät

### 1. Grapefruits verbrennen Körperfett

Grapefruits (Pampelmusen) waren lange Zeit der Hauptbestandteil vieler Schlankheitskuren. Gegen diese Früchte ist nichts einzuwenden, denn sie haben verhältnismäßig wenig Kalorien und viel Vitamin C. Aber Fett verbrennen sie nicht.

### 2. Bananen machen dick

Gegenüber einem Apfel oder einer Apfelsine vergleichbarer Größe enthält eine Banane zwar mehr Kohlenhydrate. Aber eine mittelgroße Banane hat durchschnittlich nur 85 Kalorien (zum Vergleich: Ein mittelgroßer Apfel hat 87 und eine mittelgroße Orange 73 Kalorien).

**3. Margarine hat weniger Kalorien als Butter**

Das Gesetz schreibt für Butter einen Fettgehalt von mindestens 82 und für herkömmliche Margarine 80 Prozent vor. Mit pflanzlichen Ölen hergestellte Margarine ist zwar frei von Cholesterin, doch man nimmt mit Butter oder Margarine pro Eßlöffel etwa 100 Kalorien zu sich. Schaumig gerührte Margarine oder Butter haben pro Eßlöffel etwa 67 Kalorien, aber nur deswegen, weil jeder Löffel mehr Luft und weniger Substanz enthält. Diätmargarinen sind kalorienärmer, weil sie nur etwa halb soviel Fett und mehr Wasser enthalten.

**4. Äpfel und Bleichsellerie haben »negative Kalorien«, weil zum Kauen und Verdauen mehr Energie benötigt wird**

Eine Kalorie ist eine Kalorie. Ob man nun Äpfel oder Erdbeertorte mit Schlagsahne ißt. Ein durchschnittlich großer Mensch verbrennt beim Essen nur 0,3 Kalorien zusätzlich pro Minute. Man müßte also einen Selleriestengel von 5 Kalorien ca. 17 Minuten lang kauen, um den Kalorienwert auf Null zu senken – eine Zeit, die man wirklich besser nutzen kann.

**5. Künstliche Sahne oder Cremes enthalten weniger Kalorien**

Das stimmt nicht. Milchfreie Sahne oder Creme hat je Eßlöffel ebensoviele Kalorien wie Schlagsahne. Außerdem werden die »künstlichen« Produkte oft mit Kokosöl hergestellt, das einen höheren Gehalt an ungesunden, gesättigten Fettsäuren hat als Sahne.

**6. Alle Fische sind kalorienarm**

Tatsächlich ist der Fettgehalt von Fischen sehr unterschiedlich. Als Faustregel gilt: Je dunkler das Fleisch, desto höher der Fettgehalt und die Kalorienzahl.

**7. Billiges Rindfleisch enthält mehr Fett**

Das Gegenteil ist richtig. Billigere Stücke haben lediglich mehr Fett am Rand. Als Faustregel gilt: Je teurer das Fleisch, desto »marmorierter« oder fetter ist es in sich.

**8. Wenn man weniger ißt, schrumpft der Magen**

Wer eine Diät macht, gewöhnt sich daran, weniger zu essen. Die Größe des Magens bleibt gleich.

**9. Durch Küssen kann man nicht abnehmen**

Doch, ein Ernährungswissenschaftler hat errechnet, daß ein Kuß durchschnittlicher Intensität rund neun Kalorien verbraucht. Wer also 389mal küßt, nimmt – rein rechnerisch – ein Pfund ab.

**10. Stärkereiche Nahrungsmittel wie Kartoffeln, Brot und Teigwaren haben viele Kalorien**

Falsch, zwar enthalten diese Lebensmittel Kohlenhydrate und eine Menge wichtiger Nährstoffe, aber sie sind keine Dickmacher. Das Problem sind die Zutaten: Eine Kartoffel hat nur etwa 90 Kalorien, aber mit einem Teelöffel Butter werden 100, mit einem Teelöffel Sauerrahm 30 Kalorien hinzugefügt.

Quelle 1–10: *Die Mary-Ellen-Diät,* München 1984

? **Dunkle Eidotter sind nahrhafter als hellgelbe**

Die dunkle Färbung entsteht, wenn dem Hühnerfutter natürliche Farbstoffe hinzugefügt werden. Das ändert aber nichts am Nährwert des Dotters.

Quelle: *Für Sie* 8/1986

? **Die meisten Menschen nehmen zuwenig Eiweiß zu sich**

Es ist umgekehrt. In den Industrienationen essen Erwachsene und Kinder mehr Eiweiß, als sie brauchen. Eine zu eiweißreiche Kost kann den Kalziumabbau beschleunigen.

Quelle: *Frank Field,* TV-Sendung CBS 5. 2. 1986

## Drei Irrtümer zum Thema Essen

**1. Warme Mahlzeiten wärmen**

Dies geschieht nur in der Einbildung. Die Kalorien sind es, die als Energielieferanten die Körpertemperatur erhöhen. Selbst bei extremer Kälte erwärmen die Kalorien von Speiseeis den Körper ebenso wie eine heiße Suppe.

**2. Ein Schläfchen nach dem Essen dient der Verdauung**

Ein halbes Stündchen vor dem Essen erscheint sinnvoller. Nach der Mahlzeit verlangsamt ein Schläfchen die Magentätigkeit und beeinträchtigt die Verdauung. Wer nach dem Essen ruhebedürftig ist, sollte sich auf einen Stuhl setzen, weil der Verdauungsapparat im Sitzen am besten arbeitet.

**3. Essen vor dem Schlafengehen verursacht einen unruhigen Schlaf**

Im Gegenteil – ein leichter Imbiß, eine Tasse Suppe oder ein Glas Milch sorgen sogar für eine angenehme Nachtruhe. Denn durch die kleine Mahlzeit wird das Blut vom Kopf in den Verdauungsapparat geleitet. Wer allerdings vor dem Zubettgehen schwere, fette Mahlzeiten in großen Mengen vertilgt, muß tatsächlich mit erheblichen Schlafstörungen rechnen.

Quelle 1–4: *Woman's Home Companion* 2/1957

## Fast food ist ungesund

»Unsinn«, sagt die Londoner Ernährungsexpertin Dee Dawson, Chefin einer Klinik für Kinder mit Eßstörungen. Die Wissenschaftlerin beklagt, daß Kinder eher zuwenig Pommes frites, Chips und Schokoladenriegel essen und daher immer mehr Kids wegen Magersucht behandelt werden müßten. Es sei Blödsinn, so Dee Dawson, wenn Eltern ihrem Nachwuchs wegen des Verzehrs von Fast food ein schlechtes Gewissen machten. »Die Kinder sehen, wenn die Mutter Salat oder kalorienarme Suppen futtert, aber nicht, wenn Mama einen Käsekuchen ißt oder einen Becher Eis auslöffelt.« Dann schliefen die Kleinen längst. Außerdem hält die Wissenschaftlerin die Bemühungen der britischen Regierung, Bonbonshops und Süßigkeiten sowie Pommes frites abzuschaffen, für ein »albernes Vorhaben«. Gerade Chips, sagt sie, »sind eine hervorragende Energiequelle«.

Quelle: *Spiegel* 50/1997

### Fett ist Fett

Nein, es ist wichtig, gezielt auszuwählen. Um die für den Organismus günstige natürliche Zusammensetzung der Fette und Öle zu nutzen, sollten Butter und gehärtete Pflanzenmargarine als Streichfett, Öle für Salate und ungehärtete Fette zum Braten und Kochen verwendet werden.

Quelle: *Für Sie* 8/1986

### Fisch hat weniger Nährstoffe als Fleisch

Zwar enthält Fisch weniger Bindegewebe und meist auch weniger Fett als Fleisch. Andererseits ist sein Proteingehalt – wichtig für den Aufbau von körpereigenem Eiweiß – nahezu gleich hoch. Außerdem ist Fisch eine wichtige Quelle für Jod und Vitamin D. Weil Fisch leichter als Fleisch verdaut wird, entsteht oft der Eindruck, er sei weniger nahrhaft.

Quelle: *Für Sie* 8/1986

### Fleisch ist das eiweißreichste Lebensmittel

Im Fleisch sind nur rund 20 Prozent Eiweiß enthalten. Dagegen weisen die meisten Käsesorten mit durchschnittlich 25 Prozent mehr Eiweiß auf.

Quelle: *Für Sie* 8/1986

**Tiefgefrorenes Gemüse hat im Vergleich zu frischem viel weniger Nährstoffe**

Da gibt es – fast – keinen Unterschied. Viele Gemüse werden nach der Ernte sofort tiefgefroren und dann in den Handel gebracht. Dadurch bleibt der Nährwertverlust sehr gering.

Quelle: *Frank Field,* TV-Sendung CBS 5. 2. 1986

**Kaffee und Tee haben die gleiche belebende Wirkung**

Tee enthält Gerbstoffe, sein anregendes Koffein wird langsamer aufgenommen als das des Kaffees. Deshalb setzt die Wirkung später ein, hält aber länger an.

Quelle: *Für Sie* 8/1986

**Kalbfleisch ist hochwertiger als andere Fleischsorten**

Kalbfleisch hat zwar einen geringeren Fettanteil, aber deshalb ist es nicht wertvoller. Und wenn es eine oft vom Verbraucher gewünschte »wunderbare helle Farbe« hat, ist dies nur ein Zeichen für einen Eisenmangel der geschlachteten Tiere. Bei normalem Rindfleisch liegt der Eisengehalt höher.

Quelle: *Für Sie* 8/1986

**Mit Longdrinks steigt der Promillegehalt im Blut**

Der Körper ist ein gewissenhafter Filter: Wird ihm ein 48prozentiger Schnaps zugeführt, verarbeitet er den Alkohol – egal, ob er ihm pur oder in einem großen Glas Saft serviert wird. Auch für die »Blasinstrumente« der Polizei macht das keinen Unterschied.

Quelle: *Playboy* 8/1981

## Sechs Irrtümer zum Thema Pilze

**1. Pilze wachsen immer genau an derselben Stelle**

Bei Pilzarten, die in sogenannten Hexenringen wachsen, verschiebt sich die Vegetationszone vom Mittelpunkt aus, und der Kreis erweitert sich um bis zu fünf Meter vom ursprünglichen Pilz aus.

**2. Die beste Zeit zum Pilzesuchen ist unmittelbar nach einem starken Regen**

Ausgewachsene Pilze, besonders die Schwämme der Röhrlinge, sind dann mit Wasser durchweicht. Die günstigste Zeit zum Sammeln hängt von der einzelnen Pilzart ab; manche schießen schon drei Tage, andere erst nach drei Wochen im Anschluß an ergiebigen Regen aus dem Boden.

**3. Blaufärbendes Pilzfleisch weist auf Gift hin**

Eine Blaufärbung bedeutet nicht Gift – sie entsteht bei manchen Pilzarten durch Einwirkung von Sauerstoff.

**4. Zwiebeln und Silberlöffel verfärben sich schwarz, wenn sie beim Kochen mit Giftpilzen in Berührung kommen**

Es gibt keinen »narrensicheren« Test, um festzustellen, ob ein Pilz giftig ist. Die tödlich giftigen Grünen Knollenblätterpilze verfärben manchmal weder Zwiebel noch Silberlöffel – viele eßbare Pilze hingegen schwärzen beides.

**5. Pilze mit einem »Schwamm« auf der Unterseite (Röhrlinge) sind immer eßbar**

Einige Röhrlinge sind nicht eßbar. Der Satansröhrling zum Beispiel ist giftig. Dickfuß- und Gallenröhrling schmecken widerlich bitter.

**6. Pilze müssen nach dem Sammeln sofort zubereitet werden**

Frische Pilze können einen Tag luftig und kühl gelagert werden. Allerdings müssen sie von verdorbenen Stellen befreit und ausgebreitet aufbewahrt werden.

Quelle 1–6: *Reader's Digest* 9/1982

**Sauerkraut ist schwer verdaulich**

Sauerkraut ist durch seine natürliche Milchsäuregärung bereits »vorverdaut«. Sogar Menschen mit harmlosen Magen- und Darmbeschwerden dürfen es essen.

Quelle: *Für Sie* 8/1986

**Schimmel am Käse ist ungefährlich**

Nur Kulturschimmel, der beispielsweise dem Roquefort oder Brie zum Reifen zugesetzt wird, ist gesundheitlich unbedenklich. Dagegen kann jeder andere Schimmel Gifte bilden. Schmeißen Sie Lebensmittel, die von Schimmelpilzen befallen sind, zu Ihrer eigenen Sicherheit lieber weg.

Quelle: *Für Sie* 8/1986

**Schokolade macht dick**

Das stimmt in dieser uneingeschränkten Form nicht, hat eine dunkle Tafel Schokolade doch weniger Kalorien als beispielsweise ein Hamburger oder ein Müsliriegel. Ernährungsexperten raten zu besonders kakaohaltiger Bitterschokolade, denn der Kakaogehalt ist entscheidend: Je höher er ist, desto besser, weil Kakao viel weniger Kalorien enthält als Fett.

Quelle: *Fernsehwoche* 50/1997

**Schweinebraten und Lammkeule sind die fettreichsten Fleischsorten**

Schweinebraten und Lammkeule weisen höchstens 20 Prozent Fett auf, ebensoviel wie mittelfettes Rindfleisch. Einige Teile vom Schwein wie Kamm und Kotelett sowie Lammkotelett enthalten hingegen bis zu 30 Prozent Fett.

Quelle: *Für Sie* 8/1986

**Spinat ist das eisenhaltigste Gemüse**

100 Gramm Spinat enthalten nur 3 bis 4 Milligramm Eisen. 100 Gramm Linsen und gekochte Sojabohnen im Glas weisen dagegen 7 Milligramm auf. Pfifferlinge haben einen Eisenanteil von 6,5 Milligramm je 100 Gramm.

Quelle: *Für Sie* 8/1986

**Tiefkühlerbsen sind mit grünen Farbstoffen versehen**

In Deutschland ist es verboten, Tiefkühlgemüse zu färben. Das intensive Grün entsteht beim Blanchieren vor dem Einfrieren.

Quelle: *Für Sie* 8/1986

**Die Verdauung beginnt im Magen**

Die Verdauung setzt bereits im Mund ein – mit der chemischen Wirkung des Enzyms Ptyalin, das im Speichel enthalten ist. Die in Kartoffeln, Brot und Reis enthaltene Stärke kann unser Körper nicht unmittelbar nutzen; sie muß in Zucker umgewandelt werden. Die Aufgabe des im Speichel enthaltenen Ptyalins ist es, mit dieser Umwandlung zu beginnen. Man bemerkt es beim gründlichen Kauen eines Stücks Weißbrot: Es nimmt allmählich einen süßen Geschmack an.

Quelle: *Reader's Digest* 2/1954

**Wein ist bekömmlich**

Nicht zu allen Zeiten: Zwei Drittel aller römischen Kaiser waren infolge des vielen Bleis in ihrem Wein nicht zurechnungsfähig, was vielleicht mit zum Niedergang des Römischen Reiches beigetragen hat. Nach Berechnungen von Dr. Jerome O. Nriagu vom Wasserforschungsinstitut in Burlington (Kanada) nahmen die römischen Aristokraten etwa sechsmal soviel Blei auf, wie man nach heutigen Maßstäben noch als zulässig ansieht. Ein zu hoher Bleigehalt im Körper kann Persönlichkeitsveränderungen und Schwachsinn hervorrufen.

Nriagu führt das seltsame Betragen von 20 Herrschern, die in der Zeit zwischen 30 und 220 n. Chr. lebten, auf Bleivergiftungen zurück. Nriagu zufolge hätte die Hälfte allen Bleis, das die Römer zu sich nahmen, aus dem von ihnen verzehrten Wein stammen können. Sie würzten den Wein nämlich oft mit einem Traubensirup, der in Bleigefäßen oder verbleiten Kupferkesseln eingedickt war. Ein Teelöffel dieses Sirups habe mehr als genug Blei enthalten, um auf lange Sicht eine chronische Bleivergiftung hervorzurufen.

Quelle: »Neues aus der Wissenschaft«,
*Reader's Digest* 3/1984

**In Zitrusfrüchten ist am meisten Vitamin C**

Orangen und Zitronen enthalten etwa 50 Milligramm Vitamin C pro 100 Gramm Fruchtgewicht, Kiwis dagegen ungefähr 100 Milligramm, schwarze Johannisbeeren etwa 180 Milligramm und Guaven über 200 Milligramm.

Quelle: *Für Sie* 8/1986

**Brauner Zucker ist gesünder als weißer**

Beide Arten weisen so wenig Vitamine und Mineralstoffe auf, daß sie für eine gesunde Ernährung bedeutungslos sind.

Quelle: *Für Sie* 8/1986

# 4. Ein gesundes Herz schlägt gleichmäßig
## Fatale Irrtümer von Medizinern und über unsere Gesundheit

? **Anstrengung: Wer mit Hochdruck schuftet, schafft am meisten**

Falsch, denn übermäßige Anspannung und ein zu hohes Arbeitstempo führen zu Verkrampfungen und zu Erschöpfung, vermindern also die Leistungsfähigkeit. Bei entspannter, gleichmäßiger Arbeit verbraucht man weniger Energie und bringt dennoch am meisten auf den Weg.

Quelle: *Woman's Home Companion* 1/1953

? **Große Aufregungen zehren mehr als viele kleine**

Es ist umgekehrt, denn vermehrter »kleiner Ärger« zehrt viel mehr an unseren Nerven, besonders dann, wenn er sich im einzelnen nicht recht fassen läßt und man nichts dagegen unternehmen kann. Die gleichen Folgen hat dauernde Nörgelei. Doch in einer wirklich kritischen Situation, deren man sich auch bewußt ist, werden alle inneren Abwehrkräfte aktiviert.

Quelle: *Woman's Home Companion* 1/1953

? **Ein Bandscheibenvorfall muß operiert werden**

Im Jahre 1993 konnten amerikanische Ärzte 18 Patienten mit einem Bandscheibenvorfall ohne Operation bis zur Beschwerdefreiheit behandeln. Zu diesem Zeitpunkt wurde ein zweites Computertomogramm angefertigt. Die Kontrollaufnahmen zeigten, daß bei acht Patienten der Bandscheibenvorfall zurückgegangen war, bei sechs hatte er sich sichtlich verkleinert, und nur bei vier Patienten war der Zustand unverändert. Doch auch diese vier Patienten klagten nicht mehr über Schmerzen.

Quelle: *Spiegel* 17/1993

**Berufskrankheiten sind ein typisches Zeichen der modernen Zeit**

Untersuchungen der prähistorischen Gräber in Tail Abu Hureira im östliche Syrien haben gezeigt, daß schon in der Übergangsperiode von der Kulturstufe der Jäger und Sammler zur Lebensweise der Ackerbauer und Viehzüchter die ersten Berufskrankheiten auftraten. Theya Molleson vom Britischen Museum in London stellte an den Skeletten eine Vielzahl von Knochenschäden an Zehen und Fußknöcheln fest. Im unteren Bereich der Wirbelsäule und an den Knien zeigten sich Symptome von chronischer Arthritis. Der Grund für diese Knochenschäden liegt in der Belastung des Frühmenschen beim Mahlen von Getreide. Es wird angenommen, daß die Menschen das Korn in kniender Stellung mahlten, wobei die Zehen zur Stabilisierung des rotierenden Körpers in den Boden gepreßt wurden.

Quelle: *Spiegel* 46/1989

**Cholesterin ist schädlich**

Zuwenig Cholesterin kann bei Kindern das Wachstum behindern und zu Untergewicht führen. Kinderärzte von der North Shore University und der Cornell University (USA) untersuchten 40 Kinder mit einem erhöhten Cholesterinspiegel, denen daraufhin eine extrem fettarme Kost verordnet worden war, weil in ihren Familien bereits Herzkrankheiten aufgetreten waren. Der Speisezettel wurde dementsprechend radikal umgestellt. Acht der Kinder, die fortan weitestgehend auf Eier, Milchprodukte und Fleisch verzichten mußten, litten in der Folge erheblich an Untergewicht – um so stärker, je länger sie auf Diät gesetzt waren. Drei der Jugendlichen waren sogar im Wachstum zurückgeblieben und traten wegen der Mangelernährung nicht in die Pubertät ein.

Quelle: *American Journal of Diseases of Children* 5/1989

## Weiche Drogen sind ungefährlich

Im Gegenteil. Vor allem Cannabis-Produkte wie Haschisch und Marihuana sowie Amphetamine wie Captagon können die Empfindlichkeitsschwelle von Menschen senken, die für Schizophrenie prädisponiert sind, und können damit die Krankheit auslösen. Wie eine Studie des Mannheimer Zentralinstituts für seelische Gesundheit ergab, waren unter 232 Patienten mit einer ersten schizophrenen Episode jene mit einer Drogenvergangenheit »doppelt so häufig« vertreten wie »in einer alters- und geschlechtsparallelisierten Kontrollgruppe«. Es spreche daher viel für eine »kausale Beziehung zwischen Schizophrenie und dem Mißbrauch von Cannabis und Psychostimulanzien«.

Quelle: *Spiegel* 27/1996

## Frauen frieren schneller als Männer

Im Gegenteil – und dafür gibt es zwei Gründe: Erstens sind die Frauen besser gepolstert als die Männer. Mutter Natur hat ihre Töchter mit einer Fettschicht ausgestattet, einer erstklassigen Isolierung, die die Wärme drinnen und die Kälte draußen hält. Zweitens ist der Stoffwechsel der Frau viel anpassungsfähiger als der des Mannes. Ihr Körper erzeugt im Winter mehr und im Sommer weniger Wärme.

Quelle: *McCalls* 7/1962

## Frischzellen bringen die Jugend zurück

An diesen Irrtum glaubten viele Menschen mit Alterserscheinungen und ließen sich Arzneimittel aus lebenden Zellen junger Tiere zur Anregung der entsprechenden körpereigenen Zellen spritzen. Doch am 14. Januar 1997 wurde die Behandlung in Deutschland verboten, weil die angeblichen Verjüngungsmittel womöglich gefährliche Infektionen auslösen können.

Quelle: Stern-Extra *Das war 1997*

## Sieben Ammenmärchen zum Thema Geburt

**1. Wenn die Mutter in der Partnerschaft die stärkere Persönlichkeit ist, wird das Kind ein Junge**

Die Persönlichkeit der Eltern hat keinen Einfluß auf das Geschlecht des Kindes.

**2. Die Größe des Kindes bei der Geburt läßt sich durch entsprechende Ernährung der Mutter während der Schwangerschaft beeinflussen**

Die Ernährung der Mutter hat überhaupt keinen Einfluß auf die Größe des Kindes.

**3. Schwangere Frauen müssen für zwei essen**

Zuviel Nahrung führt zu Übergewicht. Und Übergewicht kann zu einer Stoffwechselvergiftung des Kindes führen.

**4. Ein heftiger Schock der Mutter während der Schwangerschaft kann das Kind »zeichnen«**

Die Theorie, daß solche vorgeburtlichen Einflüsse körperliche Mißbildungen beim Kind zur Folge haben können, hat sich als unhaltbar erwiesen.

**5. Beim ersten Kind kommt es eher zu einer Frühgeburt als bei späteren Kindern**

Es gibt keinen Unterschied zwischen der ersten und einer späteren Geburt.

**6. Ein Siebenmonatskind hat größere Chancen durchzukommen als ein Kind, das im achten Monat geboren wurde**

Die Überlebenschance eines Frühgeborenen ist um so größer, je weiter der Fetus herangereift ist.

**7. Eine Frau kann während der Stillzeit nicht wieder schwanger werden**

Es sind viele Fälle bekannt, wo exakt dies geschehen ist.

Quelle 1–7: *Vogue* 3/1954

**Glaube heilt besser als Medizin**

Ein Trugschluß, wie eine Untersuchung des amerikanischen Mathematikers William F. Simpson zeigt. Demnach sterben die Mitglieder der Sekte »Christliche Wissenschaft« früher als die durchschnittliche Bevölkerung. Der Wissenschaftler sammelte in alten Jahrgangsverzeichnissen die Daten von 5500 Studenten des Principa College in Elsah (Illinois, USA), das nur Sektenmitglieder aufnimmt, und verglich sie mit den Sterbedaten von rund 30000 Studenten einer Universität in Kansas. Die Vergleichsuntersuchung über knapp fünf Jahrzehnte zeigte, daß vor allem weibliche Sektenmitglieder deutlich früher starben als die ehemaligen Kommilitoninnen in Kansas.

Die im Jahre 1879 von der Amerikanerin Mary Baker Eddy gegründete Sekte vertritt die Lehre, daß Krankheiten ursprünglich im Geist existieren und am besten durch Glauben und Gebet geheilt werden können. Frühere Untersuchungen hatten ergeben, daß die Angehörigen der »Christlichen Wissenschaft«, denen weder der Genuß von Alkohol noch von Nikotin erlaubt ist, überdurchschnittlich oft an Krebs erkranken.

Quelle: *Spiegel* 44/1989

**Haschisch macht süchtig**

Nein, aber es ist oft eine Einstiegsdroge zu härteren Rauschgiften wie Heroin oder Kokain. Haschisch (oder Marihuana) selbst macht nicht einmal so süchtig wie Alkohol oder Nikotin und ruft auch keine Entzugserscheinungen hervor. Beim Haschisch-Konsum tritt zunächst eine anregende Wirkung, verbunden mit Euphorie und Schwindel ein, danach kommt es zu einer Beruhigung und zu einer als angenehm empfundenen Gelassenheit. Aber Marihuana kann auch negative Erscheinungen haben: Verwirrung, panikartige Reaktionen, Angstanfälle, ein Gefühl der Hilflosigkeit und Verlust der Selbstkontrolle. Wie beim Alkohol beeinträchtigt auch der Marihuanarausch das Leseverständnis, das Erinnerungsvermögen, die Sprache, die Denkfähigkeit und die Reaktionszeit. Menschen, die längere Zeit Haschisch konsumieren, sind oft passiv und unmotiviert, ihr eigentliches Interesse gilt meist nur der Droge.

Quelle: *Microsoft Encarta 98 Enzyklopädie*

**Fünf Irrtümer zum Thema Unfälle im Haushalt**

**1. Wenn man auf einen Nagel oder eine Heftzwecke getreten ist, sollte die Blutung durch sofortiges, kräftiges Draufpressen gestoppt werden**

Besser ist es, die Wunde etwas bluten zu lassen, damit Schmutz und Krankheitserreger ausgeschwemmt werden.

**2. Wer sich in den Finger geschnitten hat, sollte das Bluten durch kräftiges Drücken auf den Puls am Handgelenk stoppen**

Weitaus hilfreicher ist ein sogenannter Preßverband, der die Blutung zum Stillstand bringt.

**3. Wer sich die Finger verbrannt hat, sollte die betroffenen Stellen mit Butter bestreichen**

Viel erfolgreicher ist Eis oder eiskaltes fließendes Wasser, weil es die Schmerzen lindert und eine Vergrößerung der Brandblase verhindert.

**4. Wenn sich ein Mensch beim Essen verschluckt, sollte man ihm kräftig auf den Rücken klopfen**

Besser, man stellt sich hinter die betroffene Person und legt beide Arme um sie. Dann legt man beide Fäuste genau unter den Brustkorb und drückt einmal oder mehrmals kräftig zu.

**5. Bei Hitzewallungen sollte man ein kaltes Bad nehmen**

Auf keinen Fall. Wirksamer ist es, wenn man sich mit einem Schwamm oder Waschlappen von oben bis unten abwäscht, sich aber nicht abtrocknet, sondern mit dem Handtuch kühle Luft zufächelt. Dazu darf in kleinen Schlucken kaltes Wasser getrunken werden.

Quelle 1–5: *National Enquirer* 22/1989

**Ein gesundes Herz schlägt gleichmäßig**

Ein im exakten Rhythmus schlagendes Herz kündet eher das Herannahen des Todes an, als daß es ein Zeichen von guter Gesundheit sei. Zu dieser Erkenntnis kamen Forscher der amerikanischen Medical School durch einen Vergleich der Herzschlag-Abstände bei gesunden und kranken Menschen. Die Zeitintervalle zwischen den einzelnen Schlägen eines gesunden Herzens ändern sich ständig, wenn auch geringfügig, in unvorhersagbarer Weise. Bei 30 dem Sterben nahen Patienten waren dagegen in den letzten Stunden vor ihrem Ableben die Herzschläge absolut gleichmäßig. Der an der Untersuchung beteiligte Wissenschaftler Dr. Ary Goldberger hält das »chaotische Verhalten« des gesunden Herzens für eine überlebenswichtige Anpassungsstrategie an wechselnde Anforderungen des Organismus. »Das gesunde Herz tanzt«, erklärt der Forscher, »während das sterbende Organ nur noch im Gleichschritt marschiert.«

Quelle: *Spiegel* 6/1989

**Die Zunahme des Heuschnupfens ist auf eine erhöhte Empfindlichkeit gegen Blütenpollen zurückführen**

Der Grund ist eher in der erhöhten Ozonbelastung zu suchen, wie eine schweizerische Langzeitstudie an Schulkindern nachwies. In der Gemeinde Grabs wurden von 1983 bis 1992 insgesamt 585 Mädchen und Jungen nach allergischen Erkrankungen befragt; gleichzeitig ließen die Kinder ihre Empfindlichkeit gegen Milben, Katzenhaare, Gras- und Birkenpollen testen. Wie die Ärzte ermittelten, hatte der Heuschnupfen über die Jahre erheblich zugenommen – als Reaktion auf Graspollen, in Verbindung mit einer Steigerung des Autoverkehrs: Hohe Immissionen von Graspollen und Ozon traten oft gleichzeitig auf. Das eingeatmete Ozon, so die Ärzte, behindere die natürliche Selbstreinigung der Bronchien, die Schleimhäute seien den Pollen dadurch intensiver ausgesetzt. Gleichzeitig werde die Schleimhaut durchlässiger für die Allergene, die den Heuschnupfen auslösen.

Quelle: *Spiegel* 24/1992

## Medizinische High-Tech-Geräte machen genauere Diagnosen möglich

Obwohl die großen Kliniken in den letzten drei Jahrzehnten mit einer Vielzahl an Geräten zur Verbesserung der diagnostischen Möglichkeiten ausgestattet wurden, ist die Zahl der Fehldiagnosen nicht geringer geworden. Das ergab 1993 eine Untersuchung an der Internistischen Universitätsklinik Kiel. Die Mediziner werteten je 100 zufällig ausgewählte Krankenakten von Patienten aus, die 1959, 1969, 1979 und 1989 in ihrer Klinik verstorben und autopsiert worden waren. 1959 stimmten sieben Prozent der zu Lebzeiten gestellten Diagnosen nicht mit dem Autopsiebefund überein, 1969 waren es zwölf Prozent, 1979 und 1989 je elf Prozent.

Quelle: *Spiegel* 47/1993

## Einmal Kaiserschnitt, immer Kaiserschnitt

Viele Ärzte, Hebammen und Schwangere glauben, daß bei einer weiteren Geburt nochmals ein Kaiserschnitt nötig ist, wenn bei der vorangegangenen Geburt die natürliche Entbindung nicht möglich war. Sie befürchten, die Gebärmutter könnte bei den Wehen genau dort platzen, wo sie bei der vorherigen Geburt aufgeschnitten und wieder zugenäht wurde. Ein Irrtum, wie Forscher am Centre Hospitalier Intercommunal im französischen Poissy herausfanden. Sie konnten nachweisen, daß sich das Risiko durch eine Ultraschalluntersuchung bestimmen läßt: Sobald die Wanddicke der Gebärmutter in der 36. bis 38. Schwangerschaftswoche mehr als 3,5 Millimeter beträgt, muß nach Angaben der Ärzte nicht mehr mit einem Einriß gerechnet werden. Daher solle die Schwangere zumindest den Versuch unternehmen, das Kind auf natürlichem Wege zur Welt zu bringen.

Quelle: *Spiegel* 11/1996

### ? Erwachsene brauchen nicht so viel Kalzium wie Kinder

Viele Erwachsene glauben, daß sie, nachdem Zähne und Knochen einmal ausgebildet sind, keine kalziumreiche Nahrung mehr benötigen. Aber Kalzium dient auch der Neubildung von Knochensubstanz erwachsener Menschen.

Quelle: *Frank Field*, TV-Sendung CBS 5. 2. 1986

### ? Kontaktlinsen sind bequem und ungefährlich

Sie können aber bei 28 Prozent der Dauerlinsenträger und bei 87 Prozent der Anwender von Wegwerflinsen die Sehkraft gefährden. Wenn die Linsen nämlich nicht regelmäßig gereinigt werden, dringen durch Kerben in der Hornhaut Bakterien ein, die sich auf den ungesäuberten Linsen vermehrt haben. Außerdem wird die Sauerstoffversorgung der Hornhaut gestört und so ihre Infektionsbarriere entscheidend geschwächt. Nach einer Meldung des US-Fachblattes *Archives of Ophtalmology* ist das Risiko, Entzündungen oder Geschwüre auf der Augenhornhaut zu bekommen, bei den Trägern von Wegwerfkontaktlinsen 14mal höher als bei den Trägern herkömmlicher Linsen, weil diese ihre Sehhilfe häufig länger als vorgeschrieben tragen. Wie der Augenarzt Dr. Peter C. Donshik von der University of Connecticut betonte, müssen Kontaktlinsen nach jedem Tragen gereinigt und desinfiziert werden: »Jede Unterbrechung dieser Routine kann zu Problemen führen.«

Quelle: *Spiegel* 49/1992; *Men's Health* 12/1997

**Der Pulsschlag sagt nichts über die Lebenserwartung aus**

Abweichungen von der normalen Pulszahl sind nicht weiter ungewöhnlich und beeinträchtigen die Lebenserwartung im allgemeinen nicht. Doch ein übermäßig schneller Puls – mehr als 100 Schläge pro Minute – läßt auf ein verborgenes Leiden und damit auf eine Herabsetzung der Lebensdauer schließen.

Quelle: *Reader's Digest* 7/1951

**Milben verursachen Allergien**

Nur acht von einhundert allergischen Erkrankungen werden, wie eine Untersuchung an über 15 000 Betroffenen zeigte, durch Allergene der Hausstaubmilbe ausgelöst. Weit häufiger sind Schimmelpilze (30,8 Prozent), Mehl und andere Nahrungsmittel (35,6 Prozent) oder Arzneimittel und Pollen verantwortlich. Auch die Behauptung, daß sich die Hausstaubmilben vorzugsweise in Kopfkissen und Betten einnisten, ist falsch. Von 100 untersuchten Bettdecken waren 98 milbenfrei, bei den Kopfkissen waren zwar 22 Prozent von Milben befallen, aber nur so gering, daß sie keine Allergie auslösen konnten.

Quelle: *Ärztliche Praxis* 3/1993

**80 000 Deutsche leiden an Multipler Persönlichkeitsstörung**

Bei der MPS handelt es sich um ein Krankheitsbild, bei dem im Extremfall bis zu 100 Persönlichkeiten mit unabhängigen Gedanken, Gefühlen und Erinnerungen im selben Körper umherspuken. Die Ursache, so behaupten Psychologen, sei in aller Regel ein schweres seelisches Trauma – fast immer seien die Betroffenen im Kindesalter sexuell mißbraucht und mißhandelt worden. Das aber wird von vielen Fachleuten energisch bestritten. Sie sind davon überzeugt, daß MPS-gläubige Therapeuten ihren Patienten die Krankheit einflüstern. »Die Multiple Persönlichkeitsstörung gibt es gar nicht«, behauptet der Gütersloher Psychiatrie-Professor Klaus Dörner, und im US-Fachblatt *Nature Medicine* wetterte der Psychiater Paul McHugh, MPS sei »ein bemerkenswertes Beispiel für ein künstlich erzeugtes menschliches Verhalten«.

Quelle: *Spiegel* 12/1995

## Lautes Niesen ist unhöflich

Beim Niesen werden viele tausend Teilchen in die Luft geprustet, jedes einzelne in eine feuchte Hülle verpackt. Es ist daher ein Gebot der Höflichkeit, wenn man sich beim Niesen ein Taschentuch vor den Mund hält. Wer allerdings das Niesen unterdrücken will, kann leicht Nasenbluten bekommen; es können sogar Knöchelchen in der Nase oder in ihrer Umgebung brechen. Werden die Nasenlöcher blockiert, dringen die Bakterien womöglich in die Stirnhöhle und die Nebenhöhlen und infizieren sie. Auch die Mittelohrknochen und das Gehör können in Mitleidenschaft gezogen werden. Jene wohlerzogenen Zeitgenossen, die sich bei jedem anbahnenden Nieser an die Nase fassen und danach nur ein dezentes »Mpf« ausstoßen, sollten also im Interesse ihrer Gesundheit lieber der Natur freien Lauf lassen.

Quelle: Dan Carlinsky: »Haaa ... tschi!«,
*Long Island* 8/1979

## Die Pille ist völlig ungefährlich

Frauen, die die Antibabypille nehmen, haben ein drei- bis vierfach höheres Risiko, eine Thrombose zu bekommen als Frauen, die nicht auf diese Weise verhüten. Professor Lothar Heinemann vom Zentrum für Epidemiologie und Gesundheitsforschung in Berlin zufolge können auch Schlaganfälle die Folge der Pillen-Einnahme sein. Jährlich gebe es drei Fälle pro 100 000 Frauen, die durch orale Verhütungsmittel einen

Hirninfarkt bekommen. Dieses Risiko ließe sich vermindern, wenn Frauen mit hohem Blutdruck auf die Pille verzichten würden.

Quelle: *British Medical Journal,* Bd. 315/1997

**Raucher kosten die Gesellschaft mehr als Nichtraucher**

Das Gegenteil ist richtig. Einer Mitte 1997 im *New England Journal of Medicine* veröffentlichten Untersuchung zufolge sind Nichtraucher für die Allgemeinheit etwa 7 bis 10 Prozent teurer. Der Grund: Sie leben länger, sterben langsamer und beanspruchen mehr Rente.

Quelle: *Neue Zürcher Zeitung* 12. 12. 1997

**Die Retortenzeugung ist ein ausgereiftes Verfahren**

Nur jede zehnte Frau, die sich einer künstlichen Befruchtung unterzieht, bringt schließlich ein Kind zur Welt. Dabei könne nach Ansicht des Hannoveraner Gynäkologen Hans-Walter Schlößer viel wirksamer geholfen werden. In rund 40 Prozent aller Fälle ist laut Schlößer die weibliche Unfruchtbarkeit auf einen Defekt der Eileiter zurückzuführen, der durch einen mikrochirurgischen Eingriff behoben werden kann. Die Erfolgsrate dieser Operation liege mit knapp 30 Prozent höher als bei der Retortenzeugung.

Quelle: *Spiegel* 25/1992

**Schizophrenie entsteht durch einen Schock in der Kindheit**

An diesem Irrtum ist wohl auch Alfred Hitchcocks Film *Psycho* schuld. Tatsache ist aber, daß Kinder, die im Winter zur Welt kommen, mehr zur Schizophrenie neigen als Sommerbabys. Das hat nichts mit einem Kälte- oder wie auch immer gearteten Schock zu tun, vielmehr ist eine Vireninfektion daran schuld.

Robert Yolken von der Johns Hopkins University in Baltimore (USA) hat mit einer Untersuchung belegt, daß Kinder, die unmittelbar nach der Geburt an Mumps oder nur einem Schnupfen erkrankten, ein siebenmal höheres Risiko haben, zwei bis drei Jahrzehnte später an Schizophrenie zu erkranken. Für diese Erhebung hatten Forscher in den USA und Italien die Krankheitsgeschichten mehrerer tausend in den 60er Jahren geborener Menschen bis in die Gegenwart analysiert. Fündig wurden Yolken und sein Team auch in ihrer »Gehirnbank«, einer Sammlung einiger hundert Gehirne, deren Träger an den unterschiedlichsten psychischen Krankheiten gelitten hatten. In einigen Gehirnen schizophrener Patienten fanden sich – im Gegensatz zu solchen anderer Menschen – Bestandteile von Virus-Erbgut.

Quelle: *Süddeutsche Zeitung* 20. 11. 1997

## Sieben Irrtümer zum Thema Schlaf

### 1. Essen ist wichtiger als Schlaf

Das Gegenteil stimmt. Schlaf ist lebensnotwendig. Tiere, die zwanzig Tage ohne Nahrung auskommen, sterben bereits nach vier, fünf Tagen, wenn man sie nicht schlafen läßt. Ein Mensch, den man am Schlafen hinderte, würde vermutlich nach zehn Tagen sterben, ohne zu essen hingegen könnte er bis zu sechs Wochen leben.

Quelle: *Reader's Digest* 11/1955

### 2. Versäumter Schlaf läßt sich nicht nachholen

Doch, aber nur, wenn man von der Gewohnheit lassen kann, immer um die gleiche Zeit aufzustehen. Selbst wenn man die ganze Woche hindurch jede Nacht ein bis zwei Stunden zuwenig geschlafen hat, kann man das Versäumte wettmachen und wieder in den Vollbesitz seiner geistigen Kräfte gelangen, wenn man einmal bis zum Mittag durchschläft.

Quelle: *Reader's Digest* 11/1955

### 3. Kaffee hält wach

Viele gewohnheitsmäßige Kaffeetrinker können große Mengen Koffein vertragen, ohne daß ihr Schlaf davon beeinträchtigt wird. Nur eine Minderheit empfindet Kaffee als ausgesprochenen »Wachhalter«. Die meisten davon bilden sich aber nur ein, daß sie der Kaffee wachhält – die bloße Einbildung raubt ihnen den Schlaf. Trinken sie dagegen normalen Kaffee im Glauben, er sei koffeinfrei, schlafen sie sehr gut. Ein weiterer Beweis dafür, daß der Glaube Berge versetzen kann.

### 4. Zwei Stunden Schlaf vor Mitternacht sind ebensoviel wert wie vier Stunden danach

Wer früh aufstehen muß, sollte tatsächlich frühzeitig, also noch vor Mitternacht, zu Bett gehen. Doch es ist ein Irrtum, zu glauben, daß nur der ausgeschlafen ist, der vor Mitternacht einschläft – ausschlaggebend ist allein die ausreichende Länge des Schlafs.

### 5. Bei offenem Fenster schläft man am besten

Frischluftfanatiker, die auch in der eisigen Jahreszeit die Schlafzimmerfenster aufreißen, öffnen damit auch Erkältungskrankheiten und Zwistigkeiten mit der besseren Ehehälfte Tür und Tor. Die für einen gesunden Schlaf günstigste Zimmertemperatur liegt bei 13 Grad Celsius mit einer relativen Luftfeuchtigkeit von 45 Prozent. Menschen mit langsamem Stoffwechsel, empfindlichen Atmungsorganen, Erkrankungen der Nebenhöhlen, Kreislaufstörungen und einer Neigung zu Arthritis und Rheumatismus sollten in einem wärmeren Raum schlafen.

Quelle 1–5: *Reader's Digest* 11/1955

### 6. Alkohol garantiert keinen erholsamen Schlaf

Nein. Wer zuviel getrunken hat, fällt in einen tiefen, bleiernen Schlaf. Die REM-Phasen (engl. rapid eye movements) mit ihrer lebhaften Traumtätigkeit werden weitgehend unterdrückt. Die Folge: Man erwacht, ohne im Schlaf Erholung gefunden zu haben.

Quelle: *Men's Health* 12/1997

### 7. Man kann im Schlaf lernen

Diese Behauptung wurde durch einen wissenschaftlichen Test widerlegt. Man legte 21 Versuchspersonen insgesamt 96 Wissensfragen aus Geschichte, Sport und anderen Gebieten vor. Als sie in der darauffolgenden Nacht schliefen, ließ man mit fünfminütigen Pausen ein Tonband mit denselben Fragen und den Antworten ablaufen und maß gleichzeitig ununterbrochen die Gehirnströme der Schläfer. Aus den Schwingungskurven ließen sich die verschiedenen Schlafstadien ablesen, vom leichten Halbschlaf bis zum Tiefschlaf.

Als am folgenden Morgen die Versuchspersonen gefragt wurden, ob sie die Fragen, die ihnen tags zuvor Schwierigkeiten gemacht hatten, nunmehr beantworten könnten, stellte sich heraus, daß sie sich nur an jene vom Tonband abgespielten Antworten erinnern konnten, die sie im Halbschlaf wahrgenommen hatten.

Quelle: *Popular Science Monthly* 2/1959

### Silikon verursacht Brustkrebs

Tatsächlich erkranken Frauen, denen ein Silikonkissen in die Brust implantiert wurde, zwischen 35 und 40 Prozent seltener an Brustkrebs als unbehandelte Frauen. Das jedenfalls behauptet der Mediziner Leo Garrido vom Massachusetts General Hospital in Boston. Garrido hatte in seinem Labor das Blutplasma von Silikonimplantat-Trägerinnen im Reagenzglas mit Brustkrebszellen in Kontakt gebracht. Dabei zeigte sich, daß das Blut jener Frauen, deren Implantate älter als zehn Jahre und vermutlich porös geworden waren, alle Krebszellen innerhalb von zehn Tagen abtötete. Das Blutplasma der Patientinnen, deren Implantate jüngeren Datums und daher noch intakt waren, beeinflußte die Krebszellen nicht.

Quelle: *Spiegel* 36/1994

## Silikon ist ungefährlich

Im Gegenteil – die Vergrößerung der Brüste durch Silikon kann schlimme Folgen haben: Nur sechs bis 15 Jahre, so berichten Ärzte der University of Pennsylvania in Philadelphia (USA), kann sich die Patientin ihrer künstlich geschwellten Brust erfreuen. Dann treten, als Folge ausgesickerten Silikongels, oft rheumatische Erkrankungen sowie Magen-Darm-Beschwerden auf. Außerdem hat die Neurologin Britta Osermeyer-Shoaib vom Baylor College of Medicine im texanischen Houston bei 25 Frauen im Alter zwischen 23 und 64 Jahren schwere Autoimmunsyndrome beobachtet, die den Krankheitserscheinungen einer multiplen Sklerose ähnelten. Bei Untersuchungen mit Kernspintomographen wurden bei allen Frauen Schädigungen im Gehirn und Rückenmark festgestellt.

Quelle: *Spiegel* 48/1989 und 20/1994

## Streß gefährdet die Gesundheit

Nicht immer, es kommt auf die Streßart an. Während der »Distreß« (zerstörender Streß) das Wohlbefinden tatsächlich bedroht, kann ein dosierter »Eustreß« (anregender Streß) sogar guttun.

Quelle: Frederic Vester: *Phänomen Streß*,
München 1988

## Träume sind nur Schäume

Von wegen! Besonders lebhafte Träume können den Organismus erheblich in Mitleidenschaft ziehen. Derartige Erregungszustände führen nämlich wie körperliche Anstrengungen zu erhöhtem Puls und gesteigerter Atmungs- und Verdauungstätigkeit. Vom erholsamen Schlaf kann dann keine Rede mehr sein.

Quelle: *Reader's Digest* 11/1955

**Man kann traumlos schlafen**

Das ist unmöglich. Jeder Mensch träumt – nachtein, nachtaus. Der schnelle Übergang zum Wachzustand löscht jedoch oft die Erinnerung an jeden Traum, vielleicht deshalb, weil sich das Hirn gegen die Traumszenen, genauer gesagt: gegen das Traumdrama, sperrt.

Quelle: Michel Jouvet: *Die Nachtseite des Bewußtseins*, Reinbek 1994

**Ein intensives Training pro Woche stärkt das Herz**

Nein, täglich zehn Minuten Sport nutzen dem Herzen mehr als ein einzelnes heftiges Training in der Woche. Das ergab eine Studie, an der ca. 20 000 US-Ärzte teilnahmen.

Quelle: *Ärztliche Praxis* 12/1997

**An den Folgen der Tschernobyl-Katastrophe erkranken kaum noch Menschen**

Im Gegenteil, es wird immer schlimmer. Die Zahl der Neuerkrankungen an bösartigen Schilddrüsentumoren bei Kindern in der Ukraine und in Weißrußland steigt Jahr für Jahr. Wissenschaftler des Instituts für Strahlenschutz des GFS-Forschungsinstituts für Umwelt und Gesundheit in München rekonstruierten gemeinsam mit dem ukrainischen Strahlenforschungszentrum in Kiew, wie hoch die radioaktive Bestrahlung damals war, um den weiteren Verlauf vorhersagen zu können. Den Höhepunkt der Epidemie erwarten sie zwischen den Jahren 2003 und 2008, erst danach werde die Zahl der Neuerkrankungen nicht mehr steigen.

Quelle: *Hamburger Abendblatt* 17. 1. 1998

### Verheiratete leben kürzer

Nach der Statistik leben verheiratete Männer länger als unverheiratete: Ihre Sterblichkeitsziffer ist in allen Altersgruppen niedriger, zwischen 25 und 44 Jahren sogar nur halb so groß wie bei Junggesellen. Dem Ehemann wird wahrscheinlich eine bessere Pflege zuteil. Verheiratete Frauen schneiden gegenüber unverheirateten Frauen nur etwas günstiger ab.

Quelle: *Reader's Digest* 7/1951

### Vitamin C schützt vor Erkältung

Ein Irrglaube, der anscheinend nicht auszurotten ist. Daher hat die Deutsche Angestellten-Krankenkasse Ende 1997 noch einmal darauf hingewiesen, daß die Einnahme von Vitamin C gegen Erkältungen fast immer nutzlos ist. Es schützt nur dann gegen Infekte, wenn bei der betreffenden Person zuvor ein akuter Mangel an Vitamin C herrschte, was in Deutschland in der Regel nicht vorkommt.

Quelle: *taz, Die Tageszeitung* 3. 1. 1998

### Vitamine sind eine gute Energiequelle

Die Vitamine selbst liefern keine Energie. Sie können dem Körper allerdings helfen, die aufgenommene Nahrung in Energie umzusetzen.

Quelle: *Frank Field,* TV-Sendung CBS 5. 2. 1986

### Zwei Irrtümer zum Thema Wasser

**1. Wasser trinken macht nicht dick**

In gewisser Hinsicht schon. Wenngleich das Wasser selbst nicht dafür verantwortlich ist, daß sich der Leibesumfang erhöht, sondern Salz, das große Mengen Wasser im Körper bindet. Wer wenig Salz zu sich nimmt und auch sonst natriumhaltige Nahrung meidet, bei dem wird alles überflüssige Wasser rasch aus dem Körper geschwemmt.

**2. Wasser aus der Flasche ist besser als Wasser aus der Leitung**

Wasser aus der Flasche muß nicht unbedingt besser sein. Maßgebend ist die Quelle, aus der es stammt. Darüber hinaus ist das deutsche Leitungswasser wegen der strengen Auflagen der Trinkwasserverordnung nicht nur gesundheitlich unbedenklich, sondern für eine gesunde Ernährung geradezu empfehlenswert.

Quelle 1–3: *Family Circle* 21. 6. 1983

### ? Mißbildungen der Wirbelsäule führen zu Rückenschmerzen

Zwischen den beim Röntgen festgestellten anatomischen Abnormitäten der Wirbelsäule und Rückenschmerzen besteht meist kein Zusammenhang. Das haben Ärzte im Hoag Memorial Hospital in Newport Beach (Kalifornien, USA) festgestellt. Die Mediziner hatten 98 Frauen und Männer mit Hilfe von Kernspintomographen untersucht. Bei zwei von drei der Patienten stellten die Ärzte Abnormitäten der Wirbelsäule fest – jedoch klagte keine einzige der untersuchten Personen deswegen über Rückenschmerzen.

Quelle: *Spiegel* 31/1994

### ? Mit Zahnpasta werden die Zähne schön und sauber

Blitzblank werden sie ohne Zahnpasta und ohne Wasser. Das ergab die Studie eines Dental-Instituts in Arizona (USA). Sechs Monate lang putzten 128 Personen ihre Zähne nur mit trockenen, weichborstigen Bürsten. Das Ergebnis: Bei 67 Prozent wurde ein Rückgang von Plaque festgestellt, jeder zweite zeigte verringerte Parodontose-Symptome. Nach Auskunft der Studienleiterin Trisha O'Heir sei die gute Putzwirkung mit den erhöhten Reibungseffekten zu erklären. Ihre Empfehlung: 60 Sekunden lang trocken putzen, danach 30 Sekunden mit Zahnpasta.

Quelle: *Men's Health* 12/1997

**Leichte Zigaretten sind gesünder**

Wer »Light«-Zigaretten mit niedrigen Teergehalt- und Nikotinangaben auf der Packung bevorzugt, führt vermutlich seinem Organismus mehr von diesen Stoffen zu, als er glaubt. Ursache für die Unterschiede zwischen den in maschinellen Rauchtests ermittelten Herstellerangaben und dem, was der Raucher tatsächlich inhaliert, sind seit 1992 vorgenommene Veränderungen in der Filter- und Verpackungstechnik. So haben nahezu alle Filter der Light-Zigaretten winzige Löcher im Filterbereich oder im Zigarettenpapier nahe dem Filter. Durch diese Öffnungen gelangt bei jedem Zug der Rauchmaschine Nebenstromluft in das Rauchgemisch, so daß die Nikotin- und Teerwerte entsprechend sinken. Der Mensch aber raucht anders. Wie der Pharmakologe Jack E. Henningfield vom US-Forschungszentrum für Rauschgift feststellte, empfinden die meisten Raucher den verdünnten Rauch als zu milde. Sie ziehen stärker als früher an der Zigarette und nehmen mit jedem Zug entsprechend mehr Giftstoffe auf. Darüber hinaus werden die kleinen Nebenluftlöcher häufig durch Lippen oder Finger abgedeckt, so daß der verdünnende Effekt geringer ist als bei der Rauchmaschine.

Quelle: *Spiegel* 19/1994

**Zucker verursacht das »Zappelphilipp-Syndrom«**

Die weitverbreitete Auffassung, der Verzehr von viel (und vor allem raffiniertem) Zucker beeinflusse das Verhalten und die Wahrnehmung von Kindern im Sinne einer Hyperaktivität, konnte im Child Development Center der Vanderbuilt University in Nashville (Tennessee, USA) durch die Auswertung von

16 Studien widerlegt werden. Die Untersuchung wurde vom Kinderarzt M. L. Wolraich und seinem Team durchgeführt. In keinem der Testverfahren ergaben sich bedeutsame Unterschiede im Verhalten oder in den Lernleistungen nach dem Verzehr von Zucker oder Placebos (Aspartam oder Saccharin). Falls Zucker doch eine entsprechende Wirkung habe, so die Forscher, sei dieser Effekt so gering, daß die verwendeten statistischen Methoden sie nicht nachweisen konnten.

Quelle: *Skeptiker* 2/1996

# 5. Das Recht der ersten Nacht

## Amor, Sex und die alten Germanen – Irrtümer aus der weiten Welt der Erotik

? **Es ist eine Spezialität der Männer, Frauen mit Blicken ausziehen zu wollen**

Die Frauen tun es mit den Männern ebenso. Nur nicht so direkt und offensichtlich. Dabei nutzen sie oft den Spiegel ihrer Puderdose oder den reflektierenden Effekt eines Schaufensters. Während sich das Interesse des Mannes auf die Oberweite, Po und Beine richtet, gehen die Frauen differenzierter und in Etappen vor. Der erste Blick gilt dem gesamten Erscheinungsbild. Jede Frau hat ihre ganz spezifischen Auswahlkriterien, die sich aus dem, was gerade Mode ist, und aus früheren Erfahrungen zusammensetzen: Hände, Haare, Gesichtszüge, die Schultern. Auch beim Anblick eines Bildes mit sexuellem Inhalt zeigen sich bei Frauen die gleichen Wirkungen wie bei Männern: Die Lidspalten verengen sich ein wenig, der Umfang der Pupillen vergrößert sich auf das Doppelte. Doch vor einer vorschnellen Interpretation sei gewarnt: So mancher Mann hat schon eine herbe Abfuhr erhalten, weil er einen langen Blick als sexuelles Interesse deutete, wo in Wirklichkeit nur ein Fall von Kurzsichtigkeit vorlag.

Quelle: *Playboy* 2/1973

? **Autoerotik ist Geschlechtsverkehr im Auto**

Bei der Autoerotik (oder dem Autoerotismus) handelt es sich nicht um Sex auf vier Rädern, vielmehr bedeutet es Eigenliebe. So machen Kinder ihre ersten sexuellen Erfahrungen an sich selbst, indem sie ihren eigenen Körper und völlig neue Lusterlebnisse entdecken. Bei den Erwachsenen, die sich aus dieser Entwicklungsstufe nicht entfernt haben, die also keine Partnerschaft brauchen, um sexuell erregt zu werden, spricht man von »Autoerotik«.

Quelle: *Meyers Lexikon*

**Bett und Büro – wenn beide Partner gemeinsam arbeiten, schadet dies der Liebe**

Im Gegenteil: »Eine intensive Arbeitsatmosphäre erfordert, sich gedanklich mit dem Gegenüber auseinanderzusetzen – etwas Erotischeres gibt es überhaupt nicht«, schreibt Stephen Manes, Co-Autor eines Buches über Bill Gates. Weil es aber nicht einfach ist, die sexuelle Spannung aufrechtzuerhalten, wenn man sich fast rund um die Uhr sieht, empfiehlt die Rosenheimer Paartherapeutin Renate Suderow: Keine Arbeit aus dem Büro mit nach Hause nehmen. Gespräche über den Job nicht am Essenstisch oder gar im Bett führen. Wenn es die Wohnverhältnisse erlauben, separate Schlafzimmer mit gegenseitigen Besuchen. Auch mal getrennt Urlaub machen. So gibt es den nötigen Abstand und neue Impulse, die auch die Liebe beleben.

Quelle: *Amica* 1/1998

**Busen sind groß oder klein, fest oder schlaff**

Stimmt nicht, denn beim Busen handelt es sich um das Tal zwischen den Brüsten. Diese verschämte Umschreibung für »Brust« ist ein Relikt der Prüderie aus dem 19. und frühen 20. Jahrhundert, als man auch nicht »Hose« zu sagen wagte und somit das »Beinkleid« erfand.

Quelle: *Playboy* 8/1974

? **Früher gab es das Recht der ersten Nacht**

Nein, es wurde nur viel darüber geschrieben. So berichtete 1526 der schottische Gelehrte Hector Boethius von dem Tyrannen Ebenus, der es seinen Vasallen erlaubte, die Bräute seiner Untertanen zu entjungfern. 1785 erzählte Beaumarchais in *Figaros Hochzeit* vom Grafen Almaviva, der sich bei der Heirat von Figaro und Susanne des alten Herrenrechts besinnt und die Braut zum Schäferstündchen bestellt. 1854 wies ein gewisser Alexandre Bouthors darauf hin, daß auch Geistliche auf die Ausübung dieser Unsitte ein Recht hätten. Zu Beginn dieses Jahrhunderts war es Sigmund Freud, der sich des »ius primae noctis« mit dem Hinweis bemächtigte, die weibliche Libido würde sich hier auf Vatersurrogate fixieren. Damit hinkte er der Zeit hinterher: Schon Ende des 19. Jahrhunderts war das Recht der ersten Nacht ins Reich der Legenden verbannt worden.

Quelle: *Süddeutsche Zeitung* 6. 11. 1996

? **Frigide Männer gibt es nicht**

Frigidität heißt »Gefühlskälte«. Diese psychische Störung der Wahrnehmungsfähigkeit und Erlebnisstärke läßt sich beim Mann genauso beobachten wie bei der Frau. Man neigt nur allgemein dazu, die sexuelle Potenz jedem Mann zuzuschreiben, der einen Samenerguß in Verbindung mit einer Erektion hat, und sie jeder Frau abzusprechen, die keinen deutlichen Höhepunkt beim Koitus erlebt. In Wahrheit kann ein Mann trotz Ejakulation genau so frigide (nämlich: gefühlskalt oder -arm) sein und damit unbefriedigt bleiben wie eine Frau.

Quelle: *Playboy* 7/1974

## Nur Männer kommen ins »gefährliche Alter«

Es sind eher die Frauen. Während die Männer nur einen »zweiten Frühling« durchleben, gibt es im Leben einer Frau zwei Phasen, in denen selbst die Biederste auf sexuelle Abenteuer sinnt: zuerst als Mittdreißigerin, weil sie ihre Mädchenängste vor Männern überwunden hat und der Ehetrott fade zu werden droht; das zweite »gefährliche Alter« erlebt sie als Endvierzigerin, weil sie fürchtet, in der Liebe einiges versäumt zu haben und bald nicht mehr attraktiv genug zu sein.

Quelle: *Playboy* 3/1981

## Die alten Germanen waren sexlüsterne Wüstlinge

Im Gegenteil – die Germanen sind als Sexmuffel in die Sittengeschichte eingegangen. Der römische Geschichtsschreiber Tacitus berichtete: »Die Ehen werden dort sehr ernst genommen.« Tatsache ist, daß in Germanien der Geschlechtsverkehr nur zu Fortpflanzungszwecken in der Ehe stattfinden sollte – untreue Frauen wurden nackt aus dem Haus gejagt, mit Ruten durch das Dorf gepeitscht, schließlich totgeschlagen und im Sumpf versenkt. Ein ähnliches Schicksal traf den männlichen Partner außerehelicher Beziehungen. Jünglinge durften erst mit 20 Jahren an Sex denken, Mädchen überhaupt nur dann, wenn ein Mann beim Vater um ihre Hand anhielt und die entsprechende Anzahl Kühe, Schafe und Waffen für die Braut bot. Nur die Fürsten nahmen sich schon mal das Vorrecht, mit mehreren Frauen verheiratet zu sein, von Konkubinen und Sklavinnen ganz zu schweigen. Frauen blieben zeitlebens Eigentum des Ehemannes, unverheiratete das des Vaters, und so kam es hin und wieder zum Inzest, wie es sogar die Götter- und Heldensage erzählt.

Die Spätgermanen und besonders die Wikinger waren allerdings aktiver. Sie führten sogar Sexspiele vor Zuschauern auf.

Quelle: *Playboy* 8/1974

## Ginseng-Wurzeln stärken die Potenz

Ginseng-Wurzeln gelten in Asien seit Jahrtausenden als Potenzstärker. Der Legende zufolge entstanden sie unter dem Galgen aus dem letzten Samenerguß der Gehenkten. Daß Ginseng-Wurzeln die Potenz stärken, ist zwar nicht bewiesen, doch wer an Wunder glaubt, mag Wunder erleben. Immerhin geben sieben Prozent der Ginseng-Kauer an, sie könnten nach dem Genuß der Wurzel öfter oder länger.

Quelle: *Playboy* 4/1980

## Glatzköpfe sind potenter

Jährlich werden Millionen für die Behandlung von Haar und Kopfhaut ausgegeben. Warum? Weil im Haar mehr als eine Kopfbedeckung gesehen wird. Man assoziiert mit ihm Potenz – in sexueller wie in anderer Hinsicht.

Doch seit jeher gibt es unterschiedliche Meinungen über die Ursache der Kahlköpfigkeit. Aristoteles, der selbst eine Glatze hatte, führte sie auf häufigen Geschlechtsverkehr zurück. Ein Irrtum, der sich bis heute nicht ausrotten ließ. In Wirklichkeit zeigt die Kahlköpfigkeit weder einen Verlust noch einen Überschuß an Männlichkeit an. Dennoch hat sie mit männlichen Hormonen zu tun. Diese Androgene sind die Hauptursache für den Haarausfall des Mannes. Ungeachtet seines Alters oder einer glatzköpfigen Ahnenreihe würde der Mann seine Haarpracht behalten, wenn er ohne seine Androgene auskäme. Auch Frauen können nach den Wechseljahren unter Haarausfall leiden, wenn ihr Östrogenspiegel sinkt und damit die Wirkung ihrer männlichen Hormone überhandnimmt.

Ohne Androgene verliert man also kein Haar – was aber nicht heißt, daß sie im Körper des Glatzköpfigen in supermännlichen Mengen zirkulieren oder daß Männer mit vollem Haar weniger davon besitzen. »Kahlköpfige Männer sind männlicher« ist also eine clevere Lüge, von der man(n) zum eigenen Trost Gebrauch machen kann.

Vermutlich ist Aristoteles angesichts der üppig gelockten Eunuchen auf seine Glatzentheorie gekommen. Sie frönten ja keinerlei sexuellen Aktivitäten, also ... Womit wir bei der einzig sicheren Heilung für Kahlköpfige wären: der Kastration. Die Entmannung läßt zwar bereits ausgefallene Haare nicht wieder nachwachsen, und sie ist bis heute als Methode zur Vermeidung des Haarausfalls wenig beliebt. Aber die Produktion von Androgenen wird durch die Kastration abrupt gestoppt. In Film und Fernsehen sieht man oft glatzköpfige Eunuchen über einen Harem wachen. Doch das geht völlig an der Wirklichkeit vorbei.

Quelle: Thomas D. Bedell: »Rund um die Glatze«, *Pacific Southwest Airlines California Magazine* 4/1979

? **Keuschheitsgürtel: Bevor die Kreuzritter ins Heilige Land zogen, kamen ihre Frauen »hinter Schloß und Riegel«**

Im Museum von Kalmar in Schweden und im Musée Cluny in Paris sind Keuschheitsgürtel zu besichtigen. Sie sind allerdings nur 400 bis 500 Jahre alt, stammen also aus der Zeit nach den Kreuzzügen. Eric John Dingwall, der sich auf diesem Gebiet als Forscher betätigt, fand die älteste Erwähnung eines Keuschheitsgürtels in einer Schrift aus dem Jahre 1405. Dingwall glaubt, daß die Kreuzritter diese Sitte erst im Orient kennenlernten – wie und wo konnte der Historiker nicht ermitteln – und erst nach ihrer Rückkehr in der Heimat einführten.

Quelle: *Playboy* 11/1976

? **Liebesbereitschaft: Je südlicher das Land, desto williger die Frauen**

Die Vorstellung, daß Frauen aus südlichen und tropischen Zonen sexuell aktiver seien, ist merkwürdigerweise weit verbreitet, entbehrt jedoch jeder Grundlage. Tatsächlich ist das Sexualverhalten der Frau ganz primär ihre eigene und individuelle Angelegenheit, die lediglich im Bann kollektiver Zwangsvorstellungen eingeengt, verbogen und destruiert wird. Nur ganz wenige staatliche, rassische oder religiöse Gemeinschaften fördern ein aktives Sexualverhalten der Frau, und diese wenigen Enklaven sind im Eismeer ebenso wie in Afrika oder in Äquatorländern zu finden. Es ist auch nachgewiesen, daß die temperaturbedingte Nacktheit oder geringe Bekleidung keineswegs die sexuelle Aktivierung steigert. Andererseits ist genauso bekannt, daß die grundsätzlich temperamentvollen Frauen südlicher Länder durch eine zumeist jahrtausendalte religiöse und kulturelle Prägung zwar in Tanz, Aufmachung und Auftreten die Männer sehr anreizen, im Sexualverhalten aber vorwiegend defensiv, passiv verklemmt und häufiger anorgasmisch sind als beispielsweise die deutschen Frauen.

Quelle: *Playboy* 2/1973

**Die meisten Männer mögen eine große Oberweite**

Nicht der »Vorbau« macht's, noch unwichtiger sind die Beine. Viel interessanter ist die schmale Taille über breiten Hüften, die Männer dazu verleitet, mit einer Frau anzubandeln. Das hat die US-Psychologin Devendra Singh von der University oft Texas in Austin nach gründlichem Studium der Schönheitsideale in Steinzeitdarstellungen, in griechischen Gemälden, Modezeichnungen aus vielen Jahrhunderten oder Fotografien von Playmates und Schönheitsköniginnen aus den letzten Jahrzehnten herausgefunden. Egal, ob das Schönheitsideal einer Epoche flachbrüstige Frauen wie Twiggy vorschrieb oder wohlgeformte wie Raquel Welch, stets sei ein solch ausgeprägtes Hüft-Taillen-Verhältnis das Hauptmerkmal weiblicher Attraktivität geblieben, weil die »Sanduhr«-Silhouette auf Fruchtbarkeit und Gesundheit einer Frau hinweise.

Quelle: *Journal of Personality and Social Psychology* 6/1993

## Beim Sex kommt es auf die Penislänge an

Die Beschaffenheit des männlichen Gliedes sei belanglos, behauptet Robin Baker, Biologe an der University of Manchester (Großbritannien). Viel wichtiger sei die Dicke der Hoden. Die Fakten: Die Testikel sind von Natur aus unterschiedlich groß, im Schnitt etwa 3,5 Zentimeter lang und 2,5 Zentimeter breit. Der rechte Hoden ist meist um rund 5 Prozent dicker als der linke, hängt aber höher im Hodensack. Das Durchschnittsgewicht liegt zwischen 25 und 35 Gramm. Pro Minute werden rund 50 000 Spermien gebildet – je dicker die Hoden, desto mehr. Die Folge: »Gut ausgerüstete Männer schicken bei jedem Verkehr mehr Spermien ins Rennen«, weiß der Biologe zu berichten – und: »Diese Herren sind nicht so treu.« Bakers Erklärung: Wer mehr Spermien produziert, kann seine Gene besser weitergeben und will diesen Vorteil immer und überall ausspielen. Dagegen seien Männer mit kleineren Hoden darauf programmiert, treu zu sein. Sie versuchen ihre Partnerin zu beschützen, weil sie bei der Konkurrenz mit anderen Männern aufgrund der geringeren Spermienmenge den kürzeren ziehen würden.

Quelle: *Men's Health* 12/1997

## Pornoshows sind eine Errungenschaft des 20. Jahrhunderts

Die erste gab es bereits im Jahre 1720, noch dazu wurde sie einem berühmten Kind geboten: dem Franzosenkönig Ludwig XV. Als der im zarten Alter von zehn Jahren bereits fünf Jahre auf dem Thron saß, hielt Philipp II., Herzog von Orléans, die Zeit für reif, den kleinen König aufzuklären, und organisierte in unregelmäßigen Abständen im Palais Royal oder im Schloß von Saint Cloud sogenannte Adamsfeste. Bei diesen Nacktbällen führten die geladenen Gäste dem Jung-Regenten vor, wie man's macht, während der mit gleichaltrigen Mädchen zu imitieren versuchte, was die Erwachsenen trieben. Nachdem dies drei Jahre so gelaufen war, wurde Ludwig für mündig erklärt.

Quelle: *Playboy* 4/1982

**Milch ist gut für die Potenz**

Im Gegenteil – wer viel Milch trinkt, schlafft im Bett ab. Forscher der Bostoner Tuft-Universität raten daher den Männern, bei einem hohen Milchkonsum auch für eine gesteigerte Zinkzufuhr zu sorgen. Viel Milch erhöht den Kalziumpegel, wodurch die Zinkaufnahme um die Hälfte herabgesenkt werden kann. Ein Mangel an Zink indessen senkt die Lust auf Sex und die Potenz. Starke Milchkonsumenten sollten also gleichzeitig zinkhaltige Nahrungsmittel zu sich nehmen, rät Dr. Richard J. Wood. Zink ist in rotem Fleisch, Fisch, Eiern und Sesamsaat enthalten.

Quelle: *Men's Health* 12/1997

**Rentierhörner sind ein hervorragendes Potenzmittel**

Das glauben vor allem japanische und koreanische Männer und zahlen horrende Preise für pulverisiertes Rentiergeweih. Der Grund: Sie sind überzeugt, sich damit die Potenz der rentierhütenden und -verzehrenden Lappenmänner aus der nordskandinavischen Tundra anzueignen. Die Zeugungskraft der Lappen bis ins hohe Alter, so haben Forscher der finnischen Universität Abo nachgewiesen, stehe tatsächlich außer Zweifel. Nur sei dies nicht auf den Genuß von Knochenmehl oder anderer Rentiersubstanzen zurückzuführen, vielmehr sorge eine »kleine glückliche genetische Abweichung« dafür, daß bei den Männern dieses Nomadenvolkes die Produktion und Ausschüttung des Hormons Testosteron – das die Potenz beflügelt – erheblich über der weltweiten Norm liege.

Quelle: *Spiegel* 48/1997

**Jede Frau läßt sich mit einem Rosenstrauß rumkriegen**

Im Gegenteil! Manche Frauen reagieren auf diesen unverhohlenen Liebesantrag beim ersten Rendezvous ausgesprochen ablehnend – weil dunkelrote Rosen angeblich den Weg ins Bett weisen. Diese Blumensprache wurde zu einer Zeit erfunden, als es die gesellschaftliche Konvention einem Kavalier verbot, der mit Blumen bedachten Dame zu sagen, was er für sie wirklich empfand.

Die Frau von heute gibt entweder zu verstehen, daß sie weiß, was man(n) von ihr will – dann ist alles in Ordnung. Oder aber sie vermag mit der Sprache der Blumen nichts anzufangen, was aber durchaus reizvoll sein kann. In diesem Fall wäre es ratsam, mit einem Feldblumenstrauß (als Ausdruck unverbindlicher Naturschwärmerei) zu beginnen, im Anschluß würden sich Veilchen (die zarte Erwartung andeuten) oder Maiglöckchen (die schon ein bißchen betörend duften) anbieten. Geht's nicht voran, sollte die Dame mit Lilien (Symbol der Reinheit) bedacht werden und irgendwann »danach« mit einem Rosenstrauß. Hat es bis dahin aber noch nicht geklappt, empfehlen sich zum Abschied Moosröschen.

Quelle: *Playboy* 11/1974

**Im Wilden Westen ging es eher prüde zu**

Die Ära des sogenannten Wilden Westens fällt in das viktorianische Zeitalter, also auf den Höhepunkt christlich-puritanischer Moralheuchelei. Puritanische Ansichten waren auch unter der Mehrzahl der amerikanischen Chronisten und Historiker weit verbreitet. Dabei erfreuten sich die indianischen Ureinwohner eines bemerkenswert freizügigen Sexlebens, und zum Alltag der Trapper und Mountain-Men gehörten Sodomie, Homosexualität und Masturbation wie Pulver, Blei und Biberfelle. Auch der historische Cowboy hatte seine eigene Moral. Gleichgeschlechtlichkeit in frauenarmen Gebieten sowie Pornospiele und der Umgang mit Prostituierten waren selbstverständlich. Erst das Vordringen der »Zivilisation« schränkte die sexuelle Freizügigkeit von Indianern, Trappern und Cowboys mehr und mehr ein.

Doch auch das Sexualleben der späten Helden des Wilden Westens war offensichtlich nicht langweilig: Wyatt Earp, Diakon der bekennenden Kirche in Dodge City, dazu Marshal, Kneipenbesitzer und Berufsspieler, brachte es auf sieben Ehen, die alle scheiterten. Entweder nahmen sich die Frauen wegen Earps Liebschaften das Leben, oder sie wurden aus gleichem Grunde geschieden. Die Freundschaft von Billy the Kid mit dem jungen englischen Rancher Tunstall wurde von mexikanischen Zeitgenossen »altrömisch« genannt. Jesse James, Sam Bass, Wild Bill Hickock waren im Sinne puritanischer Historik »Bad-Men«. Von Sex ist in ihren Biographien keine Rede – weil man nicht darüber sprach. Statt dessen wurde vom Töten, von Arbeitsscheu, von hemmungslosem Umherziehen ohne Heim, Herd und Wiege berichtet.

Quelle: *Playboy* 3/1973

# 6. Sport ist gesund

## Fußball, Fitneß, Waschbrettbauch – Irrtümer aus der Welt des Freizeit- und Profisports

**Der beste Appetitzügler ist regelmäßiger Sport**

Leider eine Legende. Wie eine Auswertung von 110 internationalen Studien im Herbst 1997 zeigte, ißt man nach einem Fitneßprogramm nicht automatisch weniger, noch wird man immun gegen einen gepflegten Schweinsbraten. Zwar kann nach einem intensiven Training das Hungergefühl vorübergehend unterdrückt werden, doch hält diese Wirkung nur kurz an. Sport hat auch keinen Einfluß auf qualitative Eßgewohnheiten, ob man also eher zu fettreicher oder zu kalorienarmer Kost tendiert. Das ist allein eine Frage des Willens.

Quelle: *Men's Health* 12/1997

**Vierzehn Irrtümer in Sachen Fitneß**

**1. Wer regelmäßig im Fitneßstudio trainiert, nimmt automatisch ab**

Das Gegenteil kann der Fall sein, denn wer nur an Kraftmaschinen übt, wird in der Regel sogar (Muskel-)Masse zulegen: Der Körper strafft sich, aber das Gewicht steigt. Voraussetzung fürs Abnehmen ist die Umstellung der Eßgewohnheiten, unterstützt von Herz-Kreislauf-Training: Jogging, Walking, Radfahren, Schwimmen, Aerobic.

**2. Durch Fitneßtraining kann jeder einen athletisch-muskulösen Körper bekommen**

Training ist nicht alles. Was aus unserem Körper wird, ist vorgegeben – die Gene bestimmen zu 60 Prozent, ob wir leicht und viel oder kaum Muskelmasse aufbauen. Wissenschaftler haben festgestellt, daß von 10 000 Männern nur 20 optimale Voraussetzungen für Bodybuilding haben.

**3. Fitneßsportler brauchen eine spezielle Ernährung**

In nahezu jedem Studio werden heute Eiweiß- und Mineraldrinks oder Energie-Riegel angeboten. Aber: Wer keinen Leistungssport betreibt, braucht keinen speziellen Diätplan – eine ausgewogene Ernährung reicht. Und für den Durst nach dem Training: Apfelsaft mit Mineralwasser.

**4. Viel Training bringt viel**

Besonders Anfänger trainieren oft viel zuviel. Für den Fitneß-Erfolg sind die Trainingseinheiten genau so wichtig wie die Pausen dazwischen. Sonst haben die Muskeln keine Zeit, sich zu erholen. Zwischen zwei Trainingstagen im Fitneßstudio sollte mindestens ein Tag Erholung liegen.

**5. Durch Bauchmuskeltraining bekommt man einen Waschbrettbauch**

Wer genug Sit-ups macht, wird irgendwann eine gut trainierte Bauchmuskulatur haben. Doch zu sehen ist sie nur, wenn der Fettanteil am Bauch gering ist. Deshalb hat das Bauchmuskeltraining erst dann einen optischen Wert, wenn man nebenbei etwas gegen das Körperfett tut – zum Beispiel mit Aerobic.

**6. Um den Rücken zu stärken, muß die Rückenmuskulatur trainiert werden**

Klingt logisch, doch in gleichem Maße muß die Bauchmuskulatur trainiert werden – sie ist für die Haltung sehr wichtig. Wird die Bauchmuskulatur vernachlässigt, drohen muskuläre Dysbalancen.

**7. Beim Training an Kraftmaschinen droht Verletzungsgefahr**

Der große Vorteil der Kraftmaschinen ist, daß sie Bewegungen führen. Der Aufbau der Geräte läßt in der Regel selbst den Ungeübten wenig Möglichkeiten, etwas falsch zu machen. Man sollte sich jedoch nie ohne vorherige Anweisung an eine Maschine setzen.

**8. Mit regelmäßigem Joggen nimmt man ab**

Stimmt nur, wenn man mehr als 20 bis 30 Minuten joggt. Denn erst dann greift der Körper seine Fettreserven an – vorher baut er nur Kohlenhydratspeicher ab.

Quelle 1–8: *Hamburger Abendblatt* 23. 10. 1997

**9. Sex vor sportlicher Betätigung senkt die Leistungskraft**

Die weitverbreitete Meinung, daß sexuelle Abstinenz kräftefördernd sei, entbehrt jeder wissenschaftlichen Grundlage. Sportler sind sowieso allen möglichen Einschränkungen unterworfen – je mehr man sie von Zwängen befreit, desto besser sind ihre Leistungen. Inzwischen ist sogar erwiesen, daß Sportler im Gegenteil eine bessere Kondition nach dem Geschlechtsverkehr haben, selbst wenn dieser am Morgen vor einem Wettbewerb stattfand.

**10. Frauen verlieren durch sportliches Training ihr weibliches Aussehen**

Im Gegenteil, sie werden weiblicher, und ihre Vitalität wächst. Sie sind geschmeidiger, bewegen sich mit mehr Kraft und entwickeln den typischen Sportlerinstinkt, sich zu gegebener Zeit entspannen zu können. Frauen, die Gewichte heben oder gymnastische Übungen machen, entwickeln straffe Muskeln, aber dank ihrer subkutanen (unter der Haut befindlichen) Fettschichten, die etwas dicker sind, bilden sich bei ihnen nicht die Muskelstränge wie bei Männern heraus. Der Körper behält seine weiblichen Konturen, die Brüste werden fester, Hüften und Schenkel – ein Hauptsorgepunkt der Frauen – werden durch sportliche Übungen schlanker.

**11. Erst heiß, dann kalt duschen, »um die Poren zu schließen«**

Das ist vollkommen unnötig. Eine kühle Dusche nach einer warmen ist möglicherweise ein angenehmes Gefühl, doch auf eiskaltes Abduschen sollte man verzichten. Für herzkranke Menschen kann dies sogar lebensgefährlich sein, weil dadurch ein Angina-pectoris-Anfall ausgelöst werden kann. Das kalte Wasser bewirkt, daß sich die Blutgefäße gleichzeitig im Herzen und in der Haut zusammenziehen. Blutgefäße sind aber keine Poren, die man darüber hinaus auch nicht schließen muß.

**12. Vor dem Schwimmen darf man nicht essen**

Es gibt keine wissenschaftlichen Erkenntnisse, die bestätigen würden, daß man beispielsweise Krämpfe bekommt und deswegen ertrinkt, wenn man vor dem Schwimmen etwas gegessen hat. Menschen, die angeblich durch einen Krampf ertranken, hatten wahrscheinlich Herzanfälle. Die Theorie, daß man vor dem Schwimmen nichts essen dürfe, geht davon aus, daß das Blut ins Verdauungssystem gezogen wird, was dazu führt, daß das Herz bei körperlicher Anstrengung über Gebühr beansprucht wird, weil auch die Muskeln mit Blut versorgt werden müssen. Tatsächlich ist es aber so, daß mit Beginn einer Körperübung die Blutzufuhr zum Verdauungstrakt absinkt und das Blut vorzugsweise in die Muskulatur strömt. Schlimmstenfalls kann es zu Seitenstichen kommen, wenn man nach dem Essen trainiert. Allerdings sollte man vor einem Schwimmwettbewerb nicht unbedingt besonders viel und fetthaltig speisen, weil jede heftige sportliche Aktivität nach einer solchen Vollmahlzeit zu Übelkeit führen kann.

**13. Mehr Schlaf erhöht die Kondition**

Schlaf läßt sich nicht speichern. Wer zwölf Stunden schläft, wird sich in der Regel schlechter fühlen als nach acht Stunden. Bettruhe, die länger als acht oder neun Stunden andauert, bringt keine Energie. Ein zu langer Schlaf hat im Gegenteil eine konditionsmindernde Wirkung. Sämtliche Körperprozesse verlangsamen sich. Der Stoffwechsel wird heruntergefahren, der Blutkreislauf arbeitet träger, die Muskulatur erschlafft. Der gesamte Körper beginnt seine Spannkraft zu verlieren. Je länger man also im Bett bleibt, desto schwächer wird man.

**14. Zucker vor dem Training steigert die Energie**

Im Gegenteil: Zucker vor sportlicher Betätigung schadet mehr, als daß er nutzt. Das gilt auch für »Geheimrezepturen« wie Honig mit Zitronensaft. Zucker provoziert nämlich eine Insulinreaktion der Bauchspeicheldrüse, was zu einem massiven Abbau des Blutzuckers führt und einen Schwächeanfall auslösen kann. Zucker vermag lediglich nach langem Training oder nach einem Marathonlauf die leeren Energiespeicher schnell wieder aufzufüllen. Zucker vor dem Sport liefert jedoch niemals zusätzliche Energie.

Quelle 9–14: Morehouse/Gross:
*Fitneß für Faule*, Reinbek 1976

**»Bum-Bum-Boris« Becker hat den härtesten »Bums«**

Diese Legende konnte Dr. Heinz Kleinöder von der Sporthochschule Köln mit Hilfe einer Spezialfilmkamera widerlegen. Das Ergebnis: Boris Becker schlägt nicht härter als ein durchschnittlicher Kreisklassenspieler. Jedoch koordiniert er seine Bewegungen so perfekt, daß er den Ball just in dem Moment trifft, in dem der Schläger die höchste Geschwindigkeit erreicht.

Quelle: *Bild der Wissenschaft* 12/1996

**Fußball gibt es erst seit dem 19. Jahrhundert**

Spiele, bei denen ein Ball mit dem Fuß vorwärts getrieben wurde, kannte man bereits im alten China und im antiken Rom. Im zwölften Jahrhundert pflegten sich in England rivalisierende Städte auf halbem Weg zu einem Kampfspiel zu treffen, an dem jeder teilnehmen durfte – dabei galt es, mit Fußtritten einen Ball (oder Gegner) ins Zentrum der feindlichen Stadt zu befördern. Nach und nach entwickelte sich daraus ein »futballe« genanntes Spiel, bei dem jede Partei fünfzehn bis fünfzig Teilnehmer aufbieten durfte – das war der Beginn des heutigen Fußballsports.

In den zwanziger Jahren des 19. Jahrhunderts nahm eines Tages in Eton ein Spieler den Ball einfach in die Hand und lief mit ihm weiter. Ein Manöver, das gegen alle Spielregeln verstieß, nach denen es nur erlaubt war, den Ball mit dem Kopf oder den Füßen zu stoßen. In der Folge teilte sich der Sport in zwei Richtungen – die eine ließ den Gebrauch der Hände zu, die andere verbot ihn. Im Jahre 1863 wurden dann zwei Spielformen offiziell sanktioniert: der eigentliche Fußball (»association football«, erst zu »assoc« verkürzt, dann zu »Soccer«) und Rugby, aus dem sich wiederum die amerikanische Spielart des »Football« entwickelte. In Deutschland wurden Ende des 19. Jahrhunderts die ersten Fußballvereine und 1900 der Deutsche Fußballverband (DFB) gegründet. 1904 entstand der Weltverband »Fédération Internationale de Football Association« (FIFA) mit Sitz in Zürich. Auf europäischer Ebene wurde 1954 die »Union Européenne de Football Association« (UEFA) mit Sitz in Bern ins Leben gerufen.

Quelle: Ted Shane: »Der populärste Sport der Welt«, *La Prensa* 6/61; *Microsoft Encarta 98 Enzyklopädie*

## ? Gehen macht müder als Stehen

Nein, denn beim Gehen ruht sich jedes Bein die halbe Zeit aus, beim Stehen aber sind beide Beine dauernd belastet. Besonders ermüdet das Warten beim Schlangestehen.

Quelle: *Woman's Home Companion* 9/1969

## ? Vor dem Joggen soll man sich aufwärmen

Nutzt es dem Jogger, wenn er vor dem Laufen seine Muskeln aufwärmt? »Das bringt überhaupt nichts«, behauptet ein Mediziner von der University of Texas. Vor allem Muskelfaserrisse ließen sich dadurch nicht verhindern. Der Hauptzweck des

Aufwärmens ist die Anreicherung des Muskelgewebes mit Sauerstoff. Doch die Muskelfasern vom sogenannten Typ 2 B, die bei der Muskeldehnung Schwerarbeit leisten müssen und als besonders verletzungsanfällig gelten, benötigen für ihre Energieerzeugung gar keinen Sauerstoff. Auch für die Muskelfasern vom Typ 1 und 2 A, die bei der Arbeit Sauerstoff verbrauchen, ist kein Aufwärmen notwendig. Bei Tierversuchen mit Kaninchen konnten die Forscher keine Veränderung feststellen.

Quelle: *Spiegel* 41/1990

**Beim Joggen sollte man über einen Walkman Musik hören**

Einer Untersuchung der University of North Carolina in Chapel Hill (USA) zufolge sollten Freizeit-Athleten besser in aller Ruhe joggen. Der Musikgenuß beim Laufen sei eher schädlich, weil er den Kortisonspiegel und die Hauttemperatur erhöhe und psychosomatische Schmerzen – etwa Magen- und Darmprobleme – auslösen könne.

Quelle: *Spiegel* 1/1998

**Kricket ist ein englisches Gesellschaftsspiel aus dem 13. Jahrhundert**

So steht es u. a. im Meyers Lexikon. Doch zum Entsetzen des englischen Establishments stellte sich 1997 heraus, daß das Spiel importiert wurde. Kricket wurde in England erstmals im 14. Jahrhundert erwähnt, als es von Webern aus Flandern und Nordfrankreich gespielt wurde, die sich im englischen Guilford niedergelassen hatten. Und nicht nur das. Man fand heraus, daß der Name des Spiels von der flämischen Redewendung »met de krik ketsen« (etwa: mit einem krummen Stock jagen) stammt, woraus in Flandern das »Krikets« und in England »Cricket« wurde.

Quelle: *Fortean Times* 105/1997

## ? Plattfüße sind schädlich

»Vieles, was wir bisher über Plattfüße wußten, gehört in das Reich der Fabel.« Mit dieser Bemerkung kommentierte der US-Armee-Mediziner Bruce H. Jones den Abschluß seiner Studie an 300 Infanteristen. Von wenigen Ausnahmen abgesehen sei die Empfehlung, entsprechendes Schuhwerk zu tragen oder gar einen chirurgischen Eingriff vorzunehmen, nicht gerechtfertigt. So habe sich bei den US-Soldaten gezeigt, daß Füße mit niedrigem Spann häufig flexibler auf Belastungen reagieren und den Streß athletischer Übungen wie Laufen und Springen besser durchstehen als solche mit einem hohen Spann. Extrem hohe gewölbte Füße hätten sich als anfälliger für Stauchungen und Frakturen erwiesen.

Quelle: *Spiegel* 51/1990

## ? Radfahren ist gesund ...

... aber schlecht fürs Kinderkriegen. Der Urologe Irwin Goldstein von der Universität in Boston (USA) fand heraus, daß Männer bei bestimmten Fahrradsätteln mit Impotenz und Frauen mit sexuellen Störungen rechnen müssen. Gefahr gehe vor allem von Sätteln aus, die nicht flach genug eingestellt sind, weil sonst beim Strampeln die Arterien im Genitalbereich schwer geschädigt werden können. Deshalb sollten die Radler darauf achten, daß der Sattel zumindest horizontal eingestellt, noch besser aber leicht nach vorne geneigt ist. Weitere Gefahren drohen männlichen Radfahrern durch die Fahrradstange: Bei einem Sturz könne sie schwere Verletzungen der Geschlechtsorgane verursachen.

Quelle: *Medical Tribune* 12/1997

## ? Die Ruder-Gleitsitze wurden im 19. Jahrhundert entwickelt

Es gab sie schon viel früher. In der Seeschlacht von Salamis (480 v. Chr.) bereiteten die Griechen der zahlenmäßig weit überlegenen Flotte des Perserkönigs Xerxes I. eine vernichtende Niederlage. Diesen unverhofften Sieg verdankten sie einer Technik, die erst im 19. Jahrhundert wiederentdeckt wurde und heute beim Rennrudern selbstverständlich ist – Rudern mit Gleitsitz (Rollsitz). Aus Relief-Darstellungen und schriftlichen Überlieferungen schließt der amerikanische Archäologe John R. Hale, daß die Ruderer der griechischen »Trieren« sich ein Kissen unter ihre Gesäße geschnallt hatten, das es ihnen ermöglichte, beim Rudern vor- und zurückzugleiten, wodurch die Länge jedes Ruderschlags erheblich verlängert und gleichzeitig die Kraft der Beinmuskulatur genutzt wurde. Daher seien die mit drei übereinander gestaffelten Ruderreihen besetzten Griechenschiffe beweglicher und schneller gewesen, zudem hätte hinter ihrem bronzenen Rammsporn mehr Wucht gesessen als bei den Schiffen ihrer Gegner.

Quelle: *Spiegel* 23/1996

### Wer rastet, der rostet

Da ist der US-Fitneß-Guru Wayne Westcott ganz anderer Meinung. Der Mediziner fand heraus, daß ein 20minütiges Nickerchen nach dem Sport eine optimale Regenerationsphase für die Muskeln darstellt. Im entspannten Zustand bilden sich unter anderem die Mikrotraumen im Gewebe, die Muskelkater verursachen, am schnellsten zurück.

Quelle: *Men's Health,* 11/1997

### Skifahren ist die älteste Sportart

Zwar hat man in finnischen Mooren Skier gefunden, die etwa 4500 Jahre alt sind, doch diese Brettl wurden wahrscheinlich nie zum Spaß angeschnallt. Noch weiter zurück liegt gewiß die Erfindung des Speerwerfens, des Steinschleuderns und von Kraftproben wie Ringen und Laufen. Wo allerdings der Ernst aufhörte und der Spaß begann, läßt sich heute nicht mehr feststellen. Vermutlich waren erst die nach der Erfindung des Balls entwickelten Ballspiele eine eher zwanglose Beschäftigung: Die ältesten Darstellungen eines Spielballs überlieferten die alten Perser. Bei ihnen drehte es sich, 525 Jahre v. Chr., ums Polospiel.

Quelle: *Playboy* 3/1983

**Ski-Langlauf hält fit**

»Langläufer leben länger«, werben die Wintersportorte für die herz- und kreislauffördernde Körperertüchtigung auf der Loipe. Aber schwedische Mediziner stellten fest, daß dieser Sport auch Gesundheitsrisiken birgt. Sie wiesen auf das erhöhte Asthma-Risiko hin, das Langläufer vor allem dann eingehen, wenn sie ihren anstrengenden Sport bei sehr niedrigen Temperaturen ausüben. Bei 33 von 42 untersuchten Athleten hatten die Mediziner eine bronchiale Überempfindlichkeit oder Asthma-Symptome diagnostiziert, so daß jeder zweite Betroffene regelmäßig antiasthmatische Medikamente einnehmen mußte. Einen Grund sehen die Ärzte in den großen Mengen Luft, die von den Langläufern während der Ausübung ihres Sports eingeatmet werden.

Quelle: *Spiegel* 48/1993

**Spitzensportler sind gesünder**

Im Gegenteil: Wie der britische Forscher L. Fitzgerald anhand verschiedener Studien herausfand, sind Spitzensportler besonders anfällig für Erkältungskrankheiten und sogenannte opportunistische Infektionen. So zeigten Blutproben, die kurz nach dem Training entnommen wurden, eine verminderte Aktivität der »Killerzellen« der Immunabwehr. Was genau zu einer Schwächung der Immunabwehr führt, blieb unbekannt. Gesichert sei allein, so Fitzgerald, daß zahlreiche der beim Training freigesetzten Hormone und Botenstoffe (»Transmitter«) die Immunabwehr offensichtlich unterdrücken können.

Quelle: *Spiegel* 10/1989

**Tennis wurde in England erfunden**

Falsch. Die Engländer haben es dem französischen Jeu de Paume abgeguckt, einem Rückschlagspiel, das im 13. Jahrhundert in Frankreich entstand und bei dem die bloße Hand als Schlagfläche diente. Erst das »Rasentennis« entstand im 18. Jahrhundert in England. Das erste Regelwerk wurde 1874 durch Major Walter Clopton Wingfield aufgestellt.

Quelle: *Microsoft Encarta 98 Enzyklopädie*

# 7. James Dean war ein Weiberheld

## Kino, Fernsehen, Bücherwelt – Irrtümer und Fehlleistungen aus der Kultur- und Medienwelt

### ? Bei der ARD herrscht Ordnung

Nicht immer, wie der folgenschwere Irrtum eines NDR-Archivars beweist. Hatte er doch Silvester 1986 gewaltig danebengegriffen, so daß die bereits zum Jahreswechsel 1985/86 gesendete Neujahrsansprache von Bundeskanzler Helmut Kohl ein Jahr später noch einmal über die Bildschirme flimmerte.

Quelle: *Bild* 2. 1. 1987

### ? Äsop schrieb die Äsopischen Fabeln

Zwar war der griechische Dichter Äsop, wahrscheinlich ein befreiter Sklave aus Phrygia (um 620 bis etwa 560 v. Chr.), ein legendärer Verfasser von Fabeln. Jedoch wurden im 1. oder 2. Jahrhundert viele Äsopische Fabeln vom griechischen Dichter Babrios in Versform geschrieben.

Quelle: Robert Ripley:
*Believe it or not*, New York 1929

### ? Sechs Irrtümer zum Thema James Bond

**1. James Bond besiegt jeden**

Einen hat er noch nicht erwischt: Mr. Blofeld. Dabei ist 007 schon fünfmal gegen den mysteriösen Mann mit der Katze angetreten.

**2. Bond ist superfit**

Im Gegenteil – James Bond säuft wie ein Loch. 0,5 Liter Wodka pro Tag haben Ärzte anhand der Filme ausgerechnet. Und seine Lunge ist, bei 60 Zigaretten täglich, auch schon schwarz wie die Nacht.

**3. Sean Connery war der erste Bond**

Der 007-Stoff wurde bereits 1954 von einem US-Sender verfilmt. Aber die Serie »Casino Royale« war ein Flop. Danach gab es James Bond jahrelang nur als Comic – bis 1962 der erste »richtige« 007-Film mit Sean Connery gedreht wurde.

**4. Bond ist ein Ladykiller**

So toll treibt es der Super-Agent nun auch wieder nicht. In 35 Jahren bringt er es gerade mal auf 32 Sex-Abenteuer. Zum Vergleich: 29 Prozent der deutschen Junggesellen amüsieren sich im gleichen Zeitraum mit 40 Frauen.

**5. Bonds Spezial-Ausrüstung ist frei erfunden**

007-Autor Fleming war im zweiten Weltkrieg Assistent des britischen Geheimdienst-Chefs. Daher haben Bonds Spezial-Ausrüstungen (tauchende Autos, Mini-Helikopter, schießende Zigaretten) reale Vorbilder. So real, daß der sowjetische Geheimdienst einige nachbauen ließ.

**6. James Bond ist einmalig**

Stimmt nicht – 007 gibt es seit 1966 auch als Rose. Und Bonds echter Namensvetter war ein Vogelkundler. Bond-Autor Ian Fleming fand dessen Bücher so interessant, daß er 007 dessen Namen gab.

Quelle 1–6: *Fernsehwoche* 50/1997; *Stern* 34/1966

? **Comics wurden für Kinder erfunden**

Nein, sie dienten zunächst der Stimmungsmache. Bereits um 1682 verwendete der Engländer Francis Barlow auf seinen Propagandablättern *The Horrid Hellish Popish Plot* häufig Spruchbänder, die man als Vorläufer der heutigen Sprechblasen ansehen kann. 1732 wurden soziale Ungerechtigkeiten und Laster in *A Harlot's Progress* von William Hogarth auf mehreren Radierungen kommentiert, die nacheinander wie eine Geschichte gelesen werden konnten.

Quelle: *Microsoft Encarta 98 Enzyklopädie*

### ? James Dean hatte zu Lebzeiten Millionen von Fans

Die hatte er tatsächlich erst nach seinem tödlichen Unfall am 30. September 1955. Bis dahin gehörte James Dean zur »Mittelklasse«. Auch nach seinem Tod hielt sich der allgemeine Schmerz in Grenzen. Seine Filmfirma Warners grämte sich vornehmlich aus finanziellen Gründen: *Denn sie wissen nicht, was sie tun* und *Giganten* waren in den Kinos noch nicht gestartet, und Filme mit toten Stars kamen in der Regel nicht gut an. Doch wenige Monate nach seinem Unfalltod war James Dean plötzlich Kult. Die Uraufführung von *Denn Sie wissen nicht, was sie tun* löste eine Welle posthumer Verehrung aus, jeden Tag gingen Tausende von Briefen im Studio ein – einige Fans begingen sogar Selbstmord.

Quelle: Kenneth Anger:
*Hollywood Babylon*, München 1985

### ? James Dean war ein Weiberheld

James Dean war genausowenig wie Pier Angeli, seine große Liebe, ein Frauenheld. Denn »Jimmy« war homosexuell, was ihm auch den Militärdienst in Korea ersparte – er hatte der Musterungskommission die Wahrheit gesagt. Als ihn Hollywoods Klatschtante Hedda Hopper fragte, wie er um die Army herumgekommen sei, antwortete Dean: »Ich habe den Stabsarzt geküßt.«

Quelle: Kenneth Anger:
*Hollywood Babylon*, München 1985

**Derrick ist ein besserer Kriminalist als sein Assistent Klein**

Von wegen! Die Aufklärungsquote von Harry Klein betrug 100 Prozent. Sein Chef Stefan Derrick brachte es nur auf 99,2 Prozent. Allerdings hatte Harry Klein bisher auch nur einen einzigen Fall zu knacken.

Quelle: *taz, Die Tageszeitung* 13. 12. 1997

**Egmont war ein junger Held**

Aber nur bei Goethe. Der große Dichter handelte allerdings nicht aus Unwissenheit – er wollte für das Trauerspiel *Egmont* einen jungen, dynamischen Freiheitskämpfer. Der echte Lamoraal Graf von Egmont war ein 45 Jahre alter Familienvater, der nach seiner Hinrichtung am 5. Juni 1568 in Brüssel eine Frau mit 13 Kindern zurückließ.

Quelle: Gerhard Prause: *Niemand hat Kolumbus ausgelacht*, Düsseldorf 1978

**Das Fernsehen zeigt nur authentische Berichte**

Nicht immer. So wurde für die RTL-Reportagereihe »Dürfen wir Sie nackt fotografieren?« oft mit bezahlten Mitarbeitern gearbeitet. Auch der Bericht »Sex in extremen Situationen« zeigte Darsteller, die man in Kneipen, Fitneßstudios und Studentenkreisen gegen Honorar rekrutiert hatte. Bei der Sendung wurden sexuelle Erlebnisse im Fahrstuhl, in der Schwimmhalle oder beim Sport nachgestellt, wobei sich Leute, die sich kaum kannten, als Ehepaare ausgaben.

Quelle: *TV Spielfilm* 14/1997

## Frankenstein war ein Monster

Falsch, Dr. Frankenstein hat das Monster aus zahlreichen Leichenteilen zusammengebastelt. Also war es auch nicht Boris Karloff (1887–1969), der den Frankenstein in *Frankenstein* (1931) und *Frankensteins Braut* (1935) spielte, sondern Colin Clive. Am meisten Aufsehen erregte jedoch das Monster – dargestellt von Boris Karloff.

Quelle: William K. Emerson: *Klassiker des Horrorfilms*, München 1980

## Free Willy hatte ein Happy-End

Als »romantisch, spannend und nachdenklich« kündigte die Filmfirma 1994 den Streifen *Free Willy* an, der die »tragische Seelenverwandtschaft« zwischen zwei Heimatlosen, dem Streetkid Jesse und dem Schwertwal Willy, schilderte. Die Geschichte: Willy soll in einem Walarium zu einer Dressurschau abgerichtet werden, aber das Tier verweigert sich den Profitrainern und gehorcht nur Jesse. Schließlich wollen die Veranstalter den Wal aus Versicherungsgründen eingehen lassen. Darauf verschafft Jesse in einer zu Herzen gehenden Aktion dem Wal die Freiheit im Ozean. Doch mit dem perfekten Happy-End wurden die Kinobesucher in die Irre geführt. Tatsächlich fristete der Wal Willy weiterhin im viel zu warmen Wasser eines engen Pools in Mexiko Stadt ein erbarmungswürdiges Dasein, er litt an Hautkrankheiten, Einsamkeit und Untergewicht. Schließlich sorgten mehrere Tierschutzorganisationen dafür, daß er richtig ernährt wurde und zu Kräften kam, und bereiteten ihn damit auf die Auswilderung vor. Sie fand 1994 vor Island statt, wo der junge Willy, damals noch Keiko genannt, 1979 von Fischern gefangen worden war.

Quelle: *Spiegel* 6/1994

**Clark Gable und Vivien Leigh waren ein Traumpaar**

Die Wirklichkeit sah ganz anders aus. Nach den Dreharbeiten zu *Vom Winde verweht* erzählte die Schauspielerin Vivien Leigh, daß sie ihren Filmpartner privat überhaupt nicht riechen konnte. Das gleiche meinte übrigens Kim Basinger nach den Dreharbeiten zu 9½ Wochen. Ihr Filmpartner Mickey Rourke, klagte sie, habe »gestunken wie ein Aschenbecher«.

Quelle: *Hamburger Abendblatt* 22. 11. 1997

**Cary Grant war ein brillanter amerikanischer Schauspieler**

Brillant schon. Amerikanisch nur teilweise. Cary Grant wurde am 18. Januar 1904 im englischen Bristol geboren und bereiste seit Beginn der zwanziger Jahre die USA. 1931 übersiedelte er nach Hollywood und avancierte dort bald zum Star. Mit Marlene Dietrich spielte er als englischer Schauspieler in *Blonde Venus* (1932) einen Frauenhelden. In *Sie tat ihm unrecht* (1933) und *Ich bin kein Engel* (1933) war er der Partner von Mae West. Mit *Leoparden küßt man nicht* (1938) gelang Grant endgültig der Durchbruch; seine Partnerin war Katherine Hepburn. Weitere große Erfolge waren *Die Nacht vor der Hochzeit* sowie *Arsen und Spitzenhäubchen*. Erst 1942 erhielt Cary Grant die US-Staatsbürgerschaft und stand als amerikanischer Schauspieler unter anderem in den vier Hitchcock-Krimis *Verdacht* (1941), *Berüchtigt* (1946 mit Ingrid Bergman), *Über den Dächern von Nizza* (1955 mit Grace Kelly) und *Der unsichtbare Dritte* (1959 mit Eve Marie Saint) vor der Kamera. 1970 erhielt Cary Grant den Ehren-Oscar, am 20. 11. 1986 starb er in Davenport (Iowa).

Quelle: *Microsoft Encarta 98 Enzyklopädie*

**Grimms Märchen sind uraltes deutsches Volksgut**

Das behaupteten die Brüder Jakob (1785–1863) und Wilhelm Grimm (1786–1859). Für ihre zwischen 1812 und 1815 erstellte Märchensammlung hatten rund 40 Mitarbeiter die mündlich überlieferten Texte der Kinder- und Hausmärchen zusammengetragen, 30 schriftliche Quellen ergänzten die Sammlung. Aber die Informanten nahmen es oft mit der Wahrheit nicht so genau, und wie sich später herausstellte, war die von den Grimms am meisten befragte »Kundschafterin« eine aus Frankreich geflüchtete ältere Hugenottin, die eher mit der französischen als der deutschen Kultur vertraut war. Schlimmer allerdings sind die vorsätzlichen Fälschungen. So machten die Brüder Grimm aus Schneewittchens echter Mutter die Stiefmutter, um die Story psychologisch aufzuwerten. Den echten Märchenschluß, in dem die böse Königin in roten, eisernen Schuhen tanzen mußte, bis sie tot umfiel, schrieben sie ebenfalls um. Die im Turm eingeschlossene Rapunzel ließ zwar ihr goldenes Haar zum Prinzen hinunter, aber die Grimm-Brüder verschwiegen, daß sie schwanger war.

Auch bei ihren »Deutschen Sagen« (1816–1818) haben Jakob und Wilhelm Grimm geschummelt und geschönt. Durch Kürzungen und Mischung verschiedener Texte bastelten sie ihre Fabeln zusammen – dabei frisierten oder verbargen die Brüder sorgsam ihre Quellen, bis es schien, als hätten sie auf der Suche nach »mündlichen Überlieferungen« jahrelang die deutschen Lande durchkämmt. Tatsächlich aber hockten beide in ihrer Bibliothek und suchten in alten Büchern nach Geschichten von Riesen, Hexen, Zwergen oder Nixen. Selbst die *Zeitung für die elegante Welt* oder der *Brandenburger Erzähler* mußten für ihr »Volksgut« herhalten. Fremdwörter mißfielen ihnen – die »Ruine« wurde zu »Trümmer«, die »Prinzessin« zur »Königstochter«. Und so entstanden die *Deutschen Sagen*, in deren Vorwort von »Treue und Wahrheit« die Rede ist.

Quelle: *Timewatch*, BBC2 6. 3. 1986;
*Spiegel* 23/1993

## ? Gullivers Reisen ist ein Kinderbuch

Ganz und gar nicht. Das vom englisch-irischen Schriftsteller Jonathan Swift (1667–1745) verfaßte Meisterwerk *Gullivers Rei-*

*sen* erschien 1726 ohne Nennung des Verfassers. Warum wohl? Weil in der Prosasatire die Eitelkeit und Heuchelei jener Zeitgenossen kritisiert wurde, wie sie Swift bei Hofe und in der Politik kennengelernt hatte. Während der sechs Jahre, in denen das Werk entstand, verarbeitete Swift darin seine Erfahrungen mit der Gesellschaft, deren Schwächen er unbeschönigt und mit aggressivem Spott bloßstellte.

Quelle: *Microsoft Encarta 98 Enzyklopädie*

**In historischen Filmen wird stets auf die überlieferte Ausstattung geachtet**

Wirklich? Im Film *Letzte Grüße von Onkel Joe* prangte auf den Dächern des viktorianischen London ein Wald von Fernsehantennen. In *Boccaccios Liebesnächte* stand Louis Jourdan im 14. Jahrhundert auf dem Deck eines Piratenschiffes, während im Hintergrund ein weißer Lastwagen einen Hügel herunterfuhr. In Scorseses *Die letzte Versuchung Christi* trug Jesus ein Gewand mit eingenähtem Wäscheetikett, in *Spartacus* kamen die Soldaten in Turnschuhen daher, Stummfilm-Star Rudolph Valentino trug in *Der Sohn des Scheichs* eine Armbanduhr – einen Gebrauchsartikel, den es zur Zeit der Filmhandlung noch nicht gab. Aber auch »moderne« Filme waren gegen Pannen nicht gefeit: In *Rhythmus hinter Gittern* hatte Elvis Presley einmal die Sträflingsnummer 6239 auf der Jacke, in einer anderen Szene war es plötzlich Nummer 6240, in Hitchcocks *Der unsichtbare Dritte* hielt sich ein kleiner Junge die Ohren zu, obwohl er noch nicht wissen konnte, daß ein Schuß fallen würde.

Quelle: »Pannen, Pleiten, Peinlichkeiten«,
*Reader's Digest* 5/1980

**Hitchcock war ein furchtloser Mensch**

Alfred Hitchcock, Altmeister des Leinwand-Thrillers, stand in dem Ruf, vor nichts und niemandem Angst zu haben. Ein

Trugschluß, denn vor einem bestimmten Personenkreis fürchtete er sich sehr. Den Anlaß gab ein Erlebnis in seiner Jugendzeit: Als der kleine Alfred einmal das Mißfallen seines Vaters erregte, schickte ihn dieser mit einem Brief zur nächsten Polizeistation. Der Beamte las den Brief und steckte den Jungen für zehn Minuten in eine Arrestzelle. »So machen wir das immer mit bösen Buben«, sagte er hinterher. Seitdem hatte Hitchcock eine Phobie gegen Polizisten und Polizeireviere.

Quelle: Harris/Lasky:
*Alfred Hitchcock und seine Filme*, München 1980

## Fünf Irrtümer zum Thema Hollywood

### 1. In Hollywood wurde das Kino erfunden

Die erste Filmpremiere der Welt fand am 28. Dezember 1895 im Pariser Grand Café statt. Die Gesamteinnahme betrug 33 Franc. Auch die berühmte »Arriflex«-Kamera, mit der alle Spitzenfilme gedreht wurden, stammt nicht aus den USA. Erfunden hat sie der Deutsche Erich Kästner (nicht zu verwechseln mit dem Schriftsteller). 1993 erhielt er dafür den Oscar.

### 2. Hollywood ist die Filmstadt Nummer 1

Nein, in Bombay (auch »Bollywood« genannt) werden von rund 2,5 Millionen Beschäftigten die meisten indischen Filme produziert: jährlich rund 900. Hollywood bringt es mit 70 000 Filmschaffenden auf »nur« 300. Die Inder sind filmsüchtig: Jedes Jahr stürmen 1,5 Millionen Besucher in die 13 000 Kinos des Landes.

### 3. Deutsche haben in Hollywood keine Chance

Durchaus – zwar hat erst ein deutscher Schauspieler den Oscar erhalten (Emil Jannings 1928 für seine Rollen in *Der Weg allen Fleisches* und *Sein letzter Befehl*), doch in den letzten Jahren sind Deutsche in Hollywood sehr begehrt. Beispiele: Schauspieler Armin Müller-Stahl, die Top-Regisseure Wolfgang Petersen und Roland Emmerich, Kameramann Michael Ballhaus (der beste der Welt), Komponist Hans Zimmer.

**4. Hollywood ist reich**

Falsch – der schmuddelige Stadtteil von Los Angeles (Drogen, Prostitution) hat nicht einmal genug Geld, um die 2080 Sterne aus Korallen-Terrazzo (je 5000 Dollar wert) sauberzuhalten. Deshalb kriechen jeden Tag die Filmfans mit Scheuerlappen über den Hollywood Boulevard.

**5. Der Oscar ist wertvoll**

Symbolisch vielleicht, der Materialwert hält sich dagegen in Grenzen. Das Metallmännchen (etwa 35 Zentimeter hoch, 4 Kilogramm schwer) besteht aus Zinn und Kupfer. Die Goldhaut ist nicht mehr als 100 Dollar wert, die Statue insgesamt 295 Dollar.

Quelle 1–5: *Fernsehwoche* 3/1998

?

**Kafka war ein deutscher Autor**

Nein, Franz Kafka (1883–1924) war ein österreichischer Schriftsteller, Jurist und Versicherungsbeamter. Er lebte in Prag.

Quelle: *Meyers Lexikon, Microsoft Lexirom 3.0*

?

**Freiherr Adolf von Knigge ist der Autor des Buches über gutes Benehmen**

Erstens schrieb Adolph Franz Friedrich Freiherr von Knigge (1752–1796) viele Bücher und Theaterstücke, zweitens handelte es sich bei seinem Werk *Über den Umgang mit Menschen* nicht um ein Buch, sondern um zwei Bände, drittens kam es ihm nicht auf gute Manieren an. Vielmehr wollte der Freiherr mit seiner 1788 erschienenen Gesellschaftslehre die damalige High-Society darauf hinweisen, daß auch »kleine Leute« ein Anrecht haben, ernst genommen zu werden.

Quelle: Gerhard Prause: *Tratschkes Lexikon für Besserwisser*, München 1986; *Microsoft Encarta 98 Enzyklopädie*

## ? Wir leben heute kultivierter als unsere Vorfahren

Im Mittelalter kochten die Bauern, die meistens am Rande von Wäldern lebten, mit Holzkohle, weil dies für sie der praktischste Brennstoff war. Gehen wir heute in ein Restaurant, das eine besonders kultivierte Küche hat und dafür auch einen hohen Preis fordert, stellen wir oft fest, daß dort mit Holzkohle gekocht wird. Was unsere »primitiven« Vorfahren als selbstverständlich nahmen, betrachten wir als Luxus.

Die Frauen der Vorzeit pflegten sich in die Pelze der Tiere zu hüllen, die ihre Männer auf der Jagd erlegt hatten. Heute rackern sich brave Ehemänner ab, um für viel Geld das kaufen zu können, was für die Frauen ihrer Vorfahren eine belanglose Selbstverständlichkeit darstellte.

Und was machen viele Männer heute in der Freizeit? Sie gehen jagen und angeln, wofür sie weite Reisen in Kauf nehmen, die Unsummen verschlingen. Auch unsere Vorfahren gingen jagen und angeln – doch wenn die Höhle mit Beute gefüllt war, gaben sie sich der Muße hin.

Quelle: *Reader's Digest* 3/1956

## ? Frauen und Männer sind gleichermaßen an Kultur interessiert

Tatsächlich sind mehr Frauen als Männer auf Konzerte und kulturelle Veranstaltungen »versessen« – weil sie ganz einfach besseres Sitzfleisch als die Männer haben. Bei der Frau liegt der Schwerpunkt des Körpers in der Hüftgegend. So wird sie förmlich im Stuhl verankert, Stillsitzen macht ihr nichts aus. Anders beim Mann – er ist »kopflastig«, sein Hauptgewicht liegt im Brustbereich sowie in den Schultern.

Quelle: *McCalls* 7/1962

**Milli Vanilli war ein Super-Popduo**

Nein, die Fans wurden in die Irre geführt: Nachdem Rob Pilatus und Fab Morgan von 1988 bis 1990 als Popduo »Milli Vanilli« einen Hit nach dem anderen gelandet hatten, verriet Produzent Frank Farian nach internen Streitereien: »Die haben gar nicht gesungen – ich war's.« Damals ein Riesenskandal.

Quelle: *Bild am Sonntag* 49/1997

**Stan Laurel war doof**

Im Gegenteil, der »Doofe« aus *Dick und Doof* war ganz schön clever. Stan Laurel, eigentlich Arthur Stanley Jefferson, wurde am 16. Juni 1890 in Ulverston (Lancashire, Großbritannien) geboren und hatte nach Abschluß der Grammar School 1906 in Glasgow seinen ersten Bühnenauftritt. 1910 schloß er sich Fred Karnos Komikergruppe an, mit der er zwei Tourneen durch die USA unternahm, unter anderem an der Seite von Charlie Chaplin. Nach der zweiten US-Tournee verließ Laurel 1912 die Karnotruppe, blieb in Amerika und versuchte im Varieté Fuß zu fassen. Nachdem dies nicht von Erfolg gekrönt war, kam er 1917 zum Film. Nach wechselnden Erfolgen erhielt er einen Vertrag als Gagschreiber.

In *Hosen für Philip* (1927) standen Stan Laurel und Oliver Hardy erstmals als Team vor der Kamera, und es bildete sich die typische Rollenverteilung des ungleichen Paares heraus. Laurel, der »Doofe«, naiv, tolpatschig und in brenzligen Situationen hilflos und weinerlich, stellte in den folgenden zahlreichen *Dick und Doof*-Filmen den Widerpart von Hardy dar, dem »Dicken«, der vergeblich versucht, die Übersicht in den meist von Stan ausgelösten Katastrophen zu behalten.

Aber Laurels Karriere als Solo-Komiker war entschieden erfolgreicher, wahrscheinlich weil er mehr wie ein Clown wirkte als Hardy; schlank und gewandt war er der ideale Held für die unaufhörlichen Verfolgungsjagden, die den Inhalt der meisten Zwei- und Dreiakter-Comedies ausmachten. Zudem war er von

Anfang an nicht nur vor der Kamera brillant, sondern entwickelte als Gag-Erfinder, Autor und Regisseur hinter der Kamera erstaunliche kreative Talente. Er war keinesfalls ein Dummkopf – eher ein Mann von Welt und nicht der weinerliche Trottel, den er in über einhundert *Dick und Doof*-Filmen darstellte. 1952 stand Stan Laurel zum letzten Mal mit Oliver Hardy für den Streifen *Atoll K* vor der Kamera. Nachdem Hardy 1957 gestorben war, zog sich Laurel vollständig ins Privatleben zurück. 1960 wurde er mit einem Ehren-Oscar ausgezeichnet. Stan Laurel starb am 23. Februar 1965 in Hollywood.

Quelle: William K. Everson: *Laurel und Hardy und ihre Filme*, München 1980

?

**In dem Film »Panzerkreuzer Potemkin« ist die russische Flotte zu sehen**

Nein, obwohl sie bei den Dreharbeiten des Dokumentarfilms (1926) mitwirkte – und einem Irrtum zum Opfer fiel: Der Regisseur Sergej Michajlowitsch Eisenstein hatte mit dem Admiral der russischen Flotte vereinbart, daß diese erst den Hafen verlassen sollte, wenn er am Kai zum Zeichen die Hand heben würde. Doch unbeabsichtigt machte ein Assistent Eisensteins vorzeitig eine Handbewegung. Der Admiral hielt dies für das vereinbarte Signal und gab Befehl, in See zu stechen. Doch es befand sich noch kein Film in der Kamera, auch die Umkehr der Schiffe war unmöglich. Das Team geriet in Panik, allein Eisenstein blieb gelassen: »Das gleichen wir später mit einer Archivsequenz aus.« Das Filmdokument, das Eisenstein auswählte, ließ später westliche Militärbeobachter erstarren, weil sie glaubten, eine zahlenmäßig und qualitativ weitaus überlegene russische Flotte zu sehen. Dabei handelte es sich um ein deutsches Geschwader.

Quelle: *Le Monde diplomatique/taz, Die Tageszeitung* 14. 11. 1997

? **Echte Stars brauchen kein Pseudonym**

Offensichtlich doch: John Wayne hieß tatsächlich Marion Michael Morrison; Norman Jean Baker sah lieber den Namen Marilyn Monroe an der Garderobentür; Frederick Austerlitz (Fred Astaire) betanzte eine gewisse Virginia McMath (Ginger Rogers). Unter Decknamen machten ebenfalls Yssur Danielowitsch Demskij (Kirk Douglas), Archibald Leach (Cary Grant) und Margarita Cansino (Rita Hayworth) Karriere. Um seinem Bösewicht-Gesicht auch lautmalerisch zu entsprechen, verwandelte sich William Henry Pratt in einen düsteren Boris Karloff, während Komiker wie Allen Stewart Konigsberg oder Joseph Levitch gerade bei ihren osteuropäisch klingenden Namen keinen Spaß verstanden. Sie nannten sich lieber Woody Allen und Jerry Lewis.

Quelle: *Playboy* 6/1981

? **Der Stierkampf wurde in Spanien erfunden**

Stierkämpfe fanden schon in der Antike statt. In Knossos (Kreta) wurden Wandzeichnungen gefunden, die aus der Zeit um 2000 v. Chr. stammen und Wettkämpfe mit Stieren darstellen. Darauf packen Männer und Frauen einen angreifenden Stier bei den Hörnern und springen über seinen Rücken. Auch im antiken Rom waren Stierkämpfe beliebt. Die Wettkämpfe in der heutigen Form entwickelten sich allerdings auf der Iberischen Halbinsel. Die Mauren aus Nordafrika, die im Jahre 711 Andalusien erobert hatten, machten aus dem rohen Kampf, wie er von den Westgoten praktiziert wurde, eine an Festtagen abgehaltene ritualisierte Aufführung, bei der Reiter gegen Stiere kämpften und sie töteten. Später zogen unberittene Männer, die mit ihren roten Tüchern den Reitern halfen, die Stiere zu reizen und abzulenken, zunehmend die Aufmerksamkeit der Zuschauer auf sich. So entstand die moderne Corrida. Heute läuft der Stierkampf weithin so ab wie Anfang des 18. Jahrhunderts, als Francisco Romero aus dem spanischen Ronda den Estoque (Stoßdegen) und die Muleta (das rote Tuch, das am Schluß des Kampfes verwendet wird) einführte.

Quelle: *Microsoft Encarta 98 Enzyklopädie*

## ? Im Film Titanic gibt es einen kapitalen Fehler

So denken die navigationskundigen Zuschauer, denn Steuermann und Offiziere scheinen Backbord und Steuerbord zu verwechseln. Die Szene im Film: »Eisberg voraus!« schallt es aus dem Krähennest. An Steuerbord (rechts vom Schiff) erscheint das verhängnisvolle Objekt. Darauf hektische Kommandos auf der Brücke: »Steuerbord, hart steuerbord.« Zu sehen ist auf der Leinwand allerdings etwas ganz anderes: Der Steuermann dreht das Rad nach Backbord (links). Der Eisberg reißt den Rumpf des Schiffes dann – so, wie es belegt ist – auf der Steuerbordseite auf.

Kein Wunder, daß die »Titanic« untergegangen ist, glauben viele Zuschauer. Wenn die noch nicht einmal ihre eigenen Kommandos richtig verstehen ... Aber sie irren. Des Rätsels Lösung: Bis 1929 wurde in der britischen Handelsmarine »Steuerbord« statt »Backbord« gesagt – und umgekehrt. Dies entsprach der Tradition des Steuerns mit der Ruderpinne. Auf Schiffen mit einer Pinne sagte man »Steuerbord« und meint damit: Die Pinne nach »Steuerbord«. Dann drehte das Schiff nach »Backbord«. Was das Publikum als falsch empfindet, ist historisch korrekt.

Quelle: *Hamburger Abendblatt* 16. 1. 1998

## ? Evelyn Waugh war eine berühmte Schriftstellerin

Nein, ein englischer Schriftsteller (1903–1966). Als sein bester Roman gilt *Brideshead Revisited* (Wiedersehen mit Brideshead). In diesem Werk schildert Waugh das Schicksal der aristokratischen Familie Marchmain, die nach Konflikten letztlich wieder zum katholischen Glauben findet. Auf der Grundlage dieses Romans entstand eine Fernsehserie, die 1981 in Großbritannien ausgestrahlt wurde. In *The Loved One* (Tod in Hollywood) befaßte sich Waugh satirisch mit den Auswüchsen des Bestattungswesens in den Vereinigten Staaten.

Quelle: *Microsoft Encarta 98 Enzyklopädie*

# 8. Die Kleinen hängt man, die Großen läßt man laufen
## Beamte, Kanzler, Kriminelle – Irrtümer von Justiz, Behörden und Politik

? **Beamte im Münzwesen sind besonders gewissenhaft**

Nicht in Italien. Dort wurde am 20. November 1997 die Ausgabe der neuen 1000-Lire-Münzen gestoppt, weil darauf noch das geteilte Deutschland abgebildet war. Pech für Sammler: Es waren bereits 100 Millionen Münzen im Umlauf.

Quelle: *taz, Die Tageszeitung* 22. 11. 1997

? **Briefmarken-Irrtum Nr. 1: Grenzen**

Anläßlich der Hochwasserkatastrophe im Sommer 1997 gab die Deutsche Post AG umgehend eine Sondermarke zugunsten der Geschädigten heraus. Doch weil der Druck so eilig war, nahm man als Vorlage das Motiv einer 92er Briefmarke. Dumm nur, daß die dort gezeigten Landesgrenzen nicht mehr korrekt waren, weil sich in der Zwischenzeit sechs Gemeinden neu an Brandenburg angeschlossen hatten.

Quelle: *Men's Health* 12/1997

? **Briefmarken-Irrtum Nr. 2: Randzeichen**

Am 19. November 1997 stoppte die Deutsche Post AG den Verkauf einer Sonderbriefmarke, die anläßlich des 200. Geburtstages von Heinrich Heine (1797–1856) herausgebracht wurde. Allerdings waren nicht die spöttischen Verse des Düsseldorfer Dichters der Grund, sondern ein gestalterischer Irrtum, der dem Herausgeber der Marke unterlief. Wer nämlich die Sondermarke im Zehnerblock kaufte, mußte feststellen, daß die Ränder des Blockes, also die Streifen, die gewöhnlich weggeworfen werden, mit zwei germanischen Runen verziert waren. Die Runenschrift gilt als älteste Schrift der germanischen Völker und wurde mit Vorliebe von den Nationalsozialisten benutzt, zum Beispiel der SS. Deshalb werden sie noch heute von rechtsextremen Gruppen als Ersatz für gesetzlich verbotene NS-Symbole verwendet.

Quelle: *taz, Die Tageszeitung* 20. 11. 1997

**Die DDR gibt es seit 1990 nicht mehr**

Nicht in Kenia, die Bundesrepublik Deutschland fehlt zumindest in den dortigen Telefonbüchern. Dafür gibt es aber in der am 26. Januar 1998 verteilten Ausgabe die »Deutsche Demokratische Republik« mit Städten wie Berlin (West), Hamburg oder München. Wie schon in den Vorjahren hat die kenianische Post auch 1998 wieder westdeutsche Orte in die alte DDR verlegt. Als einziger Ost-Eintrag taucht in der Liste der 56 deutschen Vorwahlnummern die thüringische Stadt Gera auf.

Quelle: *Hamburger Abendblatt* 27. 11. 1998

**Dealer können aus dem Knast nicht ihren dubiosen Geschäften nachgehen**

So dachten auch die Hamburger Behörden. Doch sie irrten, denn Anfang 1995 machten italienische Drogenfahnder ihre deutschen Kollegen auf einen Kurden aufmerksam, der per Telefon kiloweise Heroin kreuz und quer durch Europa dirigiert hatte. Die Anrufe kamen direkt von einem Handy aus der Hamburger Haftanstalt Fuhlsbüttel, das die Justizangestellten nicht überwacht hatten.

Quelle: *Spiegel* 6/1995

## Justiz: Die Kleinen hängt man, die Großen läßt man laufen

Dieses Sprichwort mag hin und wieder berechtigt sein, trifft aber nicht immer zu, wie ein skandalöser Justizirrtum aus dem Jahr 1990 beweist: Dr. Helmut-Friedrich Wöpkemeier, von 1971 bis 1988 Vorstandsmitglied im Kölner Maschinenbaukonzern Klöckner-Humboldt-Deutz (KHD), hatte eine große Leidenschaft: die Jägerei. Sein Revier grenzte an das des Holzkaufmanns und KHD-Lieferanten Dieter Berghaus aus Bergisch-Gladbach. Zwischen den beiden Männern entwickelte sich eine Bekanntschaft, die für Dr. Wöpkemeier verhängnisvolle Folgen haben sollte.

Anfang 1988 ging das Unternehmen von Berghaus in Konkurs, worauf die Staatsanwaltschaft gegen den Firmeninhaber wegen Verdachts auf umfangreiche Betrugshandlungen zum Nachteil von KHD und wegen betrügerischen Bankrotts ermittelte. Berghaus wurde ins Untersuchungsgefängnis eingeliefert. Um sich zu entlasten, ließ er der Staatsanwaltschaft eine Mitteilung zukommen, in der er versuchte, entsprechende finanzielle Vorgänge in seiner Firma zu erklären: »Anläßlich einer Jagdveranstaltung im August/September 1983 kam es zu einem Gespräch zwischen Dr. Wöpkemeier und Herrn Berghaus, in dem beide übereinkamen, die Kosten für private Zuwendungen an Dr. Wöpkemeier so zu finanzieren, daß Lieferscheine eine größere als die gelieferte oder überhaupt eine Menge ausweisen sollten, wenn tatsächlich keine Lieferung erfolgt sei.«

Dr. Wöpkemeiers Ehefrau Ursula habe demnach eine Jagdwaffe im Wert von 15 000 Mark erhalten, Gratis-Baumaterial für die Villa Wöpkemeiers sei geliefert, für den Sohn sei eine Fischerei gepachtet worden, Wöpkemeier selbst habe einen Luxus-Jeep bekommen und von 1982 bis 1986 rund 49 000 Mark an »privaten Zuwendungen« erhalten. Für die Staatsanwaltschaft stand damit fest: Berghaus hatte Klöckner-Humboldt-Deutz nicht betrogen, er leistete nur Beihilfe. Dr. Wöpkemeier galt nun als Hauptschuldiger; man beschuldigte ihn, Schmiergelder bezogen und die KHD um zehn Millionen Mark geschädigt zu haben.

So wurde der Jäger zum Gejagten. Der Fall wurde zum »größten Bestechungsskandal der deutschen Wirtschaft« hochgeschaukelt. Als sich Dr. Wöpkemeier im März 1990 zu einer Firmen-Tagung in Orvieto bei Rom aufhielt, vollstreckten Carabinieri nachts gegen ihn einen Haftbefehl des Kölner Amtsgerichts.

Dem Beschuldigten wurde zunächst keine Möglichkeit geboten, sich zu wehren. Drei Wochen lang mußte Dr. Wöpkemeier warten, bis er endlich den Grund seiner Verhaftung erfuhr; man verschwieg jedoch, daß sein Verteidiger Reinhard Birkenstock Haftverschonung für ihn erreicht hatte – wogegen die Staatsanwaltschaft erfolgreich Beschwerde einlegte. So mußte der Manager 45 Tage zwischen Mafiosi und Rauschgiftsüchtigen im Gefängnis von Perugia verbringen.

Am 30. April 1990 wurde Dr. Wöpkemeier gegen eine Million Mark Kaution aus der Haft entlassen – und stellte fest, daß die Firma Klöckner-Humboldt-Deutz sein Vermögen hatte beschlagnahmen lassen. Sofort widersprach er, doch eine Zivilkammer des Landgerichts Köln befand, der Bestechungsvorwurf treffe mit »überwiegender Wahrscheinlichkeit« zu.

Auch der ermittelnde Staatsanwalt schenkte Dr. Wöpkemeiers Rechtfertigungsversuchen keinen Glauben; statt dessen war er überzeugt, daß Dieter Berghaus die Wahrheit gesagt hatte – und niemand hielt es für notwendig, zu prüfen, ob der Holzhändler ein Motiv zur Falschbezichtigung hätte haben können.

Das aber hatte er tatsächlich: In einer »Privatkontenliste« waren von Berghaus die Namen von Managern aufgeführt worden, die »Zuwendungen« erhalten hätten – auch Dr. Wöpkemeier. Die Namensliste war jedoch frei erfunden: Berghaus hatte sie erstellt, um seine Privatentnahmen den Gläubigern erklären zu können.

Der Staatsanwalt hatte dies nicht zur Kenntnis genommen – genausowenig, wie folgende Fakten: Das von Berghaus an Frau Wöpkemeier »überlassene« 15 000-Mark-Gewehr hatte nur 5000 Mark gekostet – und die waren von Dr. Wöpkemeier bezahlt worden. Die für Dr. Wöpkemeiers Sohn »eingerichtete« Fischerei war ein Angelschein – Wert: etwa 200 Mark. Bei dem »gespendeten« Luxusjeep handelte es sich um ein Geschenk der KHD-Belegschaft an Dr. Wöpkemeier zu dessen 50. Geburtstag.

Diese und andere entlastende Tatsachen zählte der Verteidiger von Dr. Wöpkemeier in einer Dienstaufsichtsbeschwerde an den nordrhein-westfälischen Justizminister auf. Der nunmehr ermittelnde Oberstaatsanwalt erkannte schnell, daß die Anklage gegen den Manager nicht haltbar war. »Die Staatsanwaltschaft bedauert ausdrücklich die persönlichen und wirtschaftlichen Nachteile, die Sie aufgrund des Verfahrens hinnehmen mußten«, schrieb er am 10. April 1991 und stellte die Untersuchungen ein. Dr. Helmut-Friedrich Wöpkemeier hatte der Irrtum der Justiz mit Anwaltshonoraren und Verdienstausfall rund eine Million Mark gekostet.

Quelle: *Welt am Sonntag* 14. 4. 1991; *Spiegel* 14/1990 und 16/1991

## Kfz-Steuer: Die Änderung von 1997 hat sich gelohnt

Nein, sie bescherte den Bundesländern Steuerausfälle von mehr als einer Milliarde Mark. Der Grund: Die Beamten des Bundesverkehrsministeriums hatten die Zahl der Autos, die 1997 bereits die strenge Euro-3-Abgasnorm erfüllten, unterschätzt. Für diese Fahrzeuge ist die Kfz-Steuer niedrig.

Quelle: *Spiegel* 50/1997

## Kriminelle dürfen nicht Knastaufseher werden

Das Gegenteil hat die Hamburger Gerichtsbarkeit Ende 1994 bewiesen: Am 1. Oktober trat der 35jährige Joachim G. in der Vollzugsanstalt Fuhlsbüttel seinen Dienst als Gefängniswärter an. Was keinem in der Justiz aufgefallen war: Joachim G. hatte im August 1992 angetrunken und ohne Lkw-Führerschein mit seinem Lastwagen geparkte Autos gerammt, mehrere Personen verletzt und Fahrerflucht begangen. Weil er seine Geldstrafe von 2100 Mark nicht zahlen wollte, sollte er ersatzweise 70 Tage im Gefängnis absitzen. Das wollte er nicht, statt dessen unterzog sich Joachim G. nach dem Studium einer Werbebroschüre einem Einstellungstest »für die Laufbahn des mittleren allgemeinen Vollzugsdienstes« und wurde eingestellt. Schon bald überließen ihm seine Vorgesetzten den Generalschlüssel, der alle Türen öffnete, von der Zelle bis zum Eingangstor. Doch nach wenigen Wochen war Schluß. Unpünktlichkeit im Dienst und unvorsichtige Äußerungen über seinen Führerschein beendeten die Schließerkarriere. Die Behörde ließ ihn ziehen. Erst wenig später flog der Ex-Wärter auf, als er in eine Polizeikontrolle geriet und von den Beamten erkannt wurde. Jetzt endlich wurde Joachim G. in eine Zelle gesperrt. Allerdings nicht dort, wo er kurz zuvor als Schließer gearbeitet und so manche Tricks kennengelernt hatte.

Quelle: *Spiegel* 1/1995

? **Ein Pudding ist kein Sprengstoff**

Oder doch? Auf jeden Fall hat ein traditioneller britischer Weihnachtspudding das Sicherheitssystem des Flughafens Manchester aus dem Konzept gebracht: Die Scanner lösten Weihnachten 1997 dutzendemal Fehlalarm aus, weil sie die süße Masse nicht vom Plastiksprengstoff »Semtex« unterscheiden konnten. Das Sicherheitspersonal mußte Hunderte von Taschen öffnen und per Augenschein auf Bomben überprüfen. Der Pflaumenpudding, so erklärte ein Flughafensprecher, sei von so ungewöhnlicher Dichte, daß die Sensoren Alarm schlügen.

Quelle: *taz, Die Tageszeitung* 27. 12. 1997

? **... und ein Nerz ist kein U-Boot**

Die schwedischen Streitkräfte konnten da allerdings keinen Unterschied feststellen. 15 Jahre lang verwechselten ihre Abhörspezialisten die Luftblasen aus den Nüstern der schwimmenden Pelztierchen mit dem Blubbern der Schrauben fremder U-Boote. Ein teurer Irrtum: Umgerechnet 600 Millionen Mark hatte die Armee seit Beginn der Jagd auf die angeblich in Schwedens Küstengewässer eindringenden U-Boote für die immer aufwendigere Spezialausrüstung ausgegeben.

Quelle: *Hamburger Morgenpost* 14. 2. 1995

**Wahlen: Jugendliche müssen zum Urnengang motiviert werden ...**

... dachte CDU-Generalsekretär Peter Hintze im Jahre 1994. Und so sandte er an »alle Schulen in Deutschland« eine Diskette, auf der »das Regierungsprogramm der Unionsparteien zur bevorstehenden Bundestagswahl« vorgestellt wurde. Die Sendung sollte laut Hintze ein Beitrag zur Stärkung der Wahlmotivation bei jüngeren Wählerinnen und Wählern und ein Angebot für den Politikunterricht sein. Doch das Ziel wurde total verfehlt: Abgesehen davon, daß an den rund 35 000 Schulen nur eine Million Schüler wahlberechtigt waren, haben sich laut Gesetz aller Bundesländer die Schulen »einseitiger Parteinahme zugunsten gesellschaftlicher oder politischer Gruppen und Interessenverbände« zu enthalten. Die Kosten für Hintzes Irrtum: 500 000 Mark.

Quelle: *Spiegel* 37/1994

# 9. Frauen können besser lügen
## Hypnose, Freud und Horoskope – Irrtümer und Fehlleistungen aus der Welt der Psychologie

### Ein Adonis hat mehr Erfolg im Beruf

Ein Vorurteil, denn schöne Menschen sind leicht egozentrisch und neigen zu übertriebenen Erwartungen. Deshalb sind sie den unvermeidlichen Schlappen, die jeder einmal erleidet, häufig nicht gewachsen. Außerdem gilt ein gutaussehender Mann unter seinen Geschlechtsgenossen schnell als »Schönling« oder als »Adonis«, was ihm insbesondere geschäftlich nicht immer zum Vorteil gereicht.

Quelle: *The American Magazine* 4/1950

### Die meisten Astronauten wurden verrückt

Nein, sie machten Karriere. William Anders und sein Commander Frank Borman (Apollo 8, Ende 1968) wurden hochrangige Wirtschaftsbosse: Anders bei General Dynamics, Borman bei der Fluggesellschaft Eastern Airlines.

Eine ganz andere Laufbahn schlug Alan Bean ein, der im Jahre 1969 mit Apollo 12 zum Mond flog und als vierter seinen Fuß auf den Erdtrabanten setzte. Später machte Bean sein Hobby zum Beruf: Er arbeitet heute als Maler und malt ausschließlich Bilder vom Mond. »Ich dachte mir, du bist der einzige Maler, der je die Erde verlassen hat, in einer anderen Welt war und der auf die Leinwand bringen kann, was er da gesehen hat.« Bean stellt seine Mond- und Astronautengemälde aber nicht aus und wirbt auch nicht für sie. Pro Jahr malt er fünf Bilder für feste Auftraggeber und bedauert es, nicht mehr malen und damit mehr verdienen zu können.

Weniger gut hat Buzz Aldrin seine Raumfahrt-Erfahrungen verarbeitet, denn er kam nie darüber hinweg, daß er am 20. Juli 1969 nur als zweiter auf dem Mond war. Hinzu kam, daß ihn später seine Frau verließ. Darauf erlitt Aldrin einen Nervenzusammenbruch, wurde Alkoholiker. Einige Jahre in Nervenheilanstalten und Entziehungskuren waren die Folge. Inzwischen ist der Ex-Astronaut zum drittenmal verheiratet, wohnt in einer exklusiven Wohngegend Kaliforniens und lebt von der Vergangenheit: Aldrin vermarktet sich mit Vorträgen über seinen Mondflug.

Als James Irwin 1971 mit Apollo 15 zum Mond flog, ließ er in seine Funksprüche immer wieder Zitate aus der Bibel einfließen. Später erzählte der US-Luftwaffenoberst, er habe auf dem Mond fast körperlich die Nähe Gottes empfunden. »Und daß Gott seinen Sohn auf die Erde geschickt hat, ist wichtiger als daß wir Menschen unseren Fuß auf den Mond gesetzt haben.« Nach seinem Flug quittierte Irvin seinen Dienst bei der NASA und wurde Pfarrer. 1991 starb er mit 61 Jahren an einem Herzinfarkt.

Quelle: *Frankfurter Rundschau* 24. 4. 1997

**Eine berufliche Beförderung ist eine Anerkennung**

Wenn nicht gleichzeitig das Einkommen erhöht wird, handelt es sich eher um eine Art Rausschmiß. Diese unter Führungskräften beliebte »Weglobe-Technik« funktioniert so: Der »hochgelobte« Mitarbeiter glaubt, sich durch einen Wechsel zu einer anderen Firma auch finanziell verbessern zu können, weil beim bisherigen Brötchengeber ja trotz der Beförderung keine Gehaltserhöhung erfolgte. Darüber hinaus hat der neue Titel nach außen eine positive Signalwirkung, was über kurz oder lang zur Folge hat, daß der Mitarbeiter geht.

Quelle: *Men's Health* 12/1997

## ? Vier Mißverständnisse zum Thema Frauen

**1. Sie können besser lügen**

In Wahrheit nehmen es eher die Männer mit der Wahrheit nicht so genau – sie können lügen, daß sich die Balken biegen. Frauen sind dagegen Meisterinnen der kleinen Schwindeleien, der Täuschungsmanöver, des Sand-in-die-Augen-Streuens, der Übertreibungen und Ausflüchte. Wie ihre Fähigkeit, die Dinge gefühlsmäßig zu erfassen, sind auch diese Eigenschaften uralte Waffen des biologisch – nicht psychisch (!) – schwächeren Geschlechts. Um ihren Mangel an Körperkraft wettzumachen, mußten sich die Frauen seit eh und je auf derartig raffinierte Taktiken und Praktiken verlassen; sie haben im Lauf der Zeit gelernt, schärfer zu beobachten, schneller aufzufassen und besser zu kombinieren. Außerdem haben die Frauen die Erfahrung gemacht, daß sie, wenn sie in die Enge getrieben werden, klugerweise zu überlegenen Waffen greifen – zur Guerillataktik: zur Macht des Wortes und der Phantasie.

**2. Frauen sind wankelmütiger als Männer**

Stimmt nicht – Frauen sind nur unentschlossener und brauchen lange, bis sie wissen, was sie wollen. Aber wenn sie es wissen, bleiben sie meist auch dabei. In Wirklichkeit sind es die Männer, die ihre Meinung öfter ändern. Einer Untersuchung der Universität von Los Angeles (Kalifornien, USA) zufolge ändern Männer zwei- bis dreimal öfter ihre Meinung als Frauen.

**3. Frauen sind daheim der ruhende Pol**

Nicht immer, denn in gewissen Zeitabständen fährt der Putz- und Möbelrückteufel in sie. Selten sind es die Männer, die den Lieblingssessel an einen anderen Platz rücken und schnell mal das Regal umräumen. Manche Ärzte sehen die Ursache in der Schilddrüse – die ist bei den Frauen nämlich größer als bei den Männern. Die Schilddrüse regle einen Art »Nesttrieb«, und der führe eben dazu, jedem Ding im Haus sein Plätzchen zu geben.

Quelle 1–3: Judith Churchill: *Warum Frauen anders reagieren*, McCalls 7/1962

**4. Frauen sind das schwächere Geschlecht**

Den Gegenbeweis hat der Anthropologe Donald Grayson von der University of Washington angetreten: Er untersuchte die Geschicke der Teilnehmer von zwei Trecks, die im letzten Jahrhundert in den amerikanischen Westen aufgebrochen waren und unterwegs durch Schneestürme dezimiert wurden. So erreichten von 87 Mitgliedern eines Siedlerzuges, die 1846/47 auf dem Weg von Illinois nach Kalifornien mit ihren Planwagen sechs Monate in der Sierra Nevada festsaßen, nur 47 das Ziel. Während von den 53 Männern mehr als die Hälfte starben, überlebten 24 von 34 Frauen die Strapazen. Noch deutlicher war das Ergebnis bei einem Mormonentreck mit 429 Einwanderern im Jahre 1856: Nachdem ein Schneesturm am South Pass in Wyoming den Treck überrascht hatte, war die Todesrate unter den Männern dreimal so hoch wie bei den weiblichen Teilnehmern. Frauen, so folgert Grayson, könnten Hunger und Kälte besser ertragen. »Sie haben durchschnittlich 17 Prozent weniger Körpermasse, brauchen entsprechend weniger Nahrung und haben prozentual fast doppelt soviel Körperfett wie Männer – das isoliert.«

Quelle: *Spiegel* 19/1996

**Die Psychoanalyse ist eine exakte Wissenschaft**

Anfang des Jahrhunderts begründete Sigmund Freud die Psychoanalyse, die seelische Leiden ausschließlich auf Ereignisse in der Vergangenheit, meist der frühen Kindheit, zurückführt. Freuds Therapiekonzept richtete den Blick auf die im Bürgertum ins Unbewußte verdrängten Triebe, die sich für ihre Unterdrückung mit der Produktion von Neurosen rächen. Ziel der Behandlung, so lehrte der bärtige Doktor, müsse es sein, die im Souterrain der Seele rumorenden Triebkräfte freizusetzen und sie dann der Aufsicht des Bewußtseins zu unterstellen. Dabei erwies sich Freud, Bildungsbürger und begabter Literat, als Meister in der Kunst, die Sexualscheu seiner Zeitgenossen zu überwinden und moralinsaure Kritiker matt zu setzen. Mit spannend erzählten Fallbeispielen und Anleihen aus dem antiken Mythenschatz (Ödipus, Narziß) fesselte er auch das Laienpublikum.

Doch hier melden neuerdings viele Psychologen Kritik an. Freud, so heißt es, sei kein Wissenschaftler, sondern allenfalls ein Künstler oder Philosoph gewesen. Seine Lehre könne keine Wissenschaft sein, da die aus der Psychoanalyse gewonnenen Erkenntnisse nicht aufeinander aufbauten. Einzelne Beobachtungen würden nur dadurch gewonnen, daß ein Mensch einen anderen analysiere – und seien schon deshalb Irrtümern unterworfen. Folglich sei es auch unmöglich, diese Erkenntnisse zu einem allgemeinen Lehrgebäude zusammenzusetzen.

Tatsächlich gibt es in Freuds Werk einige Schwächen, die besonders von überzeugten Anhängern gerne übersehen werden:

1. Freud war der Ansicht, daß seine Theorie ebenso biologisch wie psychologisch fundiert sei. Er hatte jedoch nie versucht, die biologische Grundlage selbst zu überprüfen. Nach dem heutigen Forschungsstand erweisen sich viele seiner Terminologien biologisch gesehen als unhaltbar.
2. Zu bezweifeln ist auch sein Konzept der rassenbedingten Vererbung symbolischer Ausdrücke.
3. Freuds Trieblehre findet immer mehr Gegner – insbesondere sein Konzept vom Todestrieb.
4. Freuds Begrifflichkeit ist bisweilen so vage und unbestimmt, daß es oft nicht möglich ist, seine Theorie zu beweisen oder zu widerlegen.
5. Selbst wenn man Freuds Theorien in ihrer Gültigkeit auf den westlichen Kulturbereich beschränkt, erweisen sie sich häufig als zu grob und allgemein. So lassen sich bei vielen europäischen und amerikanischen Kindern weder Kastrationsängste noch Latenzperioden feststellen.
6. Freud nahm an, daß seine Aussagen für alle Menschen Gültigkeit haben, da sie biologisch determiniert sind. Anthropologische Untersuchungen haben jedoch gezeigt, daß dies nicht der Fall ist. So bringen andere Kulturen mit eigenen Erziehungsmethoden andere Verhaltensmuster her-

vor. 1929 wies der britische Ethnologe Bronislaw Kaspar Malinowski nach, daß in Kulturen, wo Kinder nicht von ihren Eltern, sondern von einer Gruppe oder einem anderen Elternersatz aufgezogen werden, so etwas wie der klassische Ödipuskonflikt nicht auftaucht.

Heute geht man daher davon aus, daß es sich bei der Psychoanalyse nicht um eine Wissenschaft, sondern um eine Ideologie, eine Weltanschauung also, handelt.

Quelle: Dominik Wichmann: »You Freud, me Jane«, *Süddeutsche Zeitung* 4. 12. 1997; Ann F. Neel: *Handbuch der psychologischen Theorien*, Frankfurt/Main 1983; *Spiegel* 23/1996

## Acht Irrtümer zum Thema Gedächtnis

**1. Telefonnummern lassen sich besonders gut im Gedächtnis speichern**

Daten und Statistisches kann sich der Mensch weniger gut merken als Namen und Gesichter.

**2. Konzentration ist für die Erinnerung förderlich**

Konzentration ist bei der Neuaufnahme von Informationen durchaus hilfreich. Will man sich die Informationen aber später ins Gedächtnis zurückrufen, ist die Konzentration eher hinderlich: Sie kann eine »Wellenüberlagerung« verursachen und Informationen in den Vordergrund drängen, die lediglich »so ähnlich« sind. Oder sie lenkt den Nachdenkenden auf eine ganz falsche Spur und blockiert damit den richtigen Gedankengang. Besser ist es, sich zu entspannen und gedanklich mit verwandten Vorstellungen und Assoziationen zu spielen. So ist die Aussicht weitaus größer, daß einem urplötzlich das einfällt, wonach man sucht.

**3. Leichtes merkt man sich besser als Schweres**

Schweres haftet besser, weil der Mensch mehr Mühe dafür aufbringen muß, es sich anzueignen. Bei Tests konnten sich

Schüler einfache Zahlenreihen nur zu 60 Prozent, schwierige aber zu 70 Prozent merken.

**4. Wenn man Fahrpläne, Geschichtszahlen und dergleichen »paukt«, wird das Gedächtnis trainiert**

Einfaches Auswendiglernen ist relativ nutzlos. Verbessern kann man sein Gedächtnis nur, indem man regelmäßig verknüpftes Denken und Kombinationsfähigkeiten trainiert, egal ob beim Schachspiel, Kreuzworträtsellösen, Fremdsprachenlernen oder bei einer Laienschauspielgruppe. Hauptsache, es findet ein »Denksport« statt.

**5. Unangenehmes bleibt länger in Erinnerung**

Nein, das Angenehme, denn die Rückblende an eine schöne Begebenheit durchlebt man immer wieder gern, während man unangenehme Erinnerungen lieber begräbt. Das ist auch der Grund dafür, daß die Kindheitsjahre so glücklich erscheinen und ältere Leute immer seufzend von der »guten alten Zeit« reden. Die Vergangenheit würde vielen Menschen sicherlich weniger glänzend erscheinen, wenn das Unangenehme ebenso lebendig vor ihrem inneren Auge stünde wie das Angenehme.

**6. Kinder lernen leichter als Erwachsene**

Nur wenn der Erwachsene glaubt, sich mit dem Lernstoff nicht anfreunden zu können. Steht er ihm dagegen positiv gegenüber, kann der Erwachsene leichter lernen als ein Kind.

**7. Männer haben ein besseres Gedächtnis als Frauen**

Im Gegenteil! Schon in der Schulzeit arbeitet das weibliche Gedächtnis besser, und im späteren Leben übertrifft es das männliche dort, wo es um Alltagsdinge und Jugenderinnerungen geht, in geringerem Maß auch bei allem, was mit Sehen, Hören und Schmecken zu tun hat. Ansonsten erinnert sich jedes Geschlecht am besten an das, woran es am meisten interessiert ist.

**8. Das Gedächtnis nimmt mit den Jahren ab**

Es liegt weniger an den Jahren als an der jeweiligen Person. Die Aufnahmefähigkeit des Menschen erreicht allgemein mit dem 20. Lebensjahr ihren Höhepunkt und geht bis zum 45. Lebensjahr um etwa 15 Prozent zurück. Ob die Kurve danach weiter sinkt, hängt davon ab, ob die betreffende Person geistig rege bleibt oder träge zu werden beginnt. Dabei kann gerade der ältere Mensch aufgrund seiner Erfahrungen auf einen größeren Wissensschatz zurückgreifen, der es ihm ermöglicht, neue Erkenntnisse schneller einzuordnen und in Beziehung zueinander zu setzen.

Quelle 1–8: *Collier's* 8/1954

**Ein seriöses Horoskop muß nach Geburtszeit und -ort erstellt werden**

Falsch, sagt die Wissenschaft und argumentiert so: »Wenn die Sterne das Schicksal des Menschen beeinflussen könnten, dann müßte dies logischerweise vom Zeitpunkt der Zeugung an geschehen, nicht aber erst vom Zeitpunkt der Geburt an. Viele Wochen bevor ein Kind geboren wird, ist es bereits ein kompletter Mensch. Es könnte durch eine Operation geholt werden. Also kann ein Arzt bestimmen, unter welchem Sternbild der Mensch auf die Welt kommen wird.« Also wenn schon, dann Zeugungszeit und -ort.

Quelle: Michael Preute:
*Aberglaube GmbH*, Ravensburg 1984

**Unter Hypnose kann man nicht lügen**

O doch! Nicholas P. Spanos, Professor für Psychologie an der Carlton-Universität in Ottawa (Kanada), behauptet, daß unter Hypnose die natürliche Tendenz, Tatsachen mit Spekulationen zu verwechseln, weil der Betroffene dem Hypnotiseur gefallen will, zunimmt. Außerdem begünstigt die Hypnose die Anregung lebhafter Vorstellungsbilder und der Phantasie.

Auch der Klinikpsychologe Michael Yako vertritt die Ansicht, daß die Hypnose nicht der Wahrheitsfindung dient, zumal sich bei Experimenten gezeigt hat, daß das menschliche Gedächtnis sehr unzuverlässig funktioniert. Zwar ist bekannt, daß wichtige Ereignisse im Gehirn gespeichert werden, andererseits haben Gedächtnisforscher ermittelt, daß das Gehirn fähig ist, aus den verarbeiteten Informationen eine neue Realität zu konstruieren. Das Gedächtnis ist keine »Ablage« des Gehirns, sondern ein beständig fortschreitender Prozeß. Eine Erinnerung besteht aus Fragmenten des Ereignisses, seiner nachträglichen »Bearbeitung« durch neue Einflüsse und Diskussionen, aus den Bewertungen und Kommentaren anderer Menschen und vermutlich auch aus den gegenwärtigen Einstellungen eines Menschen zur eigenen Vergangenheit.

Quelle: Carol Tavris: »Der Streit um die Erinnerung«, *Psychologie heute* 6/1994

**Intelligente Menschen sind oft ungeschickt**

Die weitverbreitete Meinung, daß Intellektuelle handwerklich unbegabt seien, ist falsch. Eingehende Studien haben ergeben, daß zwischen Intelligenz und praktischem Geschick eine starke Wechselbeziehung besteht.

Quelle: *Popular Science Monthly* 2/1959

**Konrad Lorenz' Theorien haben noch heute Bestand in der Verhaltensforschung**

Nein, sie sind überholt. Konrad Lorenz (1903–1989) irrte, als er in Tieren mechanistische Einheiten sah, die allein durch Instinkte geleitet werden. Der Nobelpreisträger glaubte, sie würden sich allein fortpflanzen, um ihre Art zu erhalten. Heute weiß die Forschung, daß Tiere egoistisch sind und sich bei ihrem Verhalten durch den eigenen, individuellen Vorteil leiten lassen. Ebenso ist das Modell des »Instinktzentrums« obsolet, seitdem man mehr über das Gehirn weiß und Verhalten als das Ergebnis sich ständig anpassender Schaltkreise von Nervenzellen versteht. Auch wollte der Verhaltensforscher nicht wahrhaben, daß Tiere derselben Art sich gegenseitig töten – Lorenz hielt das für abartig im wahrsten Sinne des Wortes. Später fand man viele Beispiele dafür, daß Artgenossen sich durchaus töten.

Quelle: *Süddeutsche Zeitung* 14. 11. 1996

### Nostradamus konnte die Zukunft voraussagen

Doch lag er dabei immer wieder falsch. So erwies sich seine Prognose von einem Weltkrieg, der sich 1997 durch einen Krieg zwischen Rußland und China entwickeln sollte, als Irrtum.

Quelle: *taz, Die Tageszeitung* 30. 12. 1997

### Pechvögel gibt es nicht

Doch, solche »Unfallpersönlichkeiten« ermittelten Psychologen aus Versicherungsakten. Gefährdet sind besonders jene Zeitgenossen, die als Kinder eine autoritäre Erziehung genossen und sich als erwachsene Entscheidungsträger mehr oder weniger bewußt gegen jede Art von Beschränkung auflehnen. Ein Paradefall war etwa der britische Polarforscher Robert F. Scott (1868–1912), der im März 1912 seine gesamte Expeditionsmannschaft mit selbstmörderischen Befehlen in den Tod dirigierte.

Quelle: *Playboy* 11/1980

### Wahrsager können in die Zukunft blicken

Wohl kaum, wenn man die Prognosen der Hellseher für 1997 betrachtet. Von rund 70 untersuchten Voraussagen habe nicht eine einzige zugetroffen, berichtet der Astrologie-Experte Edgar Wunder von der Gesellschaft zur Untersuchung von Parawissenschaften (GUPW). So konnte kein Wahrsager den Tod von Prinzessin Diana voraussehen. Im Gegenteil: Wenige Tage vor dem schrecklichen Unfall hatte etwa ein prominenter Astrologe Prognosen über Dianas zukünftigen Lebenswandel gemacht. In der Esoterik-Zeitschrift *Das neue Zeitalter* hatte das Karlsruher Medium »Madame Simone« prophezeit, Diana werde »doch noch Königin mit Kronprinz Charles«. Voll daneben lag auch der Parapsychologe Shandro Ramagan: Er hatte Bayer Leverkusen den Meistertitel versprochen. Der vorausgesagte Rücktritt von Bundeskanzler Kohl blieb aus – ebenso wie der seit 1982 unaufhörlich orakelte Tod von Papst Johannes Paul II.

Quelle: *taz, Die Tageszeitung* 30. 12. 1997

# 10. Der Papst ist unfehlbar
## Götter, Kirchen, Zölibat – unglaubliche Irrtümer und Fehler aus der Welt des Glaubens

**? Die Bibel verteufelt den Sex**

In kaum einem anderen Buch wird das Thema Sex ehrlicher behandelt. Die Bibel sagt deutlich, daß Sex nichts Verwerfliches, weil seiner Natur nach schlecht, sei. Sie lehrt, daß Sex eine schöpferische Macht ist, die stärker als jede andere Kraft die Liebe, Freundschaft und das Glück fördert – daß sie aber eine zerstörerische Gewalt sein kann, wenn sie zum Mißbrauch führt.

Daß die körperliche Liebe Sünde sei, lehrt die Bibel an keiner Stelle. Weit davon entfernt, prüde zu sein, verherrlicht sie die Sexualität und stellt sie als von Gott geschaffen, von Gott bestimmt und von Gott gesegnet hin. An keiner Stelle behauptet die Bibel, daß der Kampf zwischen Fleisch und Geist leicht sei, daß Versuchung Sünde bedeute, daß es abnorm sei, sexuelle Begierde zu verspüren. Die Bibel sagt unmißverständlich, daß Gott selbst den Geschlechtern die physische Anziehungskraft verliehen hat: um der Fortpflanzung willen und als Ausdruck der Liebe zwischen Eheleuten, die sie so eins werden läßt. Gottes Gebot an den ersten Mann und die erste Frau, »ein Fleisch« zu sein, war also genau so wichtig, wie die Forderung: »Seid fruchtbar und mehret euch.«

Quelle: Billy Graham: »Sex in der Bibel«, *Reader's Digest* 7/1970

**? C + M + B sind die Initialen von Caspar, Melchior und Balthasar**

Jedes Jahr am 6. Januar werden über viele Haustüren mit weißer Kreide die drei Buchstaben C + M + B geschrieben. Viele Menschen vermuten dahinter die symbolisch offenbarte Hoffnung auf den Schutz der Heiligen drei Könige Caspar, Melchior und Balthasar. Die drei Buchstaben stehen aber eigentlich für »Christus Mansionem Beneficat«, Christus segne dieses Haus.

Quelle: Walter-Jörg Langbein:
*Magische Welten*, Rastatt 1998

## Der Dalai Lama kämpft für die Religionsfreiheit

Der gute Ruf von Tenzin Gyatso, des 14. Dalai Lamas (geb. 1935, inthronisiert 1940) und Friedensnobelpreisträgers, steht seit März 1996 wegen einer Entscheidung, die er mit Hilfe eines Orakels traf, in Frage. Demnach sollten alle Tibeter der jahrhundertealten tibetischen Gottheit *Dorje Shudgen* abschwören. Diese Gottheit schade Tibet und dürfe deshalb nicht mehr angebetet werden. Hunderttausende Anhänger des tibetischen Buddhismus – in Tibet, der Mongolei, den internationalen Exilgemeinden – unterliegen seitdem durch das Dekret dem religiösen Bann. Aber die Folgen sind nicht nur geistlicher Natur. Durch Änderung der tibetischen Exilverfassung droht seitdem den Anhängern des Dorje Shudgen die Entlassung aus dem Exil-Staatsdienst. Richtern ist verboten, dem Dorje Shudgen anzuhängen, Krankenhäuser verpflichten ihre Angestellten, abzuschwören. Wer sich weigert, muß bei der Exilregierung gemeldet werden.

Quelle: *taz, Die Tageszeitung* 20. 11. 1997

## Götter sind Mittelpunkt einer jeden Religion

Falsch: Der Taoismus, als dessen Gründer Laotse gilt, kennt nur philosophische Prinzipien. Auch im Buddhismus gibt es keine Götter, vielmehr stehen im Mittelpunkt der Predigt des Buddha die »vier edlen Wahrheiten« vom Leiden, von der Entstehung des Leidens, der Vernichtung des Leidens und von dem zur Vernichtung des Leidens führenden Weg.

Quelle: *Meyers Lexikon, Microsoft Lexirom 3.0*

## ? Drei Irrtümer über Jesus von Nazareth

### 1. Jesus wurde im Jahr 0 in Bethlehem geboren

Erstens gibt es nach unserer Zeitrechnung kein Jahr 0, sondern nur ein Jahr 1. Zweitens wurde Jesus Christus nach Ansicht der meisten Historiker zwischen den Jahren 8 und 4 vor der Zeitwende geboren. Zudem stammte Jesus wahrscheinlich nicht aus Bethlehem, sondern aus Nazareth in Galiläa. Die christliche Chronologie, die in der westlichen Welt fast ausschließlich als Zeitrechnung verwendet wird, begründete im 6. Jahrhundert der skythische Mönch Dionysius Exiguus. Er bestimmte für die Geburt Christi das Jahr 753 römischer Zeitrechnung, was dem Jahr 1 christlicher Zeitrechnung entspricht. Doch weil sich der Mönch um vier Jahre verrechnet hatte, muß Jesus im Jahr 1 mindestens vier Jahre alt gewesen sein. Vermutlich war er aber schon älter. Denn er kam schon während der Herrschaft von König Herodes (73–4 v. Chr.) zur Welt.

Quelle: *Microsoft Encarta 98 Enzyklopädie*

### 2. Jesus war ein einfacher Mann aus dem Volk

Dieses verklärte Jesus-Bild vom religiösen Revoluzzer, der für das Heil der Entrechteten und Armen stritt, hat Giovanni Magnani, Jesuitenpater an der päpstlichen Gregoriana-Universität, berichtigt. Nach seinen Erkenntnissen sei Jesus von Nazareth eher ein »Mittelständler« denn ein »Mann aus dem Volk« gewesen. Jesus habe lesen und schreiben können, mehrere Sprachen gesprochen und sei tief von der gehobenen städtisch-griechischen Kultur geprägt gewesen. Schon die Berufsbezeichnung »Zimmermann« sei trügerisch, weil das griechische Wort »tekton« tatsächlich etwas anderes meine. Magnani: »Jesus war ein Selbständiger. Einer, der Arbeiter organisierte und sich an großen Bauten beteiligte. Tekton war ein typischer Beruf der Mittelklasse.«

Quelle: *taz, Die Tageszeitung* 22. 12. 1997

### 3. Jesus starb in Kaschmir

Die These, daß Jesus in Wirklichkeit Buddhist war, in Kaschmir starb und sein Grab im dortigen Srinagar zu besichtigen ist, wurde schon in vielen Büchern aufgestellt und kolportiert. Begonnen hatte es vermutlich 1978, als der Ufologe Andreas Faber-Kaiser sein Buch *Jesus starb in Kaschmir* veröffentlichte. Erich von Däniken beschrieb das Grab Jesu drei Jahre später in seiner *Reise nach Kiribati*, am beharrlichsten vertrat Holger Kersten im Buch *Jesus lebte in Indien* diese Ansicht. Doch alle Autoren konnten die Behauptung nicht beweisen, daß sich das Grab Jesu in der Khanyar-Straße in Srinagar befindet, alle sprachen nur von »uralten Traditionen«. Das besagte Jesus-Grab in Srinagar wurde angeblich vor rund einhundert Jahren entdeckt. Bei seinem »Entdecker« handelte es sich um Hazrat Mirza Ghulam Ahmad von Qadian, den Begründer der Ahmadiyya-Sekte. Er behauptete, der im Alten Testament prophezeite Messias zu sein. Jesus, den die Christen für den Messias hielten, sei zwar ein heiliger Mann, aber weder am Kreuz gestorben, noch der verheißene Erlöser gewesen. Weil diese Hypothese vom Islam, Christentum und Judentum abgelehnt wurde, mußte sie Ahmad irgendwie beweisen. So präsentierte er der staunenden Öffentlichkeit gegen Ende der 80er Jahre des 19. Jahrhunderts das Grab Jesu in Srinagar. Gefunden hatte er es angeblich »aufgrund göttlicher Offenbarung«. Womit es mit der Echtheit des Grabes und den »uralten Traditionen« nicht weit her sein dürfte.

Quelle: Ahmadyya Muslim Jamaat:
*Jesus in Kaschmir*, Frankfurt am Main 1989;
»Starb Jesus in Indien?«, *EPAL* 3/1995

## ? Die Juden waren schuld an Jesu Tod

Diese Behauptung hat Chaim Cohn, Oberstaatsanwalt in Jerusalem, schon vor zwanzig Jahren widerlegt. Seine These: Tatsächlich wurde Jesus wegen seines eigenen Schuldeingeständnisses und in Übereinstimmung mit dem römischen Recht vom römischen Statthalter zum Tode verurteilt. Die Juden hatten mit dem Prozeß gegen Jesus nichts zu tun, sie durften und konnten sich nicht einmischen. Jedoch hätten die neutestamentarischen Evangelisten die Geschichte verzerrt und aus theologischen und politischen Absichten »den Juden« die Schuld zugeschoben.

Bekanntlich wurde Jesus zunächst von den jüdischen Amtspersonen befragt, danach fand das Verhör vor Pilatus statt. Cohn und viele andere Forscher bestreiten jedoch, daß die erste Vernehmung überhaupt ein Prozeß gewesen sei. Vielmehr hätten die Juden Jesus im Haus des Hohepriesters vor den Römern schützen und ihn von seinen messianischen Ideen abbringen wollen. Dieser gutgemeinte Versuch sei jedoch mißlungen. Auch für den Prozeß gegen Jesus und die Hinrichtung verneint Cohn jede jüdische Beteiligung. Dabei kann er sich darauf berufen, daß insbesondere über eine Amnestie zum Passahfest, aus der nach den Evangelien Barabas und nicht Jesus Nutzen zieht, aus keinen anderen Quellen etwas bekannt ist. Cohn hält diese Institution schlicht für unhistorisch, denn nur der Kaiser habe Amnestien aussprechen können. Und selbst unter dem Kreuz seien Juden undenkbar gewesen, weil sie gegenüber den Römern zusammenhielten. Daher hätten sie ihn retten, nicht verhöhnen, sondern nur bedauern wollen.

Quelle: Chaim Cohn: *Der Prozeß und Tod Jesu aus jüdischer Sicht*, Frankfurt 1997; *Frankfurter Allgemeine Zeitung* 2. 12. 1997

## ? Freimaurer betreiben Satanskult

Das behauptete vor hundert Jahren der »größte Lügner des 19. Jahrhunderts«. Es geschah am 19. April 1897. Das Publikum im Großen Saal der Geographischen Gesellschaft in Paris erwartete neue sensationelle Enthüllungen über den Teufelskult. Doch als der populäre Redner Leo Taxil auspackte, stockte den Zuhörern der Atem. Lachend sagte der Mann, alle seine bisherigen Darstellungen habe er frei erfunden. Für viele Menschen kam das einem moralisches Erdbeben gleich, in der katholischen Kirche herrschte blankes Entsetzen.

Leo Taxil, französischer Schriftsteller und Buchhändler, entlarvte sich an diesem Ostersonntag als »größter Lügner des 19. Jahrhunderts«. Er hätte den Freimaurern in wilden Phantastereien unter anderem Satanskult und Sexorgien in den Logen angedichtet. Er erfand die Teufelstochter Diana Vaughan und publizierte ihre »Memoiren«. Die Kirche hatte ihm nur allzugern die Geschichten von der Bedrohung durch den Antichrist, der das Papsttum abschaffen wolle, geglaubt.

Taxil wurde am 21. März 1854 in Marseille als Gabriel Jogand-Pages geboren. Als junger Mann trat er als radikaler Freidenker auf und bekämpfte den Katholizismus unter anderem mit einem antiklerikalen Jahrbuch. So war es höchst erstaunlich, als der weit über die Grenzen seiner Heimat hinaus bekannte Kirchengegner 1885 ankündigte, er wolle fortan für die katholische Sache streiten. Sein Ziel: die Bekämpfung der vom Vatikan damals heftig kritisierten Freimaurerei. Taxil war 1881 in den Männerbund eingetreten, wurde aber wenig später – vermutlich unsauberer Geschäfte wegen – ausgestoßen. Noch im Jahr seines angeblichen Gesinnungswandels veröffentlichte der Schriftsteller sein erstes antifreimaurerisches »Enthüllungswerk« mit dem Titel »Die Drei-Punkte-Brüder«. Darin behauptete er, in den Logen huldige man dem Satanskult und die Freimaurer töteten ihre Gegner: »Sie lassen das Opfer an sich vorübergehen. Der Mörder legt von hinten vertraulich die Hand auf dessen rechte Schulter. Dieser dreht sich unwillkürlich mit seinem Kopf nach der rechten Seite. Im selben Augenblick durchschneidet ihm der zweite Mörder, der sich links befindet, mit einem Stoße die Halsschlagader. So vollbringt die Freimaurerei ihre politischen Morde an hervorragenden Männern.«

Der Apostolische Nuntius in Paris war von den Schriften tief beeindruckt, der Papst gewährte Taxil eine Audienz. So gab es für katholische Zeitungen keinen Grund, an den hanebüchenen Geschichten zu zweifeln. Auch nicht, als Taxil seinen Lesern eine gewisse Diana Vaughan, Tochter des Teufels Bitru, vorstellte, die er zum katholischen Glauben bekehrt habe. Er hatte auch eine Biographie des 1874 geborenen Satanskindes geschrieben, das sich nur über Taxil an die Öffentlichkeit wandte.

In ihren Schriften bestätigte die nicht existierende Diana Vaughan alle Einzelheiten des Teufelskults in Freimaurerlogen und »schreckliche sexuelle Orgien«. Taxil legte »Dokumente« mit Satans »Unterschrift« vor – daneben befanden sich Signaturen bekannter Freimaurer.

Nachdem Diana Vaughan den Vatikan mit einer großzügigen Spende für einen Antifreimaurer-Kongreß bedacht hatte, wurde dies mit dem apostolischen Segen belohnt. An der Tagung im Herbst 1896 unter Leitung von Papst Leo XIII. in Trient nahmen rund 800 Delegierte teil. Natürlich beherrschten Taxils »Enthüllungen« über den Satanskult die Diskussionen. Skeptische Kritiker, darunter auch Delegierte aus Deutschland, kamen dabei nicht zu Wort. Ein halbes Jahr danach beendete Taxil sein teuflisches Spiel und gab den Klerus der Lächerlichkeit preis. Er veröffentlichte fortan spöttische Schriften und hielt Vorträge über seine Bluffs mit dem Satanskult und der Teufelstochter. Am 30. März 1907 starb der »größte Lügner des 19. Jahrhunderts« eines natürlichen Todes.

Quelle: *Frankfurter Allgemeine Zeitung* 16. 4. 1997

## Moloch war ein Gott

Bei den Tempelausgrabungen in Karthago wurden drei Heiligtümer gefunden, unter ihnen das Tophet, in dem kleine Kinder einem Gott Baal durch das Feuer »gereicht« wurden. Die Bibel und auch die Griechen hatten diese Art Opfer angeprangert, die die Karthager von ihren Ahnen aus Tyros übernommen hatten; das Alte Testament bezeichnet es mit dem Namen »Molk« (MLK). Man hat lange geglaubt, daß es sich dabei um den Namen des Gottes handelte, dem man opferte und der schließlich Moloch genannt wurde. Inzwischen ist erwiesen, daß das Wort MLK hier einen Ritus bezeichnete und es sich bei dem »bösen« Moloch um Baal Hammon handelte, einen jener Götter, deren Name die Bezeichnung »Baal« beinhaltete.

Quelle: Gilbert und Colette Charles-Picard:
*Karthago*, Stuttgart 1983

## Drei Irrtümer über Martin Luther

### 1. Luther schlug am 31. Oktober 1517 seine 95 Thesen an die Kirchentür

Diese Legende geht auf einen Augenzeugenbericht zurück, den Luthers Famulus Johannes Schneider, genannt Agricola, verfaßt hat. In seiner lateinischen Aufzeichnung heißt es bei der Schilderung der Vorgänge am 31. Oktober 1517 »me teste« – »wie ich bezeugen kann«. Daraus folgerte man, daß Famulus Agricola dabei war, als Luther seine Thesen an die Kirchentür schlug.

Doch 1961 stellte der Lutherforscher Hans Volz fest, daß jenes »me teste« überhaupt nicht im Text steht. Tatsächlich lautet es »modeste« – »in bescheidener Weise«. Und so lautet die Textstelle, die man lange Zeit für einen Augenzeugenbericht gehalten hat: »Im Jahre 1517 legte Luther in Wittenberg an der Elbe nach altem Universitätsbrauch gewisse Sätze zur Disputation vor, jedoch in bescheidener Weise und ohne jemand damit beschimpft oder beleidigt haben zu wollen.« Auch Luther selbst hat weder in seinem umfangreichen Werk noch in seinen vielen Briefen noch in seinen anderen Aufzeichnungen jemals behauptet, seine Thesen, die sich gegen eine bestimmte Form des Ablaßhandels wandten, an die Tür der Wittenberger Schloßkirche geschlagen zu haben. Vielmehr wollte er zunächst gar keine öffentliche Diskussion. Daher schickte er seine Thesen an Erzbischof Albrecht, der für den Verkauf des »Peterskirchen-Ablasses« verantwortlich war, und an seinen kirchlichen Vorgesetzten zur Begutachtung. Außerdem waren es nicht 95, sondern 93 Thesen. Erst später, nachdem ihm der größte Ablaßhändler Johann Tetzel geantwortet hatte, fügte Luther zwei dazu. Diese 95 Thesen wurden im Jahre 1518 von Luthers Freunden gedruckt und erst damit der Öffentlichkeit zugänglich gemacht.

### 2. Luther: »Hier stehe ich, ich kann nicht anders.«

So einfach hat es sich der Augustinermönch nicht gemacht. Tatsächlich sagte Martin Luther, der sich 1521 vor dem Reichstag zu Worms verteidigte, zu dem 21jährigen König Karl V. auf die wiederholte Frage, ob er bereit sei, seine »Irrtümer« zu widerrufen: »Da Eure Majestät und Eure Herrlichkeiten eine schlichte Antwort begehren, so will ich eine ohne Hörner und Zähne geben. Es sei denn, daß ich durch Zeugnisse der Schrift oder klare Vernunftgründe überwunden werde – denn ich glaube weder dem Papst noch den Konzilien allein, weil es am Tage ist, daß sie zu mehren Male geirrt und sich selbst widersprochen haben –, so bin ich überwunden durch die Stellen der Heiligen Schrift, die ich angeführt habe, und gefangen in meinem Gewissen an dem Wort Gottes. Deshalb kann und will ich nichts widerrufen, weil wider das Gewissen zu handeln beschwerlich, nicht ratsam und gefährlich ist. Gott helfe mir, Amen.«

**3. Luther suchte den Bruch mit der katholischen Kirche**

Nein, er wollte mit seinen Thesen, die er an Erzbischof Albrecht und Bischof Hieronymus von Brandenburg schickte, mit der Bitte, »das schamlose Treiben und die lästerlichen Reden der Ablaßprediger zu unterbinden«, nur einen Mißstand aus der Welt schaffen. Erst nachdem die Kirchenfürsten nicht geantwortet hatten – besonders Albrecht von Mainz bangte um seine Einnahmen aus dem Ablaß-Verkauf –, kam es zum Bruch mit der Kirche.

Quelle 1–3: Gerhard Prause: *Niemand hat Kolumbus ausgelacht*, Düsseldorf 1978

## Die Muslime beten den Propheten Mohammed an

Das arabische Wort »Islam« bezeichnet die unbedingte Ergebung in den Willen des einen Gottes Allah. Die Anhänger des Islam nennen sich selbst Muslime, das heißt »die dem Islam folgenden«. Die Bezeichnung »Mohammedaner« wird von Muslimen abgelehnt, weil es für sie eine Blasphemie ist, den Glaubensstifter des Islam, also einen Menschen anzubeten.

Quelle: *Knaurs Lexikon*

## Die Mormonen sind eine christliche Sekte

Nein, die 1830 von Joseph Smith gegründete christliche Religionsgemeinschaft gehört weder der Ökumenischen Bewegung noch dem Ökumenischen Rat der Kirchen an. Die weltweit etwa acht Millionen Mormonen behaupten, daß das Christentum im Lauf der Zeit zu einer korrupten Gemeinschaft verkommen sei und das Evangelium neu verkündet werden müsse. Hierzu bedürfe es jedoch einer neuen göttlichen Offenbarung, welche die entscheidenden Inhalte in reiner Form enthülle und die verlorengegangene priesterliche Autorität der Apostel wiederherstelle.

Die Mormonen respektieren andere Glaubensgemeinschaften. Andererseits betrachten sie nur ihre eigene Bewegung als von Gott autorisiert, als »einzig wahre und lebende Kirche der Erde«. Aufgrund dieser Überzeugung verbreiten sie ihre Botschaft weltweit und bekehren sogar Christen. Die Mormonen glauben, daß Gott ursprünglich ein Mensch war und daß jeder Mensch zu einem Gott werden kann.

Die Lehre der Mormonen beruht auf vier Büchern: der Bibel, dem *Buch Mormon* und den von Joseph Smith verfaßten Schriften *Lehre und Bündnisse* sowie *Köstliche Perle* (1842). Bei den Schriften Smith' handelt es sich angeblich um göttliche Offenbarungen und Inspirationen.

Quelle: *Microsoft Encarta 98 Enzyklopädie*

## Der Papst ist unfehlbar

Das darf er gar nicht sein. 1870 legte das 1. Vatikanische Konzil fest, wann allein dem Papst Unfehlbarkeit zukommt: 1. Wenn er ex cathedra (lat.: vom Bischofsstuhl aus) spricht, also in seiner Funktion als Hirte und Lehrer. 2. Wenn er mit der Absicht spricht, die Gesamtkirche auf die Anerkennung seines Lehrsatzes zu verpflichten. 3. Wenn die Angelegenheit den Glauben oder die Sittenlehre betrifft, die aus apostolischer Zeit überliefert sind und als Teil der göttlichen Offenbarung gelehrt werden.

Der Papst gilt nicht als unfehlbar in seinen persönlichen und privaten Ansichten. Seit der Mitte des 19. Jahrhunderts wurden in der römisch-katholischen Kirche zwei Dogmen ex cathedra verkündet: das Dogma der unbefleckten Empfängnis 1854 durch Papst Pius IX. sowie das Dogma der Himmelfahrt Marias durch Papst Pius XII. im Jahre 1950.

Quelle: *Microsoft Encarta 98 Enzyklopädie*

**Papst Paul III. hatte vier Konkubinen**

1468 wurde Allessandro Farnese geboren, 1534 wählte man ihn zum Papst Paul III. Er leitete die Gegenreformation ein und bildete eine Reformkommission innerhalb der katholischen Kirche. Gleichzeitig organisierte er die römische Inquisition. Er erteilte Michelangelo den Auftrag, die Sixtinische Kapelle zu gestalten, und schuf eine Reihe anderer bedeutender Bauwerke.

Als Paul III. im Jahre 1549 starb, wurde für ihn ein Grabmal errichtet, dessen Ausführung er noch selbst bestimmt hatte. Die Bronzestatue zeigt den Papst sitzend von vier Marmorskulpturen umgeben, Sinnbilder der Tugenden, in deren besonderen Zeichen Pauls Pontifikat gestanden hatte: Justitia (Gerechtigkeit) und Prudentia (Klugheit), Pax (Frieden) und Abundantia (Überfluß). Doch bald gerieten die Figuren in den Verdacht, im Leben des Papstes eine wichtige Rolle gespielt zu haben. Vor allem über die schöne Justitia wurde viel gemunkelt: War sie seine Konkubine? Oder Julia, die Schwester des Papstes? Oder gar seine Tochter?

Der Gelehrte Robert Zapperi hat das abenteuerliche Leben von Allessandro Farnese erforscht und fand heraus, daß dieser politisch bedeutsame Mann im politischen Aufstieg und in der Entfaltung von Macht die höchste Aufgabe sah, der er skrupellos weltliche und kirchliche Moralvorstellungen opferte. In seiner vorpäpstlichen Zeit zeugte er drei Kinder, zudem drängte er seine schöne Schwester Julia zum Ehebruch mit Papst Alexander VI. Borgia, um dadurch in seiner eigenen Karriere gefördert zu werden. Nach seiner Wahl zum Papst überhäufte er seine Familie mit Ämtern und Würden, um den Ruhm und Reichtum der Farnese zu mehren.

Wen aber stellen die vier Figuren dar? Zum einen die resolute Mutter Giovanella Caetani, zum anderen Silvia Russini, Allessandros einzige Konkubine, mit der Farnese als Kardinal zusammenlebte. Hinter den beiden Schönsten verbergen sich Constanza, die Tochter, und Julia, die Schwester. Constanza blieb nach dem Tod ihres Ehemannes am Hof des päpstlichen Vaters als seine Verwandte und als Zier bei öffentlichen Anlässen. Julias Verdienst war es, als Ehebrecherin mit dem Heiligen Vater ins Bett gestiegen zu sein, zum Wohl der Familie. Als Julia starb, vermachte sie ihrem Bruder anspielungsreich das Bett – jene Stätte, der die Farnese so viel verdankten.

Quelle: Roberto Zapperi:
*Die vier Frauen des Papstes*, München 1997;
Harald Eggebrecht:
»Alles zu Ehren der Farnese«,
*Süddeutsche Zeitung* 10. 12. 1997

### Eine Päpstin Johanna hat es wirklich gegeben

Nein, hier handelt es sich um ein Phantom, das böswillige Geschichtsschreiber im 13. Jahrhundert der römischen Kirchenhierarchie angehängt haben. Jedoch mit bemerkenswerten Details: Johanna, als Tochter eines Angelsachsen in Ingelheim am Rhein geboren, übernahm in Fulda einem Freund zuliebe, der im Kloster war, seine Mönchskutte. Eines Tages wurde Rom auf den formvollendeten und hochgebildeten Benediktiner aufmerksam und zog »ihn« an den päpstlichen Hof. Dort eröffnete sich Johanna ein weites Betätigungsfeld, was schließlich zu ihrer Papstwahl im Jahre 850 führte. Zwei Jahre später bekam sie von einem päpstlichen Kammerherrn ein Kind. Unpassenderweise in Form einer Sturzgeburt auf einer Prozession zum Lateran. Passenderweise verschied sie gleich darauf. Das Fehlen der wesentlichen Manneszier bei Johannes VIII. fuhr dem Klerus so sehr in die Glieder, daß er künftig von jedem neugewählten Papst einen Nachweis verlangte. Dieser erfolgte auf der »sella stercoraria«, einem durchbrochenen Marmorstuhl. Darauf mußte sich der Kandidat niederlassen, ein Inspektor griff von unten zu, und erst auf seinen Ruf: »Habet, habet!« (Er hat, er hat!) konnte die Krönung stattfinden. Bei diesem Brauch soll es bis ins 18. Jahrhundert geblieben sein.

Quelle: *Playboy* 10/1975

**Die ersten Pilgerväter segelten 1620 von England aus auf der »Mayflower« nach Amerika**

So wird es den Schulkindern meist gelehrt. Tatsächlich aber begann die Reise der Pilgerväter bereits in Holland auf der »Speedwell«. Weil sich das Schiff aber als nicht seetüchtig erwies, stiegen die Pilger im englischen Plymouth auf die »Mayflower« um. Ihre Heimat England hatten die streng orthodoxen Calvinisten schon Ende des 16. Jahrhunderts verlassen. Sie waren vor der Verfolgung durch die anglikanische Kirche ins repressionsfreie Holland geflohen und lebten mit ihrem geistigen Anführer, Pastor John Robinson, in Leiden. Doch bald wurde Holland den rund 500 Glaubensflüchtlingen zu liberal, weil die lebenslustigen Holländer die heilige Sonntagsruhe mit Festessen, Musik und Tanz verletzten. Als es schließlich noch zu religiösen Auseinandersetzungen kam, beschlossen die Pilgrims, in Amerika einen neuen Anfang zu wagen.

Quelle: *Focus* 47/1997

**Der Papst galt schon im Mittelalter als Stellvertreter Gottes**

Nein, es war der Kaiser des deutschen Reiches, als erster Karl der Große. 773/774 eroberte er, vom Papst zu Hilfe gerufen, das Langobardenreich und nahm den Titel »König der Langobarden« an. Der angelsächsische Bischof Cathwulf beglückwünschte ihn darauf mit den Worten, der König der Franken sei nunmehr der »Stellvertreter Gottes auf Erden«, der Bischof von Rom (der Papst) stünde an zweiter, »an Christi Stelle«.

Quelle: Rudolph Wahl: *Karl der Große*, Bergisch-Gladbach 1980

? **Der Zölibat ist eine Schöpfung der katholischen Kirche**

Der Zustand der Ehelosigkeit sowie der geschlechtlichen Enthaltsamkeit existiert in vielen religiösen Traditionen, zum Beispiel im alten Judentum, bei den Essenern sowie bei Mönchen und Nonnen im Buddhismus, Jainismus und Hinduismus.

Quelle: *Microsoft Encarta 98 Enzyklopädie*

# 11. Schotten sind geizig
## Neue und alte Irrtümer aus aller Welt

### ? Alligatoren bevölkern New Yorks Unterwelt

Diese falsche Geschichte geht auf einen 1963 veröffentlichten Roman von Thomas Pynchon zurück. Darin behauptete er, in New Yorks Abwasserkanälen trieben große, blinde Alligatoren ihr Unwesen und ernährten sich von Ratten und Abfall. Aber das war blühende Phantasie. Zwar wurden am 28. Juni 1932 »Schwärme« von Alligatoren im Bronx River gesehen, in New Yorks Abwasserkanälen wurde – wenn man der ehrenwerten *New York Times* vom 10. Februar 1935 glauben darf – aber nur einmal ein Alligator entdeckt. Das Tier war ungefähr zwei Meter lang, wog etwa 55 Kilogramm und soll von drei jungen Männern getötet worden sein.

Quelle: Loren Coleman:
*Mysterious America*, London 1983

### ? Im Bermuda-Dreieck verschwinden auf unerklärliche Weise Schiffe und Flugzeuge

Um das 3 900 000 Quadratmeter große Bermuda-Dreieck ranken sich viele phantastische Geschichten. Seebeben, Wasserhosen, schwarze Löcher im Weltraum, Signalvorrichtungen unter Wasser sollen zahlreiche Schiffsuntergänge und Flugzeugabstürze verursacht haben. Viele der Geheimnisse konnte der Forscher Lawrence David Kusche enträtseln:

1. Wenn genügend Informationsmaterial vorlag, ließen sich die meisten Fällen logisch erklären.
2. Nur wenige Fälle blieben ungelöst, weil keinerlei Informationsmaterial gefunden werden konnte. In mehreren Fällen

wurden wesentliche Details, in anderen Fällen sogar alle Ereignisse frei erfunden.

3. Einige Verluste sind dem Bermuda-Dreieck zugeschrieben worden, obwohl sie sich woanders ereigneten. So wurde zum Beispiel die »Freya« 1902 verlassen im Pazifik aufgefunden, und ein Globemaster stürzte 1951 in der Nähe von Irland ab.
4. Zahlreiche Fälle galten zum Zeitpunkt des Ereignisses nicht als rätselhaft, wurden es aber dank der Phantasie einiger Autoren viele Jahre später.
5. Im Gegensatz zur Legende war das Wetter schlecht, als sich viele der Unfälle ereigneten.
6. Viele Autoren, die die Vorfälle publizierten, stellten selbst keine Nachforschungen an. Sie schrieben bei anderen Autoren ab, wobei Irrtümer und Ausschmückungen übernommen wurden.
7. In einer Vielzahl von Fällen wurde Informationsmaterial, das eine Lösung des Falles herbeigeführt hätte, von den Autoren absichtlich zurückgehalten.

Quelle: Lawrence David Kusche: »Die Rätsel des Bermuda-Dreiecks sind gelöst!«, Greven 1975

**Die Bretonen repräsentieren die gallische Urbevölkerung Frankreichs**

Nein, im 5. Jahrhundert n. Chr. wanderten immer mehr keltische Briten (Bretonen) aus Britannien ein, die bis 630 unter merowingische, später karolingische Herrschaft gerieten. Daher auch der Name Bretagne (= Britannien).

Quelle: *Microsoft Encarta 98 Enzyklopädie*

## Europas Brücken-Metropole ist Venedig

Tatsächlich ist es Hamburg. In Venedig gibt es »nur« 398 Brükken, die Hansestadt an der Elbe verfügt über mehr als sechsmal soviel: 2410 Stück.

Quelle: *Baubehörde Hamburg; Guinness-Buch der Rekorde*

## Der Buckingham-Palast liegt in der Londoner City

Falsch! Die Bezeichnung City of London oder City wird nur für ein kleines Territorium (2,7 Quadratkilometer) verwendet, das Geschäfts- und Finanzviertel von Großbritanniens Hauptstadt. Die City of London und 32 Stadtbezirke bilden das Ballungsgebiet Groß-London, das sich über eine Fläche von 1580 Quadratkilometern erstreckt. Der Buckingham-Palast liegt im Stadtteil Westminster. Seit dem 13. Jahrhundert müssen die Monarchen um Erlaubnis bitten, wenn sie die City betreten wollen. Noch heute, wenn die Queen von Westminster kommend die City betreten will, spielt sich das gleiche Ritual ab: Der »Lord Mayor«, der Bürgermeister der City, übergibt ihr ein Schwert, das Symbol für die Macht der City. Aber die Queen gibt das Schwert sofort zurück, als Zeichen, daß sie die Macht nicht an sich zu reißen gedenkt.

Quelle: Edit Beleites/Greta Sykes: *London*, Hamburg 1989

## Deutsch wäre in Amerika beinahe Amtssprache geworden

Es wird berichtet, daß im ersten oder dritten amerikanischen Kongreß (1789 bzw. 1793) ein Deutschamerikaner verhindert habe, daß Deutsch zur offiziellen Amtssprache Amerikas wird. Eine andere Legende erzählt, das Parlament von Pennsylvania sei die Stätte der entscheidenden Abstimmung gewesen. Beiden Versionen zufolge hätten einige aus Deutschland stammende

Abgeordnete den Antrag eingebracht, Deutsch zur Amtssprache zu machen. Die Abstimmung habe Stimmengleichheit ergeben, worauf der ehemals deutsche Parlamentssprecher Friedrich August Mühlenberg seine entscheidende Stimme für die Beibehaltung des Englischen als Amtssprache abgab.

Die Geschichte klingt schön, ist aber falsch. Zwar war Mühlenberg wohl der Sprecher des 1789 gewählten ersten und des 1793 gewählten dritten Kongresses und offenbar auch gelegentlich Präsident des pennsylvanischen Parlaments. Doch eine genaue Nachprüfung seiner parlamentarischen Laufbahn ergab, daß er nur ein einziges Mal eine entscheidende Stimme bei Stimmengleichheit abgegeben hatte – dabei ging es allerdings um eine ganz andere Frage.

Quelle: Henry Marx: *Deutsche in der Neuen Welt*, Braunschweig 1983

**Deutsch ist in drei europäischen Staaten die Amtssprache**

Nein, in sieben Staaten: in Deutschland, in der deutschsprachigen Schweiz, in Österreich, Liechtenstein und Luxemburg. Außerdem im italienischen Südtirol und im Osten Belgiens.

Quelle: *Microsoft Encarta 98 Enzyklopädie*

**Den Haag ist Hauptstadt der Niederlande**

Es ist Amsterdam. Allerdings befindet sich in Den Haag der niederländische Regierungssitz.

Quelle: *Meyers Lexikon*

**England ist ein Staat**

Früher war England ein eigenständiges Land auf der Insel Großbritannien. Heute gehört es zum United Kingdom of

Great Britain and Northern Ireland (Vereinigtes Königreich von Großbritannien und Nordirland).

Quelle: *Knaurs Lexikon*

## Drei Irrtümer über Eskimos

**1. Eskimos wohnen in Iglus**

Das ist heute nur noch sehr selten der Fall, zum Beispiel wenn kanadische Eskimos umherziehen. Früher wohnten sie allerdings ständig in Iglus. In Grönland sind diese Behausungen selten, bei den Eskimos in Alaska vollkommen unbekannt. Die meisten Eskimos leben heute in modernen Häusern.

Quelle: *Microsoft Encarta 98 Enzyklopädie*

**2. Die Eskimos waren immer ein sehr friedliches Volk**

Falsch, in ihrer Geschichte hat es viele Kämpfe und kriegerische Handlungen gegeben.

**3. Die Eskimos kennen nur ein Wort für Schnee**

Das stimmt auch nicht. Vielmehr können sie den Schnee mit Dutzenden von Wörtern benennen.

Quelle 2 und 3: Morrison/Germain: *Eskimos – Geschichte, Kultur und Leben in der Arktis*, München 1996

## In Greenwich liegt der nullte Längengrad

Stimmt nicht (mehr). Seit 1. Januar 1998 hat das Messingband, das sich durch das Observatorium von Greenwich (Großbritannien) zieht, seine Bedeutung als Anfangs- und Endpunkt der Zeitzonen verloren. Nachdem das auf der verfeinerten Satelliten-Position GPS beruhende System der Breiten- und Längengrade weltweit eingeführt wurde, verschob sich der Nullmeridian um 102 Meter nach Osten.

Quelle: *Spiegel* 41/1997

? **Grönland ist fast so groß wie Australien**

Dieser falsche Eindruck entsteht durch die Kartenprojektion. Australien ist mit 7 713 364 km² über dreieinhalbmal so groß wie Grönland (2 175 600 km²).

Quelle: *Meyers Lexikon*

? **Hawaii wurde von James Cook entdeckt**

Bereits im fünften Jahrhundert erblickten Polynesier aus Samoa die Hawaii-Inseln. Schon damals unternahmen die Polynesier in ihren zwanzig Meter langen Kanus, die aus einem einzigen riesigen Baumstamm hergestellt wurden, Fahrten von zwei- bis dreitausend Seemeilen und besiedelten fast jede bewohnbare Insel zwischen Neuseeland und Hawaii. Von Weißen wurde Hawaii durch Zufall entdeckt. Auf seiner Suche nach der Nordwest-Passage sichtete 1778 der englische Seefahrer James Cook die Inseln. Die Eingeborenen hielten ihn zunächst für einen Gott, denn eine ihrer Überlieferungen prophezeite ihnen das Erscheinen eines Gottes. Doch als die Engländer schon zur Abfahrt rüsteten, geriet Cook mit Eingeborenen, die ihm ein Boot gestohlen hatten, in Streit; er erhielt einen Dolchstoß und fiel stöhnend zu Boden. Da schrien sie auf: »Er ist gar kein Gott! Er empfindet ja Schmerz!« und schlugen Cook tot. Viele Jahre später, als Liliuokalani, die Königin von Hawaii, Königin Viktoria besuchte, sagte sie zu der englischen Herrscherin: »Auch ich habe englisches Blut in meinen Adern – meine Vorfahren haben Kapitän Cook aufgefressen.«

Quelle: *Reader's Digest* 1/1951

? **Vier Mißverständnisse über Japan**

**1. Sumo-Ringen ist Männersache**

Nach 3000 Jahren dürfen jetzt auch schwere Mädchen (bis 135 Kilo) kämpfen – in Bikinis aus geflochtenen Reisseilen. Ihr Traum: umgerechnet 10 000 Mark Monatsgehalt.

**2. Japaner essen gesund**

Inzwischen haben sie den durchschnittlichen Cholesteringehalt der Amerikaner erreicht. Denn die Japaner essen heute lieber fettes Fleisch.

**3. Es gibt keine Geishas mehr**

Im Gegenteil, als perfekte Gastgeber sind die »Kunstpersonen« sehr gefragt – trotz des Honorars von umgerechnet 1000 Mark pro Abend. Immerhin dauert ihre Ausbildung (Tanz, Gesang, Flötenspiel) zehn Jahre. Anfassen ist aber verboten.

**4. Japaner haben keinen Humor**

Doch – so bleibt ihnen trotz 50-Stunden-Woche und nur acht Tagen Jahresurlaub genug Zeit für so witzige Erfindungen wie portable Zebrastreifen für die »rush-hour«, Wischmops für Katzenpfoten oder das kleinste Auto der Welt – 4,78 Milimeter lang mit funktionstüchtigem Motor.

Quelle 1–4: *Fernsehwoche* 4/1998

**? Der Linksverkehr ist Ausdruck britischer Exzentrik**

Ein typisches Vorurteil. Zwar wird auch in Australien, Neuseeland, Hongkong (bleibt auch nach der Übernahme durch Rotchina) und vielen anderen ehemaligen britischen Kronkolonien links gefahren – aber auch in Japan, das nie von Großbritannien kolonialisiert wurde. Das gilt ebenso für Schweden, wo der Linksverkehr erst am 3. September 1967 um fünf Uhr morgens abgeschafft wurde.

Quelle: Britisches, chinesisches und schwedisches Konsulat in Hamburg

**? Die größten Pyramiden gibt es in Ägypten**

Das mag für den Schwarzen Kontinent gelten, wer aber die weltgrößte Pyramide besichtigen will, muß nach Mexiko reisen.

Bei Cholula de Rivadabia, außerhalb von Puebla, etwa 100 Kilometer südöstlich von Mexico-City, wurde dieses Bauwerk zu Ehren des Aztekengottes Quetzalcoatl zwischen dem zweiten und sechsten Jahrhundert n. Chr. errichtet. Die Pyramide nimmt 18 Hektar Grundfläche ein, sie ist 54 Meter hoch, ihr Rauminhalt beträgt 3,3 Millionen Kubikmeter – nahezu eine Million Kubikmeter mehr als der der ägyptischen Cheops-Pyramide in der Nähe von Kairo, die in der Antike zu den Sieben Weltwundern gezählt wurde.

Quelle: *The Guinness Books of Records; Microsoft Encarta 98 Enzyklopädie;* Nigel Davies: *Die versunkenen Königreiche Mexikos*, Düsseldorf 1983

**Fünf Vorurteile über Schotten**

**1. Schotten sind geizig**

Im direkten Vergleich mit den Engländern sind die Schotten – bei gleichem Einkommen – sogar sehr großzügig. So geben sie zum Beispiel mehr Geld aus für Kino, Theater, Autos, Motorräder, Schokolade, Eis – und Tee. Auch wenn der Schotte den Rock trägt, kann er Spendierhosen anhaben. Wer es testen will, sollte in einen Pub gehen.

**2. In Schottland wurde der Whisky erfunden**

Die erste Destillation von Malt-Whisky erfolgte vermutlich im 11. oder 12. Jahrhundert in Irland, in Schottland wurde das Getränk erstmals 1494 schriftlich erwähnt. Den typischen Scotch (Verschnitt aus Malt- und Grain-Whisky) gibt es erst seit 1909.

**3. Schotten sind altmodisch**

Sie sind sogar sehr fortschrittlich. So verdanken wir den cleveren Schotten zum Beispiel den Fahrradreifen oder die selbstklebende Briefmarke. Außerdem werden in Schottland 40 Prozent aller in Europa verkauften Personalcomputer hergestellt.

**4. Unter dem Schottenrock ist ... nichts**

»Früher wurden zum Kilt lange Hemden getragen und im Schritt verknotet«, berichtet Michael Newcomen von der White Cockade Society. Heute tragen die Schotten laut einer Umfrage am liebsten Boxershorts.

**5. Die Schotten sind hervorragende Fußballspieler**

Tatsächlich erreichte Schottland nur siebenmal die Qualifikation für die WM-Endrunde – und verlor 16 von 20 Spielen. Noch schlimmer sah es 1997 in der UEFA-Statistik aus: Platz 25 hinter Zypern, Polen, Kroatien. Dafür erweisen sich die Schotten bei den jährlichen Highland-Games als Meister im »Baumstammwerfen« oder »Steinewuchten«.

Quelle 1–5: *Fernsehwoche* 1/1998

**Die größten Städte der Welt sind Mexico-City und Kairo**

So war es 1980. Doch zehn Jahre später nahm Tokio mit 25 Millionen Einwohnern den ersten Platz ein. Es folgten São Paulo (18,1 Mio.), New York (16,1 Mio.), Mexico-City (15,1 Mio.) Shanghai (13,4 Mio.), Bombay (12,2 Mio.), Los Angeles (11,5 Mio.), Buenos Aires (11,4 Mio.), Seoul (11 Mio.) und Rio de Janeiro (10,9 Mio.). Nach Schätzungen der UNO wird es am Ende des 20. Jahrhunderts weltweit 21 Mega-Städte mit mindestens 10 Millionen Einwohnern geben, 18 davon in den Entwicklungsländern. In den Industrieländern werden nur noch Tokio, New York und Los Angeles zu den größten Städten der Welt zählen.

Quelle: *Lexikon der Gegenwart,* Dortmund 1997

# 12. Michelangelo zerstörte Computerdaten

## Dampfmaschinen, Untertassen, Feuerlöscher – kuriose Irrtümer von Technikern und über die Technik

? **Der erste Ballon wurde von den Gebrüdern Montgolfier gebaut**

Nachweisbar hatte der Südamerikaner Bartolomeo Lourenco de Gusmao lange vor dem historischen Flug im Jahre 1783, den die beiden Franzosen Pilâtre de Rozier und Marquis d'Arlandes mit dem von den Brüdern Étienne und Michel-Joseph Montgolfier gebauten Ballon »Montgolfière« machten, den Bau eines mit Heißluft gefüllten Ballons vorgeschlagen, der zur Beförderung von Personen dienen sollte.

Bartolomeo Lourenco de Gusmao wurde 1685 im brasilianischen Santos als Sohn eines Gefängnisarztes geboren und dort von Jesuitenpatern erzogen. Einer dieser hochgebildeten Männer gab dem jungen Priester vermutlich die Anregung zur Nachahmung der indianischen Ballons, die angeblich im alten Peru benutzt wurden.

Sicher ist, daß Bartolomeo Lourenco de Gusmao aus dem portugiesischen Brasilien am 8. August 1709 in Lissabon von König Johann V. empfangen wurde und ihm den Vorschlag zum Bau eines mit Heißluft getriebenen Ballons unterbreitete. Er machte jedoch nicht nur den Vorschlag, sondern präsentierte auch ein verkleinertes Modell eines solchen »Luftschiffes«. Dieser Mini-Ballon bestand aus Baumwollstoff, die »Kabine« – der Korb des Modells – war aus Ruten geflochten. In diesem Korb zündete dann Gusmao ein Feuer an, und vor den ungläubigen Augen des Königs und seines Hofstaats stieg das Modell wirklich in die Höhe.

Damit war alles klar. Der König gewährte dem Erfinder die finanziellen Mittel zur Realisierung eines Ballons, in dessen Gondel ein erwachsener Mann befördert werden konnte. Bereits im Oktober, zwei Monate nach der Vorführung des Modells, war der Ballon fertig. Er bekam den Namen »La Passarola« (Sperling). Dieser »Sperling« soll Lissabon mehrmals überflogen haben und dabei jeweils eine Strecke von über 1000 Metern zurückgelegt haben. Im Korb befand sich Gusmao, den die Lissabonner von nun an »Voador« (fliegender Mann) nannten.

Doch Neid und Intrigen änderten bald das Leben des »fliegenden Mannes«. Bartolomeo Lourenco de Gusmao wurde wegen seiner »sündhaften« Gedanken vor ein Inquisitionsgericht gestellt und mußte aus Portugal ins benachbarte Spanien fliehen. In Toledo starb er, von allen vergessen, im Alter von 38 Jahren.

Quelle: Miloslav Stingl: *Die Inkas*, Düsseldorf 1978; Jim Woodman: *Nazca*, München 1977

**Die Dampfmaschine wurde von James Watt erfunden**

Tatsächlich entwickelte bereits 1690 der französische Physiker Denis Papin eine Kolbenkraftmaschine – ein primitives Gerät, bei dem die Hauptleistung mit Luft- und nicht mit Dampfdruck erzielt wurde. Acht Jahre später konstruierte der englische Ingenieur Thomas Savery eine Dampfmaschine mit zwei Behältern, die in Bergwerken zum Wasserpumpen eingesetzt wurde, ebenso wie die 1705 von seinem Landsmann Thomas Newcomen gebaute atmosphärische Dampfpumpe. Erst 70 Jahre später gelang es dem schottischen Erfinder und Maschinenbauer James Watt (1736–1819) eine für den industriellen Einsatz verwendbare Maschine zu bauen, wobei er an Newcomens Modell einige Verbesserungen vornahm. Außerdem machte er eine Reihe von Erfindungen, die das Entstehen einer modernen Dampfmaschine ermöglichten.

Quelle: *Microsoft Encarta 98 Enzyklopädie*

**? Jüngere Fahrer reagieren im Straßenverkehr rascher**

Nein, ältere Autofahrer(innen) haben eine schnellere Reaktion. Ihre größere Erfahrung am Steuer ist ein wichtigerer Faktor als die schnelleren Reflexe junger Fahrer(innen). Ältere Fahrer(innen) beobachten den Verkehr systematischer und können dank längerer Praxis besser voraussehen, was geschehen könnte. Jüngere Fahrer(innen) konzentrieren sich dagegen mehr auf das eigene Fahrzeug.

Quelle: *Scanorama* 2/1986, Schwedisches Straßen- und Verkehrsforschungsinstitut, Stockholm

**? Chemische Feuerlöscher wirken am besten**

Norwegische Brandschutzexperten haben ein Löschmittel entdeckt, das nach Meinung des Projektleiters Ragnar Wighus in der Regel »genauso gut wirkt wie Schaum«: fein versprühtes Wasser. Sprüh-Aggregate, die Tropfen mit einem Durchmesser von 0,1 bis 0,3 Millimetern zerstäubten, konnten mit nur sieben Litern Wasser eine Fläche von einem Quadratmeter Dieselöl löschen. Nur für Schmorbrände bei elektrischen Anlagen oder Computern sei der Wassernebel nicht geeignet. Daß die großen Chemiefirmen weiterhin auf den Einsatz von Schaumlöschern schwören, wundert Wighus nicht: »Mit dem Verkauf von Wasser ist nicht viel zu verdienen.«

Quelle: *Spiegel* 32/1996

**? Eine fliegende Untertasse? Das gibt es doch nicht.**

Doch, aber sie kommt nicht von einem anderen Stern, sondern aus der Fabrik des amerikanischen Hubschrauberbauers Sikorsky Aircraft. Zwei vierblättrige Rotoren im Inneren des ringförmigen Flugkörpers halten das Gerät »Cypher« in der Luft. Der Antrieb erfolgt durch einen 52-PS-Zweitakt-Wankelmotor. Die leichte und sparsame Untertasse (Durchmesser: zwei Meter, Höchstgewicht:

140 Kilogramm) soll bis zu zwölf Stunden in der Luft bleiben können. Nach Angaben von Sikorsky gibt es für das Fluggerät viele Einsatzmöglichkeiten im militärischen und zivilen Bereich. Zum Beispiel bei Erkundungsflügen, wenn nach Großbränden gefährliche Gase freigesetzt werden und der Zugang zum Brandherd erschwert wird, aber auch nach Naturkatastrophen.

Quelle: *Spiegel* 12/1994

### Internet? Unwichtig!

So dachte Microsoft-Chef und Multimilliardär Bill Gates noch 1992 und konzentrierte sich darauf, seine Betriebssysteme MS-DOS sowie Windows zu verfeinern. Derweil schrieb der damals 21jährige Marc Andreessen, Student an der University of Illinois, das Programm »Mosaic«. Dieser sogenannte Browser zeigte die Inhalte des World Wide Web und ermöglichte die Navigation in Datenbanken mit einfachem Mausklick. Damit wurde das Internet, zuvor fast nur von Wissenschaftlern genutzt, schlagartig populär. Da erst fiel Bill Gates auf, wie wichtig das World Wide Web für die Zukunft ist. In Windeseile ließ er den Browser »Explorer« entwickeln, seitdem liefert sich Microsoft mit Marc Andreessens Firma Netscape eine mörderische Schlacht um die Vorherrschaft im Internet.

Quelle: Spiegel-Gespräch mit
Marc Andreessen, *Spiegel* 1/1998

### Japaner sind Computerfreaks

Nur in der PC-Produktion. Zwar haben die Japaner die Welt mit Computern überschwemmt, doch sie selbst stehen der elektronischen Datenverarbeitung anscheinend kritisch gegenüber. So verrichteten 1994 nur 10 Prozent der japanischen Büroangestellten ihre Arbeit mit Computerhilfe, während sich in den USA bereits 50 Prozent (in Deutschland 16 Prozent) der technischen Hilfe bedienten.

Quelle: *Spiegel* 24/1994

**Charles Lindbergh überflog als erster den Atlantik**

Nein, den ersten Nonstop-Flug über den Atlantik (von Neufundland nach Irland) schafften im Jahr 1919 die Briten John Alcock und A. Whitton Brown. Charles Lindberghs Flug von New York nach Paris fand erst acht Jahre später, am 20/21. Mai 1927 statt.

Quelle: Robert Ripley: *Believe it or not*, New York 1929

**Der Luftverkehr wird durch Regen nicht gefährdet**

Wie ein Test des Langley Research Center der US-Luft-Raumfahrtbehörde bewies, können wolkenbruchartige Regenfälle für Flugzeuge bedrohlich sein. Geraten die Jets bei Starts und Landungen in sogenannte Scherwinde, können schwere Regenfälle einen in dieser Fluglage fatalen Auftriebsverlust an den Tragflächen verursachen.

Quelle: *Spiegel* 38/1989

**Das Luftschiff »Hindenburg« explodierte wegen seiner Wasserstoff-Füllung**

Am 6. März 1937 verbrannte im amerikanischen Lakehurst das deutsche Luftschiff »Hindenburg«. Sechs Jahrzehnte lang gab man der Wasserstoff-Gas-Füllung die Schuld. Doch 1997 fand der amerikanische Ingenieur und Ex-NASA-Mitarbeiter Addison Bain eine neue Ursache: Nachdem er Tausende von Dokumenten gelesen und Teile jenes Stoffes entdeckt hatte, mit dem die Rippen des Luftschiffs umspannt waren, ließ er das Gewebe im Laboratorium des Kennedy-Raumfahrtzentrums untersuchen. Dabei stellte sich Erstaunliches heraus: Der Stoff war mit Zellulose-Azetat und Zellulose-Nitrat imprägniert. Beide Substanzen sind sehr leicht entflammbar. Nitrat ist ein Bestandteil von Schießpulver. Zudem war die Außenhaut des Luftschiffs mit einer Schicht von Aluminiumpulver überzogen, das heute als Treibstoff in den Feststoffraketen der Raumfähren benutzt wird. Ein Stück Stoff, das auf die gleiche Weise wie die Haut der »Hindenburg« präpariert worden war, brannte bei einem Test sofort lichterloh. Allerdings, sagt Bain, war die Entflammbarkeit der Luftschiffhülle nicht der Kurzsichtigkeit der deutschen Ingenieure zuzuschreiben. Damals habe ihnen einfach kein besseres Material zur Verfügung gestanden.

Quelle: *Welt am Sonntag* 49/1997

**Made in Germany ist nichts mehr wert**

O doch! Wie eine zweijährige Untersuchung des Londoner National Institute of Economic and Social Research ergab, ist »Made in Germany« immer noch ein Gütesiegel. Danach sind deutsche Produkte den britischen weit überlegen. So zählte das Institut etwa ein Drittel der deutschen Erzeugnisse zur Spitzenqualität. Bei britischen Fabrikaten waren es weniger als ein Zehntel. Deutschland habe die Produktion der niedrigsten Güteklassen eingestellt, berichtete das Institut. Dagegen versuche England, durch Ausbau von Massenproduktionen mit Niedriglohnländern zu konkurrieren. Werde die unterschiedliche Qualität der Waren bei einem Vergleich der wirtschaftlichen Leistung der Länder berücksichtigt, seien die Deutschen um 50 Prozent produktiver als die Briten.

Quelle: *Hamburger Abendblatt* 16. 12. 1997

**Mars 96: Der Fehlstart der Forschungssonde war eine unvorhersehbare Panne**

Stimmt nicht, vielmehr stürzte die zwei Milliarden teure Raumsonde nach Angaben eines an der Montage beteiligten Technikers wegen der unglaublichen Zustände im Weltraumbahnhof Baikonur am 16. November 1996 in den Pazifik. So hätten die zuständigen Militärs fast täglich den Strom abgestellt, und auch bei der Überprüfung der elektronisch gezündeten Sprengbolzen für die Trennung von Sonde und Trägersystem sei die Stromzufuhr mehrfach gekappt worden. Dadurch seien Messungen verfälscht worden, ein Fehler blieb unerkannt. Die Sonderverkleidung habe sich nicht pünktlich geöffnet. Als Beleg hatte der Techniker einen seiner telefonischen Hilferufe bei der Militärverwaltung aufgezeichnet. Techniker: »Wo bleibt der Strom?« Offizier: »Sie haben die letzte Stromrechnung nicht bezahlt.« Techniker: »Unfug. Laut Vertrag müssen Sie uns ohne Unterbrechung Strom liefern.« Offizier: »Tut mir leid. Solange das Geld fehlt, tun wir nichts.«

Quelle: *Spiegel* 50/1996

## Michelangelo zerstört Computerdaten

Anfang 1992 waren alle Computerfreaks und Datenverarbeiter in heller Aufregung, denn am 6. März, dem 517. Geburtstag des italienischen Renaissance-Künstlers Michelangelo Buonarroti, sollte er zuschlagen: der Computervirus »Michelangelo«, ein per Diskette verbreitetes Virenprogramm, das unwiederbringlich alle PC-Daten löscht. Auch der Hamburger Informatik-Professor Klaus Brunnstein wurde Opfer dieses Irrtums, und das »Bundesamt für Sicherheit in der Informationstechnik« in Bonn gab sogar eine »behördliche Warnmeldung« heraus. Gleichzeitig boten auf der Computermesse »Cebit« in Hannover zahlreiche Anbieter die passende Schutz-Software an, so daß der Hamburger Chaos Computer Club von einer »Irreführung des Verbrauchers« sprach. Zu Recht, denn am 6. März wurde nicht eine Festplatte von »Michelangelo« gelöscht.

Quelle: *Spiegel* 10/1992

## Speisen aus der Mikrowelle schmecken ebensogut wie Gerichte vom Herd

Eine im Mikrowellenherd zubereitete Kost hat einen fladeren Geschmack als Speisen, die auf der Herdplatte oder im Bratofen angerichtet wurden. Das fanden die Chemiker Helen Yeo und Takayuki Shibamoto von der University of California heraus. Nach ihren Angaben bewirkt die längere Garzeit im konventionellen Herd komplexe chemische Reaktionen zwischen Zuckermolekülen und den Aminosäuren der Eiweißmoleküle (»Maillard-Reaktion«), so daß Ringverbindungen wie Thiazole, Furane und Pyrazine entstehen, die Gemüse, Braten und Kuchen den ihnen typischen Geschmack verleihen. Werden die gleichen Speisen, bei kürzerer Garzeit und niedrigeren Temperaturen, in der Mikrowelle angerichtet, läuft die Maillard-Reaktion nach Angaben der US-Chemiker nicht oder nur teilweise ab: Es entstehen chemisch andersartig »unerwünschte« Ringverbindungen wie Oxazole, Thiophen oder Pyrrole – die Geschmacksnoten gehen in Richtung »heuig«, »stechend« oder »fischig«. Die Chemiker raten: am Essig sparen, ausgiebig salzen.

Quelle: *Spiegel* 5/1992

**Nurflügelflugzeuge haben die größte Reichweite**

Amerikas Superbomber, der für Radar fast unentdeckbare »Stealth«-Bomber B-2 (Stückpreis über 2 Milliarden Mark), erhielt die Nurflügel-Form (Flugzeuge aus nur einem Flügel ohne Stabilisierungsflächen), weil sie ihm eine größere Reichweite verleihen soll. Aber das Gegenteil ist der Fall. Aufgedeckt wurde dieser Irrtum von dem Aeronautik-Professor Joseph V. Foa. Er hatte schon bei einem anderen, kurz nach dem zweiten Weltkrieg entwickelten Nurflügelbomber darauf hingewiesen, daß bei düsengetriebenen Flugzeugen das Nurflügelkonzept gegenüber der herkömmlichen Rumpf-Tragflächen-Bauweise eine weit geringere Reichweite habe. Die Firma Northrop, sowohl für das einstige Nurflügelprojekt »YB-49« als auch für die B-2 verantwortlich, verwies Foa damals auf die Arbeit zweier eigener Wissenschaftler, die zum gegenteiligen Ergebnis gekommen waren. Als Foa die Arbeit der Northrop-Mitarbeiter überprüfte, stellte er fest, daß seinen Kollegen ein simpler Rechenfehler unterlaufen war: Sie hatten den Maximal-Wert mit dem Minimal-Wert vertauscht. »Der Nurflügel«, schrieb Foa 1989, sei schon für den damaligen Bomber »die aerodynamisch schlechteste aller denkbaren Möglichkeiten gewesen.«

Quelle: *Spiegel* 22/1989

**Der Pentium-Chip arbeitet fehlerlos ...**

... behauptete die US-Firma Intel, mit deren Mikroprozessoren etwa 80 Prozent aller weltweit produzierten Personalcomputer ausgestattet wurden. Doch Ende 1994 mußte die Firma ihren Irrtum eingestehen, weil bei der Entwicklung des Chips, der auf seiner markstückgroßen Oberfläche rund drei Millionen winzige Transistoren vereinigt, ein paar Schaltinstrumente schlicht vergessen wurden. Das Ergebnis: Statt mit der üblichen Genauigkeit von 16 Stellen rechnete der Chip bei mathematischen Programmen, umfangreichen Tabellen oder Konstruktionsplänen nur 5 Stellen genau aus, was bisweilen zu falschen Ergebnissen führte.

Quelle: *Spiegel* 51/1994

**Raumstationen befinden sich im Weltraum**

Nein, noch in der Erdatmosphäre.

Quelle: *Microsoft Encarta 98 Enzyklopädie*

**Die erfolgreichsten Rennwagen aller Zeiten waren die Silberpfeile von Mercedes**

Nein, es waren Bugatti-Rennfahrzeuge. Allein auf den Rundstrecken- und Bergrennen konnte diese im Elsaß beheimatete Marke (die also bis 1918 unter deutschen Farben startete) etwa 2800 Rennsiege erzielen. Die Bugatti-Epoche reicht von 1910 bis 1948. Ihre Hoch-Zeit hatten die hellblauen Renner in den zwanziger Jahren.

Quelle: *Playboy* 1/1974

? **Ein Schraubenzieher ist ein Werkzeug zum Festziehen und Lösen von Schrauben**

Nein, dabei handelt es sich um einen Schraubendreher.

Quelle: *Meyers Lexikon*

? **Das Streichholz ist älter als das Feuerzeug**

Das erste Feuerzeug wurde schon im Jahre 1816 von Johann Wolfgang Döbereiner, einem Freund Goethes, erfunden. Die Fertigung von Streichhölzern, die sich durch Reiben entzündeten, begann erst um 1830.

Quelle: *Playboy* 4/1982

? **Das Telefax wurde in Japan erfunden**

Nein, der Fernkopierer wurde in Deutschland entwickelt. Aber keine Firma wollte die Geräte produzieren, selbst Siemens winkte mit der Begründung ab, daß es ja das Fernschreiben gebe. Schließlich wurde die Erfindung von den Japanern gekauft, weil diese wegen der vielen Schriftzeichen kein Telex hatten.

Quelle: *Spiegel* 46/1995

? **Torpedos vernichten feindliche Schiffe**

Nur feindliche? Als das englische Schiff »Trinidad« im März 1942 einen Geleitzug durch die arktischen Gewässer nach Murmansk begleitete, feuerte es einen Torpedo gegen einen deutschen Zerstörer ab. Das Geschoß lief zunächst mit 40 Knoten zielwärts, doch plötzlich beschrieb es einen Halbkreis, kam direkt auf die »Trinidad« zu, schlug dort als Volltreffer ein und setzte das Schiff außer Gefecht.

Quelle: *Reader's Digest* 5/1980

## Die V-2-Rakete wurde in Deutschland erfunden

Als im Frühjahr 1945 gefangengenommene deutsche Wissenschaftler über Hitlers geheimnisvolle V-2-Rakete befragt wurden, überraschten sie die verhörenden Amerikaner mit der Antwort: »Warum fragen Sie uns das? Wenden Sie sich doch an Ihren eigenen Raketenpionier, an Dr. Goddard. Wir sind bei ihm in die Lehre gegangen.«

Tatsächlich sind heute Name und Leistung von Dr. Robert Hutchings Goddard weitgehend unbekannt. Und doch hat dieser Physikprofessor ganz allein das Raketenzeitalter eingeleitet. 1914, als er 32 Jahre alt und außerordentlicher Professor an der Clark-Universität in Worchester (Massachusetts, USA) war, wurden ihm zwei Patente erteilt, die heute noch für die Raketentechnik grundlegend sind. Das eine beschreibt eine Raketendüse, mit der ein Höchstmaß an Schub erreicht wird; das zweite betrifft die Verbindung von Brennkammern und Brennstoffzufuhr. Beide Patente enthalten das Prinzip der Stufenrakete, bei der hintereinandergeschaltete Raketen die Nutzlast antreiben.

Nach mehreren Raketen-Experimenten zog Goddard 1930 auf die Mescalero-Ranch bei Roswell in Neumexiko. Ein Viehzüchter hatte ihm dort Weideland als Versuchsfeld überlassen. Doch es dauerte bis zum Mai 1935, bis sich eine viereinhalb Meter lange und 38 Kilogramm schwere Rakete in den Himmel erhob – Goddards größte. Die Rakete stieg 2285 Meter empor und erreichte eine Geschwindigkeit von 1110 Kilometern.

Doch Goddards Bemühungen wurden damals in den Vereinigten Staaten nicht ernst genommen. Besonders die Presse machte sich über ihn lustig. Es gab aber auch Leser, die die Zeitungsmeldungen über den »mondsüchtigen« Professor ausgesprochen interessant fanden. Aus Deutschland schrieb ein junger Raketenforscher namens Hermann Oberth und fragte nach Einzelheiten, aus der japanischen und italienischen Botschaft in Washington kamen Bitten um nähere Auskunft. Goddard ging darauf nicht ein, aber Informationen über seine Patente waren für jedermann zum Preis von 10 Cent erhältlich – natürlich wurden sie auch nach Deutschland gesandt.

1940 kam Goddard der Verdacht, daß die Deutschen an Raketen für militärische Zwecke arbeiteten. Daher versuchte er wiederholt, das amerikanische Kriegsministerium für Raketenwaffen zu interessieren. Aber die Männer vom Waffenamt winkten ab. Erst vier Jahre später wurden sie hellhörig.

Während der V-Waffen-Angriffe auf England im Jahre 1944 wurden Einzelteile einer deutschen V-2 zu Dr. Goddard nach Amerika gesandt. Er stellte eine verblüffende Ähnlichkeit zwischen dieser und seiner im Mai 1935 getesteten Rakete fest. Beide verwendeten flüssigen Sauerstoff, Zentrifugalpumpen, Steuerkreisel und Vorhangkühlung. Beide waren von vorne bis hinten genau gleich angelegt – Brennstoffbehälter, Sauerstoffbehälter, Pumpen, Turbinen, Turbinenantrieb und Raketenmotor. »Ist diese V-2 nicht Ihre Rakete?« wurde der Professor gefragt. Goddard antwortete nur: »Es scheint so.«

Im August 1945 starb Goddard nach einer Kehlkopfoperation. Eine Woche, nachdem das amerikanische Militär in White Sands eine Zentrale für ferngelenkte Geschosse errichtet und mit den ersten Versuchen begonnen hatte, wurde er beerdigt. Zu seinem Nachlaß gehörten rund 200 Patente. Von Dr. Wernher von Braun, dem damals führenden Raketensachverständigen des amerikanischen Heeres, stammt das Wort: »Professor Goddard war uns allen voraus.«

Quelle: Milton Lehman: »Ein vergessener Erfinder«, *Reader's Digest* 3/1956

# 13. Der Mensch ist das Maß aller Dinge
## Atome, Vollmond, Wetterwechsel – Irrtümer aus der Welt der Natur

### Das Atom ist das kleinste feste Teilchen

Das Atom, so der griechische Philosoph Demokrit, sei das kleinste unteilbare Teilchen, der Grundbaustein der Welt. Doch je mehr die Physiker über das Atom entdeckten, desto komplizierter wurde diese einfache Vorstellung. Stellte man sich in den fünfziger Jahren alle Atome noch wie Miniatursonnensysteme mit den Kern umkreisenden Elektronen vor, sprechen Physiker heute von zwölf unterschiedlichen Atomen, die sie Leptone und Quarks nennen. Diese Atome sind »mathematisch punktförmig«, bestehen also letztendlich nicht aus Materie. Diese entsteht aus der Verbindung der Quarks untereinander und mit den Leptonen.

Quelle: Leon Lederman und Dick Teresi:
*Das schöpferische Teilchen,* München 1993

### Erst kamen die Blumen, dann die Bienen

Dieses alte Botaniker-Dogma gilt nicht mehr, seitdem der US-Paläontologe Stephen Hasiotis im Osten Arizonas in versteinerten Baumstämmen mehrere hundert petrifizierte Insektenhäuser entdeckte. Hasiotis, Mitarbeiter beim Amerikanischen Geologischen Dienst, ist sich sicher: Die Behausungen sind etwa 220 Millionen Jahre alt und wurden von Bienen bewohnt. Doch wovon lebten die Urbienen? Damals war dort Dschungel mit mächtigen Koniferen, dazu ein Gestrüpp aus Palmfarnen und Gingko-Gewächsen. Pflanzen also, die keine bunten Blüten ausbilden. Blumen und blühende Laubbäume begannen die Natur erst gut 100 Millionen Jahre später zu erobern. Die Experten entwickelten dafür ein neues Evolutionsmodell, dessen Kernthese lautet: Die Bienen waren nicht die Schmarotzer, sondern der Motor der Entwicklung. Mit ihrer Hilfe gelang es den Blütenpflanzen, die Vorherrschaft der Nadelhölzer zu brechen.

Quelle: *Spiegel* 24/1995

## Blumen duften

Über 90 Prozent aller Blumenarten haben entweder einen unangenehmen Geruch, oder sie sind völlig geruchlos.

Quelle: *Reader's Digest* 5/1953

## Das Echo gibt nur den Originalton wider

Ein Echo kann viel mehr: zum Beispiel den Schall verstärken, Stimmen wiedergeben oder auch nicht, es kann Mißklänge in Harmonien verwandeln, ein Flüstern über große Entfernungen tragen und viele andere Kunststücke vollführen. So gibt es in Oxfordshire (Großbritannien) ein Echo, das einen Revolverschuß über ein Tal zwanzigmal wiedergibt. Ein Hammerschlag auf den Hauptpfeiler der Menai-Hängebrücke in Wales wird in jedem der Querbalken hintereinander durch einen abgehackten Knall wiederholt – über den ganzen 144 Meter breiten Fluß.

Wenn man an einem antiken Grabmal in der römischen Campagna einen ganzen Hexameter spricht, dann wartet das Echo höflich, bis man fertig ist, und spricht dann den Vers getreulich nach. In der Grotte »Das Ohr des Dionysius« auf Sizilien hört sich das Knüllen eines Stückchens Zellophanpapier wie Maschinengewehrfeuer an.

Andere Echos sind dagegen sehr wählerisch. Im englischen Wales wurde ein Echo »Suffragette« getauft, weil es nur weibliche Stimmen wiedergibt und sich aus Männerstimmen überhaupt nichts macht. In einer Schlucht des Seegebiets bei Killarney in Irland soll der Geist eines längst verstorbenen Musikers jeden begleiten, der dort das Waldhorn bläst. Tatsächlich kommt das Echo jeder einzelnen Note um eine Oktave höher zurück und bildet so die harmonische Begleitung zum einfachen Hörnerklang.

Quelle: Albert Carr: »Berühmte Echos«, *Scientific American* 5/1952.

## An Einhörner glauben nur Kinder

Die »Legende« vom Einhorn wollte der deutsche Naturforscher und Staatsmann Otto von Guericke (1602–1686) im Jahre 1663 ausräumen. Damals wurden in einer Kalksteinhöhle nahe Quedlinburg seltsame Knochenreste gefunden, aus denen Otto von Guericke ein sonderbares Einhorn rekonstruierte: Mit einem langen spitzen Horn mitten auf der Stirn stand es auf zwei Beinen und stützte sich auf einen kräftigen Schwanz. Auch der deutsche Philosoph Gottfried Wilhelm Leibniz (1646–1716) glaubte an ein Einhorn, als man Anfang des 18. Jahrhunderts in Scharzfeld (Harz) ein ähnliches Skelett fand. Doch wollte er ein endgültiges Urteil lieber den Naturwissenschaftlern überlassen.

Quelle: Odell Shepard: *The Lore of the Unicorn*, London 1930; Aleke Thuja: *Dem Einhorn auf der Spur*, München 1988

## Es gibt schiffeversenkende riesige Kraken

Als im Jahre 1896 bei Saint Augustine in Florida ein etwa 20 Tonnen schweres Gewebestück von einem toten Tier angeschwemmt wurde, galt dies als Beweis, daß es den sagenhaften Riesenkraken, den »Octopus giganteus« geben müsse, ein Untier, das von Tentakelspitze zu Tentakelspitze 60 Meter mißt. Knapp hundert Jahre später widerlegte der Biochemiker Sidney Pierce von der University of Maryland die Legende vom Menschen und Schiffe bedrohenden Meeresmonstrum. Analysen und Untersuchungen mit einem Elektronenmikroskop zeigten, daß es sich bei den Geweberesten um reines Kollagen handelte.

Nach Ansicht von Pierce waren es die Überreste eines Wals, der wochenlang tot im Meer getrieben war. Seine Knochen waren zu Boden gesunken, andere Meerestiere hatten den Kadaver weitestgehend verzehrt – bis auf das harte, unverdauliche Kollagen aus der Walhaut.

Quelle: *Spiegel* 18/1995; Richard Ellis: *Seeungeheuer*, Basel 1997

## Linkshänder sind linkisch

Jahrhundertelang wurden Linkshänder verfemt, zuweilen sogar hingerichtet. Generationen von Linkshändern mußten sich daran gewöhnen, mit dem »guten Händchen« zu schreiben. Selbst Sigmund Freud war der Meinung, daß Linkshändigkeit auf »Homosexualität, Inzest oder Perversität« verweise. Inzwischen weiß man, daß Umerziehungsversuche eher schaden als nutzen. Doch nach wie vor ist die Annahme weit verbreitet, daß Linkshänder ungeschickt seien.

Das Gegenteil ist der Fall: Obwohl sie nur zehn Prozent der Menschheit ausmachen, sind Linkshänder bei den als klug, genial und fingerfertig geschätzten Mitmenschen überdurchschnittlich vertreten. Charlie Chaplin fiedelte virtuos »mit links« die Melodie in »Rampenlicht«, mit der Linken zauberte Leonardo da Vinci seiner Mona Lisa das geheimnisvolle Lächeln auf die Lippen. Jack the Ripper, auf seine Art ebenfalls außerordentlich fingerfertig, führte mit linker Hand das Mordmesser, Cäsar schrieb linkshändig seinen Bericht über den Gallischen Krieg. Mit links spielte Carl Philipp Emanuel Bach auf der Orgel, Ex-Beatle Paul McCartney schlägt linkshändig auf die Saiten seiner Gitarre, Microsoft-Chef Bill Gates schrieb mit der Linken sein MS-DOS-Programm. Doch bis heute gibt es keine Erklärung dafür, wie es zu dem »Linksdrall« kommt. Viele Experten neigen zu der Annahme, Linksseitigkeit entstehe durch einen Überschuß des männlichen Sexualhormons Testosteron im Mutterleib; die Folge davon sei ein verlangsamtes

Wachstum der linken und eine schnellere Entfaltung der rechten Gehirnhälfte – jener Region also, die beim »falsch« programmierten Menschen die linke Körperhälfte steuert.

Quelle: *Spiegel* 5/1989

### ? Der Mensch ist das Maß der Dinge

Der Mensch ist weder das Maß aller irdischen Dinge noch ist er besonders zahlreich vertreten. Denn wir befinden uns nicht im Zeitalter des Menschen, auch nicht des Säugetieres – es ist die Ära der Insekten. Die Entomologen haben inzwischen rund 775 000 (in Mitteleuropa etwa 28 000) Insektenarten registriert, und es gibt vermutlich viermal so viele, die noch gar nicht entdeckt und katalogisiert sind. Die Anzahl der einzelnen Insekten ist so gewaltig, daß es keine Möglichkeit gibt, sie zahlenmäßig zu erfassen. Allein die Insekten, die an einem heißen Sommertag eine Waldlichtung bevölkern, übertreffen an Zahl die menschlichen Bewohner eines Erdteils. Würde der Mensch von der Erde verschwinden – die wimmelnden Mitbewohner dieses Planeten würden es wohl kaum wahrnehmen.

Quelle: *Reader's Digest* 3/1956

### ? Der Mond ist am Horizont größer

Dies ist ein Wahrnehmungsfehler, die sogenannte Mondtäuschung. Wenn der Mond in Horizontnähe vor der umliegenden Geländesilhouette betrachtet wird, erscheint er wesentlich größer als frei am Himmel stehend. Wird jedoch von beiden Ansichten jeweils ein Foto gemacht, ist der Mond auf beiden Aufnahmen gleich groß.

Quelle: Hans Werner Peiniger: *Das Rätsel: Unbekannte Flugobjekte*, Rastatt 1998

**An der Nordseite von Baumstämmen wächst Moos am schnellsten**

Das Mooswachstum richtet sich nicht nach der Himmelsrichtung, sondern nach der Windrichtung, die in dem betreffenden Gebiet vorherrscht.

Quelle: *Reader's Digest* 11/52

**In der Pflanzenwelt gibt es keine Sexualität**

Und ob! Im Jahre 1735 veröffentlichte der schwedische Naturforscher Karl von Linné seine Abhandlung *Systema naturae* über das Sexualsystem in der Pflanzenwelt, die zur Grundlage der modernen biologischen Systematik wurde. Die Publikation erregte solches Ärgernis in religiösen Kreisen, daß die Schriften des Gelehrten in einigen europäischen Ländern viele Jahre lang verboten waren.

Quelle: *Collier's Magazin* 5/1949

**Im Mittelalter gab es keinen Smog**

Wie das Beispiel der englischen Stadt York zeigt, ist Smog ein sehr viel älteres Phänomen, als man gemeinhin vermutet. Im Mittelalter litten in York sechs von zehn Bewohnern unter einer chronischen Entzündung der Nebenhöhlen – vermutlich wegen der starken Luftverschmutzung durch die Handwerksbetriebe. Zu diesem Resultat kamen die britischen Archäologinnen Charlotte Roberts und Mary Lewis von der University of Bradford. Sie hatten 2000 Skelette untersucht, die von einem Friedhof im Zentrum des mittelalterlichen York stammten sowie von Friedhöfen in zwei ländlichen Bezirken. Die Skelette aus den Dorffriedhöfen wiesen viel seltener (ca. 40 Prozent) die Symptome einer chronischen Entzündung der Nebenhöhlen auf. Die männlichen Gebeine zeigten besonders schwere Formen der Nebenhöhlenentzündung. Nach Ansicht der Forscher stammten diese Gerippe von

Arbeitern aus Betrieben, die sich zwischen 1000 und 1600 n. Chr. in York angesiedelt hatten. Unter anderem sei die extreme Luftverschmutzung auf eine Gerberei, eine Eisengießerei und eine Ziegelei zurückzuführen, die Lehmziegel brannte. Dabei wurden große Mengen von Schwefeldioxid und Rauch, die Bestandteile herkömmlichen Smogs, freigesetzt.

Quelle: *Spiegel* 12/1995

**? Unter den Folgen des Treibhauseffektes werden alle Lebewesen und Organismen gleichermaßen leiden**

Von dem zu erwartenden Klimawandel sind besonders Tier- und Pflanzenarten bedroht, die in engen ökologischen Nischen leben. Bei der befürchteten Erwärmung wandern die Klimazonen in Richtung auf die Pole – so schnell, daß sich viele Arten den Umweltveränderungen nicht werden anpassen können, behauptet Thomas Lovejoy vom Smithsonian Institute in Washington. Der Bengaltiger werde aussterben, wenn seine Heimat, die indischen Mangrovensümpfe, zunehmend vom Meer überflutet würden. Das Schmelzen der arktischen Polkappe könnte zum Aussterben von Eisbären und Walrössern führen, der mexikanische Monarchfalter würde verschwinden, da er auf das besondere Klima des mexikanischen Hochlands angewiesen ist.

Doch der eine oder andere wird wohl auch vom Treibhauseffekt profitieren: Überleben und ausbreiten werden sich besonders anpassungsfähige Arten – darunter, so der Wissenschaftler, Unkräuter und Krankheitserreger.

Quelle: *Spiegel* 12/1992

**? Die Umweltverschmutzung ist eine typische Begleiterscheinung des industriellen Zeitalters**

Die Verpestung der Erdatmosphäre begann schon in der Antike. Das wiesen französische Klimaforscher 1994 im Eispanzer Grönlands nach. Nachdem sie durch den Eisschild ein 3028

Meter tiefes Loch bis auf den Fels gebohrt hatten, gab ihnen der herausgefräste Bohrkern Aufschlüsse über die Klimageschichte. Winzige Mengen von Staub und Schwermetallen, die – vor Jahrtausenden in Schneeflocken gebunden – zur Erde fielen, konnten gemessen werden. Es zeigte sich, daß vor 3000 Jahren der Bleigehalt der Luft deutlich anzusteigen begann, bis er kurz nach der Zeitenwende das Vierfache der natürlichen Bleikonzentration erreicht hatte. Als das Römische Reich zerfiel, wurden die Bleiminen in Zentraleuropa, England, auf dem Balkan, in Kleinasien und vor allem in Spanien geschlossen. Darauf sank der Bleigehalt der Luft drastisch, stieg mit Beginn der Neuzeit vor etwa 500 Jahren aber erneut an. Die römischen Bleiöfen schleuderten riesige Mengen des giftigen Schwermetalls in die Atmosphäre: rund 15 Prozent dessen, was durch den weltweiten Verbrauch von verbleitem Benzin seit den dreißiger Jahren dieses Jahrhunderts freigesetzt wurde.

Quelle: *Spiegel* 39/1994

**Bei Vollmond werden mehr Kinder geboren**

Das ist ein Ammenmärchen. Um dies zu beweisen, analysierte der Astrologie-Experte Edgar Wunder von der Gesellschaft zur Untersuchung von Parawissenschaften (GUPW) die Datensammlung des französischen Neo-Astrologen Michel Gauquelin, der die Geburtstage-, zeiten und -orte von 5756 französischen Bürgern zwischen 1771 und 1940 erfaßt hatte. Das Ergebnis: Bei Vollmond werden und wurden nicht mehr Kinder geboren, weder heute noch in früheren Zeiten. Der Glaube daran ist reine Folklore ohne jeden realen Hintergrund.

Quelle: Edgar Wunder: *Geburtshelfer Mond?*,
Skeptiker 2/1995

## ? Vulkane schleudern nur Schwefel und Asche in die Atmosphäre

In der Eruptionswolke des Vulkans Rabaul in Papua-Neuguinea entdeckten amerikanische Forscher, was niemand dort erwartet hatte: Eis. Mehr als zwei Tonnen Eiskristalle fanden sich in der Staubwolke. Die Wissenschaftler vermuten, daß sich das Eis aus Seewasser gebildet hatte, das in die Magmakanäle des Berges gedrungen war. Das Eis beschleunigte das Herabfallen der Vulkanasche aus der Atmosphäre. Auf diese Weise verringerte sich die Menge der klimaverändernden Aerosole, die in die Stratosphäre dringen. Zugleich warnten die Forscher alle Piloten vor dem vereisten Staub, weil er die Triebwerke gefährdet: Durch einen Eispanzer getarnt sind die Partikel von den Warnsystemen an Bord der Flugzeuge kaum zu erkennen.

Quelle: *Spiegel* 26/1995

## ? Die Weinranke wächst zielstrebig auf den nächsten Halt zu

Zeitrafferaufnahmen haben gezeigt, daß Weinranken langsam kreisförmige Bewegungen ausführen. Wenn sie bei einer solchen Bewegung auf einen Halt stoßen, umklammern sie ihn.

Quelle: *Reader's Digest* 3/1951

## ? Elf Irrtümer über das Wetter

**1. Das kälteste Winterwetter setzt gewöhnlich während der kürzesten Tage ein**

Die kürzesten Tage sind auf der nördlichen Halbkugel der 21., 22. und 23. Dezember. Bis spät in den Januar gibt die Erde aber mehr Wärme ab, als sie von der Sonne empfängt, und erwärmt somit die Atmosphäre. Für gewöhnlich ist es am kältesten, nachdem die Wärmeabgabe geringer geworden ist als die Wärmeaufnahme.

**2. Ein hoher Barometerstand bedeutet immer schönes Wetter**

Entscheidend ist nicht, ob das Barometer hoch oder tief steht, sondern ob es fällt oder steigt. Ein gleichmäßig fallendes Barometer, selbst wenn es noch immer einen verhältnismäßig hohen Druck anzeigt, deutet fast immer auf schlechtes Wetter hin.

**3. Ein Mondwechsel bringt einen Wetterwechsel**

Alle bisherigen Erfahrungen beweisen, daß Luftdruckveränderungen, die auch eine Wetterveränderung zur Folge haben, sich unabhängig von den Mondphasen vollziehen.

**4. In der Nacht fällt der Tau**

Tau fällt nicht, sondern bildet sich dort, wo Feuchtigkeit aus warmer Luft auf einen kalten Gegenstand trifft und dort kondensiert.

**5. Schnee ist nichts anderes als gefrorener Regen**

Nicht Schnee, sondern Graupeln sind gefrorener Regen. Schnee fällt direkt aus Schneewolken. Die Flocken bilden sich durch die Kondensierung der Feuchtigkeit bei Temperaturen unter Null.

**6. Die meisten Schneeflocken haben die gleiche Form**

Wissenschaftliche Untersuchungen haben noch nie zwei völlig gleiche Schneeflocken festgestellt.

**7. Wenn es zu kalt ist, schneit es nicht**

Die große Trockenheit sehr kalter Luft macht einen starken Schneefall zwar unwahrscheinlich, denn es fehlt die zur Bildung dicker Schneeflocken notwendige Feuchtigkeit. Doch grundsätzlich schließt das eine das andere nicht aus: Bei einer Temperatur von minus 31 Grad wurde schon ein Schneefall von fünf Zentimeter Höhe registriert.

**8. Im Sommer ist es wärmer als im Winter, weil dann die Erde der Sonne am nächsten ist**

Am 2. Januar ist die Erde der Sonne am nächsten, jedoch kann keine richtige Wärme entstehen, weil die Wintertage kürzer sind und die Strahlen schräg einfallen. Darüber hinaus werden bis zu 80 Prozent der Sonnenwärme vom Schnee reflektiert.

**9. Durch ein Gewitter wird die Milch sauer**

Heißes, feuchtes Wetter begünstigt die Bildung von Gewittern ebenso wie die Vermehrung der Bakterien, die das Sauerwerden der Milch verursachen. Das Gewitter hat damit aber nichts zu tun.

**10. Hitze ist unangenehm**

Nein, übermäßige Wärme wird nicht unbedingt als unangenehm empfunden. Es ist vielmehr der zu hohe Feuchtigkeitsgehalt der Luft, die dafür verantwortlich ist, daß die Körperausdünstungen nicht mehr absorbiert werden.

**11. Regenbogen gibt es nur am Tag**

Schon zu Aristoteles' Zeiten kannte man Mondregenbogen. Ein Regenbogen ist das Resultat der Lichtbrechung und -reflexion in Wassertröpfchen. Mondlicht ist zwar nur reflektiertes Sonnenlicht, reicht für diesen Vorgang jedoch aus.

Quelle 1–11: *Reader's Digest* 1/1950

## Fünf Irrtümer zum Thema Wetterfühligkeit

**1. Der Sommer ist die ideale Ferienzeit**

Vom medizinischen Standpunkt aus braucht der Mensch den Urlaub gerade in dieser Jahreszeit am wenigsten, weil er bereits im Frühjahr neue Kräfte gesammelt hat. Ratsamer ist es, im Januar oder Februar in Urlaub zu fahren, weil die meisten Menschen vom Frühherbst an mit voller Kraft arbeiten.

**2. Bei Kälte ist man leistungsfähiger als bei Wärme**

Der Mensch bewegt sich im Winter lebhafter, um nicht zu frieren, und hat daher das Gefühl, leistungsfähiger zu sein. Die körperliche Leistungsfähigkeit nimmt jedoch im gleichen Maße ab, wie die innere Verbrennung zum Ausgleich des Wärmeverlusts steigen muß. Bei Kälte verbraucht der Mensch also bei jeder Arbeit mehr Kraft.

**3. Die Frühjahrsmüdigkeit ist lediglich Einbildung**

Im Frühjahr stellen sich Trägheit und ein gesteigertes Schlafbedürfnis ein. Physiologen sind der Meinung, daß die Frühjahrsmüdigkeit eine körperliche Störung sei. Um sich dem plötzlichen Anstieg der Außentemperatur anzupassen, muß sich der menschliche Körper, der im Winter auf die Erzeugung von Wärme eingestellt war, von Grund auf umstellen. Die Folge dieser Anstrengung ist eine Lähmung der Lebensgeister.

**4. Bei gutem Wetter arbeitet man am besten**

Selbstverständlich begeistert ein schöner Tag, doch er treibt nicht zur Arbeit an. Statt dessen leistet der Mensch bei schlechtem Wetter am meisten. Tip für Frauen: Wenn der Ehemann zu Hause etwas in Ordnung bringen soll, dann sollte er am besten an einem abscheulichen, regnerischen Tag dazu »angeregt« werden.

Quelle 1–4: *Woman's Home Companion* 5/1950

# 14. Fische können nicht schlafen

## Affen, Bären, Bisamratten – kuriose Irrtümer und Fehlleistungen aus der Welt der Biologie

### Affen können malen

1957 erhob man den malenden Affen nach einer Primatenbilderschau in London zum Idol: Miró und Picasso hängten sich Affengemälde ins Atelier, Dalí pries deren »klassische« Qualitäten, der österreichische Künstler Arnulf Rainer ließ sich sogar von Schimpansen »unterrichten«. Um zu ergründen, ob der Ursprung der Kunst in der Schaffenskraft von Primaten zu suchen ist, ließen Verhaltensforscher Schimpansen, Orang-Utans und Gorillas Hunderte von Bildern malen. Der Psychologieprofessor Roger Fouts aus Ellensburg (Washington, USA) ist überzeugt, daß Affen kunstbegabt sind. Doch Thierry Lenain, Ästhetikprofessor in Brüssel, kam zu einem anderen Ergebnis: Die Krakelei der Affen verrate wenig über deren angeblichen Kunstsinn – der Wirbel darum aber um so mehr über den Geisteszustand des modernen Menschen. »Für den Affen ist Malen nichts als ein intelligentes Spiel«, sagt Lenain. »Kunst wird daraus erst in den Augen des Menschen.«

Quelle: *Spiegel* 50/1997

### Bären sind plump

Bären sind sehr flinke Tiere. Wenn es bergauf geht, holen sie sogar die sonst schnelleren Rehe und Hirsche ein. Während Reh und Hirsch im Zickzack den Berg hinaufspringen und zwischendurch öfter verschnaufen müssen, vermag der Bär im hohen Tempo und schnurgerade den Berg hinaufzueilen.

Quelle: *Reader's Digest* 3/1981

## Tiere sind unbescholtene Wesen

Weit gefehlt: Auch im Tierreich gibt es Betrüger. Außer dem Kuckuck, der anderen Brutvögeln seine Eier unterschiebt, haben auch die Bergkrähen keine reine Weste. Diese Vögel leben in Verbänden und sorgen sich gemeinsam um den Nachwuchs. Während eine Bergkrähe auf die Küken aufpaßt, beschaffen die anderen Futter. Doch einige schräge Vögel wirtschaften in die eigene Tasche bzw. in den eigenen Schnabel. Diese Beobachtung machte Andrew Cockburn von der Australian National University in Canberra. Der Trick: Die Betrüger, meist Jungvögel, lassen den Fang über die aufgerissenen Mäuler der Jungvögel baumeln. Doch sobald die »Oberkrähe« wegsieht, verschlingen sie das Stück selbst. Die diebischen Krähen scheinen wegen der Schummelei aber wenigstens ein schlechtes Gewissen zu haben: Cockburn zufolge putzen sie den Nachwuchs mehr als doppelt so oft wie ihre ehrlichen Artgenossen.

Quelle: *Focus* 48/1997

## Die Bisamratte ist eine Ratte

Nein, dieses 30 bis 40 Zentimeter lange Tier gehört zu den Wühlmäusen und ist in Nordamerika beheimatet. Weil das weiche, braune Fell der Bisamratte so beliebt ist, wurde sie 1905 in Böhmen ausgesetzt. Viele Tiere konnten auch aus Pelztierfarmen entwischen, so daß sie heute in Mitteleuropa weit verbreitet sind.

Quelle: *Microsoft Encarta 98 Enzyklopädie; Meyers Lexikon*

## Die Blindschleiche ist eine blinde Schlange

Hier liegen gleich zwei Irrtümer vor: Erstens kann die Blindschleiche mit ihren kleinen Augen recht gut sehen, zweitens ist sie keine Schlange, sondern eine beinlose Echse.

Quelle: *Microsoft Encarta 98 Enzyklopädie*

**Das Chamäleon paßt sich farblich an seine Umgebung an**

Der Farbwechsel des Chamäleons beruht auf den unterschiedlichsten Faktoren: Lufttemperatur, innere Erregung, Gesundheit des Tieres und andere mehr. Mit der Farbe der Umgebung hat der Farbwechsel nichts zu tun.

Quelle: *Reader's Digest* 11/52

**Eichhörnchen vergessen nie, wo sie Nahrungsvorräte vergraben haben**

Eichhörnchen vergessen sogar sehr oft, wo sie ihre Vorräte an Nüssen, Eicheln und Samen versteckt haben. Ihr schlechtes Gedächtnis trägt damit zur Vermehrung der Wälder bei.

Quelle: *Reader's Digest* 11/52

**Ein Elefant vergißt nichts**

Elefanten haben zwar einen großen Kopf, aber alles können sie nicht behalten. Wahr ist allerdings, daß Elefanten ein wesentlich besseres Erinnerungsvermögen haben als die meisten anderen Tiere. Besonders tief prägt sich nach der Legende erlittenes Unrecht ein. Sieht ein Elefant nach Jahren einen Menschen wieder, der ihm besonders übel mitgespielt hat, kann der Dickhäuter in rasende Wut geraten.

Quelle: *Reader's Digest* 9/1954

**Elefanten können über hundert Jahre alt werden**

Der Elefant zeigt meist mit fünfzig Jahren erste Alterserscheinungen und erreicht selten ein Alter von hundert Jahren.

Quelle: *Reader's Digest* 11/52

## Schlafen können Fische nicht

Weil die Fische keine Augenlider haben, sind ihre Augen ständig geöffnet. Aber auch der Mensch kann, wenn er will, das bewußte Sehen ausschalten. Ähnlich versinkt auch der müde Fisch zur Entspannung ins Unbewußte. Das lidlose Auge steht offen, aber der Fisch schläft.

Quelle: *Reader's Digest* 5/1953

## Das größte Tier, das je gelebt hat, war der Saurier

Nein, das größte Tier lebt noch heute: der Blauwal. Die längst ausgestorbenen Dinosaurier waren gewaltige Tiere, sie brachten es auf bis zu 27 Meter Länge und wahrscheinlich auf 45 Tonnen Gewicht und mehr. Doch der norwegische Blauwal übertrifft all diese Maße. Es wurden schon Wale gefangen, die 31 Meter lang waren und über 90 Tonnen wogen.

Quelle: *Reader's Digest* 5/1953

## Haie sind blutrünstige Killer

Von den mindestens 350 Hai-Arten werden nur ganz wenige Schwimmern, Surfern oder Fischern gefährlich – und meistens auch nur dann, wenn sie sich selbst angegriffen fühlen. Es stimmt auch nicht, daß – wie vom Meeresforscher Jacques Cousteau behauptet – an der Oberfläche schwimmende Menschen mehr gefährdet seien als Taucher. Die größten Arten, der bis zu 18 Meter lange Walhai und der Riesenhai (14 Meter), sind völlig harmlose Fische, die sich hauptsächlich von Plankton ernähren. Allerdings müssen Sporttaucher vorsichtig sein, wenn sie sich harpunierte Fische an den Gürtel hängen – Haie haben es auf die zappelnde, blutende Beute abgesehen.

Jacques Cousteau zeigte in mehreren Filmen, wie Taucher in Eisenkäfigen ins Meer gelassen wurden, um das Freßverhalten von Haien zu filmen. Dabei wurde unter anderem dokumentiert, wie ein toter Wal und andere blutende Köder von Haien zerfetzt wurden und wie die Tiere in äußerste Erregung gerieten. Ergebnisse von entscheidendem wissenschaftlichem Wert wurden dabei jedoch nicht gewonnen, denn Cousteau hat diese Freßorgien erst mühsam inszenieren müssen.

Quelle: *Kosmos* 2/1993; Hans Hass und I. Eibl-Eibesefeld: *Wie Haie wirklich sind*, München 1986

**Im Süßwasser ist man vor Haien sicher**

Falsch! Sehr gefährlich sind der Gangeshai (Carcharhinus gangeticus) und der im Nicaragua-See lebende Nicaragua-Hai (Carcharhinus nicaraguenis). Beide werden unter dem gemeinsamen Artnamen Carcharhinus leucas zusammengefaßt.

Quelle: Hans Hass u. I. Eibl-Eibesefeld: *Wie Haie wirklich sind*, München 1986

**Hunde sind farbenblind**

Den Mythos, daß Hunde in einer schwarzweißen Welt leben, haben Wissenschaftler von der University of California in Santa Barbara widerlegt. Nach jahrelangen Tests mit zwei Windhunden und einem Zwergpudel gelang ihnen der Nachweis, daß die Tiere sehr gut zwischen rotem und blauem Licht unterscheiden können. Ihnen gelang es sogar, einzelne Blau- und Violett-Töne voneinander zu trennen. Dagegen konnten sie Farbtöne, die von Grünlich-Gelb über Orange bis hin zu hellem Rot reichen, nicht voneinander unterscheiden. Damit sind Hunde von Natur aus zumindest so gut ausgestattet wie Menschen, die unter einer teilweisen Farbenblindheit, der sogenannten Grünblindheit (Deuteranopie), leiden.

Quelle: *Spiegel* 8/1990

**Igel und Stachelschweine werden mit dem Kopf voran geboren, weil sie sonst das Muttertier verletzen**

Das stimmt so nicht: Wie alle lebend zur Welt kommenden Säugetiere sind die Stachelschweine und Igel bei der Geburt mit einer schlüpfrigen Haut umhüllt. Außerdem sind die Stacheln bei der Geburt weich, so daß sie keine Verletzungen hervorrufen können.

Quelle: *Reader's Digest* 5/1953

**Riesen-Insekten sind eine Erfindung von Horror-Autoren**

Nein, es gibt sie wirklich. Die oft faustgroßen – vermutlich der Gruppe der Grillen zuzuordnenden – Tiere leben im äußersten Norden Neuseelands und auf einigen der vorgelagerten Inseln. Jedoch sind die Tiere keine durch radioaktive Strahlung entstandenen Mutanten. Vielmehr haben sich die für den Menschen ungefährlichen und von den eingeborenen Maoris »Wetas« genannten Rieseninsekten schon vor Tausenden von Jahren auf den Inseln, wo es für sie keine natürlichen Feinde gab, zur heutigen Größe entwickeln können.

Quelle: *Kosmos* 5/1994

**Klapperschlangen rasseln, um Gegner abzuschrecken**

Nein, das Klappern dient der Orientierung. Wie der amerikanische Biologe Theodore Vonstille herausfand, laden sich die Schlangen elektrisch auf, wenn sie ihre verhornten Schwanzschuppen aneinander reiben. Dabei, so folgerte Vonstille, lädt sich auch die Zunge des Reptils elektrisch auf. Auf diese Weise dient die Zunge als Elektrofühler, mit dessen Hilfe die Schlange die Beutetiere oder Feinde ortet: Die feuchten Ausdünstungen von Tieren beeinflussen ihr elektrisches Umfeld. Diese Veränderungen »ertastet« die Schlange mit der elektrisch aufgeladenen Zunge.

Quelle: *Spiegel* 36/1994

**Der Koala ist ein Bär**

Zwar sieht der ostaustralische Koala wie ein Bär aus, doch es handelt sich um ein Beuteltier. Die ungefähr 0,5 Gramm »schweren« Koalababys werden nach einer etwa 35tägigen Tragzeit geboren und wachsen etwa sieben Monate im Beutel der Mutter heran. Anschließend transportiert die Mutter ihr Kind so lange auf dem Rücken, bis es halbwegs ausgewachsen ist.

Quelle: *Microsoft Encarta 98 Enzyklopädie*

**Krokodile können »Krokodilstränen« weinen**

Buchstäblich genommen, ja. Dem Sinne nach, nein. Ein Krokodil ist nicht intelligent genug, eine so komplizierte Verhaltensweise wie Heuchelei zu entwickeln. Es scheidet nur Salzwasser aus, wenn es den Rachen aufsperrt, um eine größere Beute zu verschlingen, also jedesmal, wenn seine Kinnladen sich weit öffnen. Der Mensch sondert übrigens beim Gähnen Tränen ab – ein Sekret, das Natriumchlorid enthält und in geringem Maße eiweißhaltig ist.

Quelle: *Reader's Digest* 5/1953

**Wer eine Kröte berührt, bekommt Warzen**

Die Kröte scheidet ein Sekret aus, das ein leichtes Hautbrennen verursacht und sie für ihre Feinde ungenießbar macht. Warzen bekommt man davon nicht.

Quelle: *Reader's Digest* 5/1953

**Ein Lachs kann bis zu sechs Meter hoch springen**

Der höchste senkrechte Luftsprung, zu dem ein Fisch fähig ist, beträgt etwa zwei Meter. Die »Wasserfälle«, die ein Lachs hinaufsteigt, bestehen meist aus abgeschrägten Kufen: kleineren Kaskaden und Stromschnellen mit vielen Strudeln und Gegenströmungen. Der Lachs, von dem es heißt, er könne sechs Meter hohe Wasserfälle hochspringen, hilft sich in Wirklichkeit durch einen kräftigen Sprung und abwechselndes Schwimmen. Mit dem Schwung des Startsprungs als Antrieb (sie springen nie flach über das Wasser, sondern stets im hohen Bogen), kann der Salm schlagend und peitschend Hunderte von Kilometern gegen den Strom zurücklegen.

Quelle: *Reader's Digest* 5/1953

**Lemminge begehen Selbstmord**

Falsch! Erstens handelt es sich bei den in Film oder Fernsehen gezeigten Tieren nicht um »die Lemminge«, sondern um skandinavische Berglemminge, die für ihre periodischen Massenwanderungen bekannt sind. Wenn es durch ihre starke Vermehrung zu Nahrungsknappheit kommt, wandern mehrere tausend Tiere aus, um Futter zu suchen. Sie schwimmen durch Seen und Flüsse, überqueren Gebirge, wobei meist sehr viele Tiere ihr Leben lassen müssen. Diese alle drei bis vier Jahre erfolgende Massenwanderung kommt bei anderen Lemmingarten nicht vor.

Quelle: *Microsoft Encarta 98 Enzyklopädie*

**Libellen stechen**

Auch wenn die Familie der größten Libellenarten den Namen »Teufelsnadeln« führt – Libellen können nicht stechen.

Quelle: *Reader's Digest* 3/1951

**Mammuts waren größer als Elefanten**

Nicht alle. So erreichte das wollhaarige Mammut, das aus unzähligen Abbildungen bekannt ist, höchstens die Größe eines

Elefanten. Es lebte am Rand des Eises, hatte ein Fell mit bis zu einem Meter langen Zotteln und wegen der Erfrierungsgefahr kleine Ohren und einen winzigen Schwanz.

Quelle: Adrian Lister und Paul G. Bahn: *Mammuts – Die Riesen der Eiszeit*, Sigmaringen 1997; *Focus* 41/1997

## ? Wilde Tiere kennen keine Medizin

Tiere in freier Wildbahn wissen sich zu helfen, wenn Krankheiten oder Parasiten sie quälen: Sie suchen sich Wurzeln oder Kräuter, die das Übel zuverlässig kurieren. So beobachtete der amerikanische Biologe Richard Wrangham in Afrikas Regenwäldern, wie Primaten bei Durchfall, Infektionen oder Pilzerkrankungen bestimmte Pflanzen pflückten und deren Blätter und Rinden hinunterwürgten – manchmal mit angewiderter Miene wie Kinder, die Arzneimittel schlucken müssen. Schimpansinnen verzehrten Gewächse, die Wehen auslösten oder als Abtreibungsmittel dienten. Auch Elefanten und Bären, so berichten andere Forscher, schreiten im Krankheitsfall instinktiv zur naturheilkundlichen Selbstbehandlung. Bei der Laboranalyse zeigte sich, daß einige der heilkräftigen Pflanzen chemische Mikrobenkiller enthalten, die wie Antibiotika wirken; andere bergen eine Substanz, die Krebszellen angreift und vernichtet.

Quelle: *Spiegel* 10/1992

## ? Motten sind Kleiderkiller

Eine umherflatternde Motte richtet keinen Schaden an. Es sind ihre Raupen, die Löcher in Kleidung aus Wolle und ähnlichen Materialien, aber auch in Teppiche und Pelze fressen.

Quelle: *Microsoft Encarta 98 Enzyklopädie*

### Ohrwürmer kriechen gern in Ohren

Erstens sind Ohrwürmer keine Würmer, sondern Insekten. Die meisten Arten haben sogar Flügel, die sie aber selten benutzen. Zweitens hat kein Ohrwurm ein wie auch immer geartetes Interesse daran, sich im menschlichen Gehörgang zu verstecken – seinen Namen verdankt er vermutlich einem Ammenmärchen.

Quelle: *Microsoft Encarta 98 Enzyklopädie*

### Papageien werden über hundert Jahre alt

Dies trifft nur für Kakadus zu, die in Gefangenschaft bis zu 120 Jahre alt werden können. Andere Papageien sterben viel früher, so wird der Graupapagei selten älter als 50 Jahre.

Quelle: *Microsoft Encarta 98 Enzyklopädie*

### Pferde können nur im Liegen schlafen

Sie können es auch im Stehen und noch viele andere Großtiere außer ihnen. Wenn ein Pferd ganz stillsteht und sich entspannt, greifen die Knochen seiner Beingelenke automatisch fest ineinander und bilden eine sichere Stütze. Das Pferd schläft sogar sehr gerne in dieser Stellung, denn im Liegen ist sein Schlaf leicht und unruhig. Ein Pferd bleibt auch ungern länger liegen, denn sein schweres Gewicht drückt, es liegt sich schnell wund, wird steif, und seine Atmung wird behindert.

Quelle: *Reader's Digest* 5/1953

### Vier Irrtümer zum Thema Pinguine

**1. Pinguine lieben die Kälte**

Nein, denn von 18 Arten leben nur zwei in der Antarktis. Zu ihren bevorzugten Revieren zählen dagegen Südwestafrika,

Neuseeland und Australien – selbst auf den Galapagos-Inseln und im Regenwald leben Pinguine.

**2. Pinguine sind klein**

Kaiserpinguine (mit 535 Metern Weltmeister im Tieftauchen) bringen es immerhin auf 1,30 Meter Größe und 40 Kilogramm Gewicht. In der Antarktis wurden die Überreste eines Ur-Pinguins gefunden: 1,70 Meter groß und 130 Kilogramm schwer.

**3. Pinguine sind lieb**

Sie können sogar sehr gemein sein. Hat ein Pinguin Hunger, schubst er schon mal einen Kollegen ins Wasser, bevor er auf Fischfang geht. Taucht der andere wieder auf, weiß er: Kein Hai, Wal oder Seeleopard ist in Sicht.

**4. Pinguine sind ziemlich langsam**

Pinguine können sogar sehr schnell sein. Wenn es auf Schnee oder Eis schnell gehen muß, rodeln sie auf dem Bauch, anstatt zu watscheln. Und im Wasser zeigen sie ihre ganze Schnelligkeit: von 0 auf 36 km/h in einer Sekunde. Ihre Höchstgeschwindigkeit beträgt 50 km/h.

Quelle 1–4: *Fernsehwoche* 2/1998

**Schneidet man einen Regenwurm in zwei Teile, so entsteht aus jeder Hälfte ein neuer Regenwurm**

Das Kopfende des Regenwurms bleibt am Leben und bildet ein neues Schwanzende, aber das abgetrennte Schwanzende geht zugrunde.

Quelle: *Reader's Digest* 11/52

**Schlangen sind schleimig**

Diese irrige Annahme ist wohl mit schuld daran, daß Schlangen als »ekelig« empfunden werden. Ganz und gar zu Unrecht.

Schlangen gehören zu den saubersten Tieren, die es gibt, sie haben eine trockene Haut und fühlen sich so angenehm an wie die glatte Rinde einer Birke.

Quelle: *Reader's Digest* 5/1953

? **Schlangen können nur beißen, wenn sie sich zuvor zusammenringeln können**

Das Zusammenringeln und Vorschnellen ist tatsächlich die natürliche Angriffstaktik der Schlange – falls sie genügend Zeit dazu hat. Aber eine Giftschlange ist in jeder Ausgangsstellung gefährlich. Und eine Klapperschlange kann auch zuschlagen, ohne ihr Schwanzklappern zuvor hören zu lassen.

Quelle: *Reader's Digest* 5/1953

? **Seepferdchen-Männchen sorgen für den Nachwuchs**

Tatsächlich brüten die männlichen Seepferdchen den Nachwuchs in ihrem Bauchsack aus und bringen ihn zur Welt. Trotzdem trägt die Hauptlast der Aufzucht das Weibchen. Bisher glaubten die Biologen, daß die Männchen für den Embryo eine Plazenta ausbilden. Doch wie Heather Mansonjones vom Amherst College (Massachusetts, USA) im Herbst 1997 herausfand, deckt das Männchen seinen Energiebedarf über die weiblichen Eier.

Quelle: *Focus* 46/1997

? **Die Farbe Rot macht Stiere wild**

Rot wie auch alle anderen Farben ist den Stieren völlig gleichgültig. Sie sind nämlich farbenblind.

Quelle: *Reader's Digest* 5/1953

**Kein Vogel kann rückwärts fliegen**

Der Kolibri ist imstande, aus tiefen Blütenkelchen, in denen er nach Nektar und Insekten gesucht hat, rückwärts wieder herauszufliegen.

Quelle: *Reader's Digest* 11/52

**Alle Vögel, außer dem Kuckuck, bauen Nester**

Nein, weder Seevögel wie Alk und Lumme noch Nachtschwalben bauen Nester. Halsband- und Flußregenpfeifer tragen nur ein paar Kiesel zusammen, ehe sie auf diesem Sockel ihre gesprenkelten Eier ablegen. Und der amerikanische Kuhvogel schiebt wie der Kuckuck anderen Vögeln seine Eier unter; auch er baut selbst nie ein Nest.

Quelle: *Reader's Digest* 5/1953

# 15. Don Carlos war ein großer Held
## Ritter, Kriege, Hexenwahn – Irrtümer von Historikern und über die Geschichte

**Große Denker wie Aristoteles irren nicht**

Aristoteles (384–322 v. Chr.) zählt zu den berühmtesten Philosophen des griechischen Altertums. Doch so groß die Leistungen des Denkers auf dem Gebiet der Logik waren, so merkwürdig muten seine Vorstellungen von Dingen an, die er nie untersuchte und dennoch zu kennen glaubte. Aristoteles unterliefen unter anderem folgende Denkfehler:

1. Der hintere Teil des menschlichen Schädels ist völlig leer und das Gehirn ohne Blut. Das empfindungslose Gehirn ist der kälteste Teil des Körpers und dient dazu, die Wärme des Menschen zu mäßigen.
2. Leute mit großen Köpfen und engen Adern schlafen viel, weil die Feuchtigkeit des Körpers durch die engen Adern nicht rasch genug emporsteigen kann, und weil der Kopf zuviel Feuchtigkeit verdampft.
3. Männliche Menschen, Schafe, Ziegen und Schweine haben mehr Zähne als die weiblichen Artgenossen.
4. Blut ist in den unteren Körperteilen des Menschen dicker und schwärzer als in den oberen. Das Blut der Frau ist dicker und schwärzer als das des Mannes. Ergo ist der Mann edler als die Frau, und darum sind die oberen Körperteile edler als die unteren.
5. Die linke Körperhälfte beim Menschen ist die kältere.
6. Der Mensch allein hat – im Gegensatz zu den Tieren – Fleisch an den Beinen.
7. Fliegen haben vier Beine.

Quelle: Thomas von Randow: »Sünden wider die Methodik« in *Der Teufel in der Wissenschaft*, Hamburg 1985

## König Artus war ein edler Ritter

Artus (Arthur), sagenhafter englischer König, der um 500 n. Chr. gegen die eindringenden Angeln und Sachsen gekämpft haben soll, wurde erstmals in der sagengeschichtlich ergiebigen *Historia Britonum* des Nennius (Anfang des 9. Jahrhunderts) erwähnt. Doch erst seit der *Historia Regum Britanniae*, die sein Leben legendär ausschmückt, wird Artus zum Vorbild edlen Rittertums und liefert den Stoff für zahlreiche höfische Epen. Aber der tapfere Monarch und seine Tafelrunde sind reine Erfindung. Zwar kann man an der Küste Cornwalls Artus' Schloß besuchen, dies aber hat nicht einem wahren König Artus gehört. Dessen Gestalt und seine berühmte Tafelrunde von zwölf getreuen Rittern geht auf keltische Märchen und Fabeln zurück, die nur wenig mit historischen Tatsachen zu tun haben.

Quelle: *Focus* 40/1997

## Der Atomkrieg kann gewonnen werden

Das glaubte jedenfalls Ex-US-Präsident Reagan und formulierte eine Doktrin des führ- und gewinnbaren Atomkriegs. Präsident Clinton mochte dieser Behauptung nicht mehr folgen und setzte sie am 8. Dezember 1997 außer Kraft. Statt dessen wurde potentiellen Gegnern für den Fall eines Angriffs gegen die Vereinigten Staaten ein vernichtender Gegenschlag angedroht. Damit folgte Clinton einer Strategie, der die in Fachkreisen schon lange als realistisch geltende Einsicht zugrunde liegt, daß es nach einer atomaren Schlacht keinen wirklichen Sieger geben kann.

Quelle: *Neue Zürcher Zeitung* 9. 12. 1997

## Auch König Christian X. trug den Davidstern ...

... als die Nazis während der Okkupation Dänemarks den Juden befahlen, eine gelbe Armbinde mit diesem Erkennungsmerkmal zu tragen. So heißt es. Und in dieser Aufmachung soll der König jeden Morgen durch Kopenhagen geritten sein, so daß sich die Deutschen gezwungen sahen, die Anordnung aufzuheben. Aber das ist eine Legende. Die Nazis hatten das Anheften des Davidsterns zwar in den meisten besetzten Gebieten durchgesetzt, aufgrund des Widerstands der Regierung jedoch nicht in Dänemark.

Quelle: Bengt af Klintberg:
*Der Elefant auf dem VW*, München 1992

### Im Colosseum wurden Christen den Löwen zum Fraß vorgeworfen

Dies wird zwar in zahlreichen Romanen und Theaterstücken behauptet, tatsächlich jedoch wurde kein einziger Christ im Colosseum den Löwen zum Fraß vorgeworfen. Gleichwohl ist unbestreitbar, daß einige Kaiser, zum Beispiel Diokletian, Todfeinde der Christen waren. Unter Nero beschuldigte man die Christen, Rom angesteckt zu haben, und ließ viele in seinem Zirkus, dort, wo heute die Peterskirche steht, als lebende Fakkeln verbrennen.

Quelle: *Reader's Digest* 8/1950

### Don Carlos war ein großer Held

Allerdings erst, nachdem ihn Schiller zu einem solchen gemacht hatte. In Wirklichkeit machte der körperlich und geistig zurückgebliebene Carlos (1545–1568) seinem Vater, dem spanischen König Philipp II. von Spanien, nur Scherereien, zumal der Sprößling nicht in der Lage war, irgendein Amt auszuüben. Weil ihn der König dies ständig fühlen ließ, geriet der junge Mann darüber in maßlose Wut. In der Öffentlichkeit schimpfte er über alles, was sein Vater tat. Als Carlos schließlich Vorbereitungen zur Flucht in die Niederlande traf, wurde er am 18. 1. 1568 von seinem Vater gefangengesetzt, was im Ausland allerdings auf

Unverständnis stieß. So geriet ein Schwachkopf in den Ruf, ein Freiheitskämpfer zu sein.

Quelle: Gerhard Prause: *Niemand hat Kolumbus ausgelacht*, Düsseldorf 1978

## Till Eulenspiegel hielt alle Leute zum Narren

Aber nur in der Legende. Zwar starb im Jahre 1350 in einem Hospital in Mölln im Herzogtum Lauenburg ein Spaßvogel gleichen Namens. Aber die meisten Streiche, mit denen ein unbekannter Autor im niederdeutschen Volksbuch *Till Ulenspegel* die Menschen verspotten wollte, hat der Autor dem Verstorbenen erst nachträglich zugeschrieben. Erhalten ist nur noch die hochdeutsche Fassung von 1515.

Quelle: *Focus* 40/1997

## Der Hundertjährige Krieg dauerte hundert Jahre

Der Krieg zwischen England und Frankreich dauerte viel länger: von 1337 bis 1453. Allerdings wurden die Auseinandersetzungen zwischendurch einige Male unterbrochen. Der Anlaß der kriegerischen Handlungen war der Anspruch der englischen Könige auf den französischen Thron.

Quelle: *Microsoft Encarta 98 Enzyklopädie*

## Die Spanier rotteten die Indianer aus

Diese Greueltat wird besonders dem spanischen Eroberer Hernán Cortés (1485–1547) nachgesagt. Zwar eroberten die Spanier nach ihrer Ankunft in Mittelamerika das Aztekenreich in einem Krieg, in dem viele Indios ihr Leben lassen mußten, doch an der Ausrottung waren eingeschleppte Krankheiten wie Pokken, Typhus, Masern oder Gelbfieber schuld, denn die Indianer hatten keine Abwehrstoffe gegen Krankheiten, die sie nicht kannten und die von den Fremden eingeschleppt wurden. 90 Prozent der Indianer, in Mexiko wie auch in anderen Teilen der Neuen Welt, fielen den Seuchen zum Opfer. Selbst die Pest hatte in Europa nicht so eine verheerende Wirkung. Ganze Landstriche wurden entvölkert – von 1,5 Millionen Azteken überlebten gerade mal 70 000. In Mexiko sank die Bevölkerungsszahl von 25 Millionen im Jahre 1519 auf rund eine Million Menschen im Jahre 1650.

Quelle: Wilfried Westphal: *Der Adler auf dem Kaktus*, Braunschweig 1990

## Galileo Galilei wurde eingekerkert und gefoltert

Daran ist kein Wort wahr. Statt dessen wurde Galileo Galilei (1564–1642) von seinen Anklägern überaus milde behandelt, obwohl er sich der Ketzerei schuldig gemacht hatte.

Als Galileo Galilei 17 Jahre alt war, schickte ihn sein Vater auf die Universität von Pisa zum Studium der Medizin, zu dem auch die aristotelische Philosophie gehörte. Obwohl Aristoteles schon 2000 Jahre tot war, galt es als Ketzerei, ihn auch nur im geringsten anzuzweifeln. Die Kirche bestand überdies immer noch darauf, daß die Erde – wie der Grieche Ptolemäus es mehr als tausend Jahre zuvor gelehrt hatte – der Mittelpunkt des Weltalls sei, um den ein kleiner Mond, eine kleine Sonne und winzige Sternchen kreisten.

Der junge Galilei, unzufrieden mit diesem kleinen Universum und den kleinen Geistern, die daran festhielten, suchte Beweise anstatt Dogmen. Auf eigene Faust forschend, stieß er auf Archimedes, den größten aller griechischen Mathematiker und Mechaniker, und verfaßte eine Schrift über eine Verbesserung der hydrostatischen Waage des Archimedes. Er arbeitete eine einfache Methode aus zur Bestimmung des Schwerpunktes fester Körper. Sein Ruf verbreitete sich in der wissenschaftlichen Welt, und im Jahre 1588 wurde der 24jährige Galilei mit Unterstützung einflußreicher Männer auf den Lehrstuhl für Mathematik an der Universität Pisa berufen.

Im Schutze der akademischen Mauern wagte es nun der junge Professor, gegen Aristoteles zu argumentieren. Rein theoretisch, ohne Versuche, hatte Aristoteles festgestellt, daß ein Körper um so schneller fallen müsse, je schwerer er sei. Galilei lud die gelehrte Fakultät an den Fuß des berühmten schiefen Turms ein und ließ ein Zehnpfundgewicht und ein Einpfundgewicht gleichzeitig von der Höhe des Turms hinunterfallen. Beide landeten im selben Augenblick auf dem Boden. Die Herren Professoren zogen es jedoch vor, ihren Büchern mehr zu glauben als dem Augenschein. Galilei experimentierte trotzdem weiter, was in der Fakultät von Pisa Mißfallen provozierte. Fortan intrigierte man gegen den jungen Forscher, um ihn loszuwerden. Unglücklicherweise hatte er sich über die mit großem Aufwand von dem Halbbruder des regierenden Herzogs von Toskana erbaute Hafenbaggermaschine mit beißendem Spott geäußert. Schlimmer noch: Er hatte recht behalten, die kostspielige Erfindung brach zusammen. Daraufhin verbanden sich die Professoren mit dem einflußreichen Pfuscher und setzten durch, daß Galileis Gehalt gekürzt wurde. Angewidert legte er seine Professur nieder.

Doch zum Glück waren Galileis Freunde ebenso zahlreich wie seine Feinde, und durch ihre Vermittlung berief die Republik Venedig ihn 1592 an die Universität Padua. Während der folgenden 18 Jahre entwarf Galilei Pläne für Befestigungen, Belagerungsmaschinen und Brücken. Er erfand ein Vormodell des Rechenschiebers sowie einen Quadranten zum Winkelmessen und zur Einteilung des astronomischen Kompasses.

In Padua bot selbst der größte Hörsaal nicht Raum genug für sein Auditorium. Er mußte seine Vorlesungen ins Freie verlegen. Studenten strömten aus aller Welt herbei. Galilei dozierte über das Universum und daß nichts darin stillstehe, sondern alle Dinge (entgegen der Lehre des Aristoteles), alle Gestirne in Bewegung seien. Der Grieche Pythagoras hatte noch vor Aristoteles gesagt, daß auch die Erde sich bewege und nicht der Mittelpunkt des Weltalls sei.

Im Jahre 1609 drang das Gerücht zu Galilei, ein holländischer Optikergehilfe habe durch Zufall entdeckt, daß Gegenstände, durch zwei etwa einen Fuß voneinander entfernte Linsen betrachtet, größer erscheinen. Obwohl er kein Modell hatte, baute sich Galilei selber ein solches Fernrohr und transportierte es schließlich auf die Spitze des Campanile, des höchsten Bauwerks von Venedig. Ihm folgten der Doge und die Senatoren Venedigs. Was sie von dort durch Galileis Linsen sehen konnten, war faszinierend: Weit entfernte Schiffe sahen aus, als seien sie in goßer Nähe. Die Senatoren bewilligten Galilei ein höheres Gehalt und verliehen ihm die Professur auf Lebenszeit.

Seinem Fernrohr, das Gegenstände 33mal näher erscheinen ließ, gab er den liebevollen Namen »alter Entdecker«. In jener denkwürdigen Nacht, in der Galilei zum erstenmal den »alten Entdecker« in den Himmel richtete, tat sich vor seinem Blick das großartigste Schauspiel auf, das Menschenaugen vergönnt sein kann: die Aussicht in die Unendlichkeit. Wo sein bloßes Auge nur einen nebligen Schleier gesehen hatte, verwandelten die Linsen jetzt die Milchstraße in ein Gewimmel von Sternen. In dieser Nacht wurde die moderne Astronomie geboren.

Bei Tage richtete Galilei verdunkelte Linsen auf die Sonne. Er sah, daß ihre feurige Oberfläche von seltsamen dunklen Stürmen – Sonnenflecken – durchtobt war, und aus ihrer Bewegung quer über die Sonne hin schloß er, daß diese sich gleich der Erde um ihre Achse drehen müsse. Er entdeckte die bergige Natur des Mondes, die Phasen der Venus und die vier großen Jupitermonde. Hier war also ein Sonnensystem im kleinen – ein augenscheinlicher Beweis für die Existenz unseres eigenen Sonnensystems.

Also hatte Kopernikus recht gehabt, als er im Jahre 1543 verkündete, daß die Erde sich täglich um ihre Achse drehe und die Planeten um die Sonne kreisten. Und Giordano Bruno hatte recht gehabt, als er die kopernikanische Theorie an den Universitäten lehrte – wofür man ihn in Rom bei lebendigem Leib verbrannt hatte.

1613 veröffentlichte Galilei eine Arbeit über Sonnenflecken

und sagte den Sieg der kopernikanischen Theorie voraus, und Tausende ließen sich von ihm überzeugen – Wissenschaftler, Kardinäle, sogar Papst Paul V. selber. Doch eifersüchtige Gelehrte und unwissende Fanatiker zeigten ihn bei der Inquisition an, da die Himmelsbewegungen wider die Heilige Schrift seien. Daraufhin verbot die Inquisition Galilei, seine Lehren über das Sonnensystem zu verbreiten. 16 Jahre lang gehorchte er, doch im Jahre 1632 wagte er es, seinen *Dialog über die beiden hauptsächlichsten Weltsysteme, das ptolemäische und das kopernikanische* zu veröffentlichen. Darin spielt der Verfechter des ptolemäischen Systems, eine Person namens »Simplicio«, eine klägliche und törichte Rolle, worauf Galileis Feinde Papst Urban VIII. einredeten, Simplicio sei eine Karikatur von ihm.

Das war zuviel. Der Verleger des *Dialogs* mußte den Verkauf sofort einstellen, und Galilei wurde nach Rom vorgeladen, wo ihm der Kardinalsausschuß den Prozeß machte. Am 22. Juni 1633 wurde das Urteil gesprochen: »Damit dein schwerer und verderblicher Irrtum und Ungehorsam nicht ganz ungestraft bleibe und du in Zukunft vorsichtiger verfahren mögest, auch anderen zum Beispiel dienest, daß sie sich dergleichen Vergehen enthalten, so bestimmen wir, daß das Buch *Dialog von Galileo Galilei* durch eine öffentliche Verordnung verboten werde. Dich aber verurteilen wir zum förmlichen Kerker bei diesem Heiligen Offizium für eine nach unserem Ermessen zu bestimmende Zeitdauer und tragen dir als heilsame Buße auf, in den drei folgenden Jahren wöchentlich einmal die sieben Bußpsalmen zu sprechen, uns vorbehaltend, die genannten Strafen und Bußen zu ermäßigen, umzuändern, ganz oder teilweise aufzuheben.« Anschließend mußte Galilei der Lehre, daß die Sonne stillstehe und daß die Erde sich bewege, abschwören. Damit war der Prozeß beendet. Daß Galilei den oft angeführten Satz »Und sie bewegt sich doch« gemurmelt haben soll, ist eine Legende. Er wurde auch nicht eingekerkert, sondern wohnte als Gast beim Großherzog der Toskana, dann beim Erzbischof von Siena. Anschließend lebte Galilei in Arcetri bei Florenz, wo er sein letztes großes, im Jahre 1638 veröffentlichtes Buch *Unterredungen und mathematische Demonstrationen über zwei neue Wissens-*

*zweige* schrieb – ein Werk, das ihn zum Begründer der modernen experimentellen Physik machte. Der Vatikan aber brauchte knapp 360 Jahre, bis er Galileo Galilei rehabilitierte: Am 1. November 1992 verlas Papst Johannes Paul II. vor den versammelten Kirchen-Honoratioren ein allerhöchstes Entschuldigungsschreiben: »Voreilig und unglücklich« sei Galilei geächtet worden. Es habe sich um ein Mißgeschick aus »tragischem gegenseitigem Verkennen« gehandelt. Die Kirche habe sich »geirrt«, doch hätten die Kardinäle der damaligen Inquisition »in gutem Glauben« gehandelt.

Quelle: Gerhard Prause: *Niemand hat Kolumbus ausgelacht*, Düsseldorf 1978; Donald C. Peattie: Und sie bewegt sich doch!, *Reader's Digest* 9/1948

## ? Heerführer und Generäle sind kluge Strategen

Nicht immer, wie der britische Historiker Geoffrey Regan im *Guinness Book of Military Blunders* (Guinness-Buch der militärischen Fehlleistungen) zu berichten weiß:

1. Der britische General Redvers Buller ortete im zweiten Burenkrieg (1901 bis 1902) den Feind meist erst, wenn seine Soldaten unter Feuer genommen wurden. Erwidern konnten sie es oft nicht, denn Buller hatte ihnen die Munition wegnehmen lassen: Die burischen Scharfschützen, so beharrte er, mußten mit dem Bajonett bekämpft werden.
2. Der englische Lord Fitzroy Raglan konnte sich wegen der im letzten Jahrhundert häufig wechselnden Bündnisse nicht merken, wer gerade Freund und wer Feind war. Deshalb kam es schon mal vor, daß er seine Alliierten unter Geschützfeuer nahm.
3. Der griechische General Hajianestis führte 1921 den Krieg gegen die Türkei vom Bett aus, weil er sich einbildete, daß seine Knochen aus Glas seien.
4. Der französische König Philipp VI. konnte einfach nicht begreifen, daß englische Langbogenpfeile eine Rüstung samt

einsitzendem Ritter durchschlagen können. So verlor er 1346 in der Schlacht von Crécy nahezu die gesamte Truppe.

5. Der deutsche Feldmarschall Leberecht von Blücher bildete sich ein, von einem Elefanten schwanger zu sein, den ihm des Nachts ein französischer Soldat untergeschoben habe. Immerhin gelang es ihm, Napoleon in der Schlacht bei Waterloo (18. Juni 1815) vernichtend zu schlagen.

Quelle: Geoffrey Regan: *The Guinness Book of Military Blunders*, London 1995

## ? Johannes Gutenberg erfand die beweglichen Lettern

Im Jahre 1993 wies Herbert E. Brekle, Professor für allgemeine Sprachwissenschaft der Universität Regensburg, »detailliert und methodisch« nach, daß die Mönche des Klosters Prüfening schon gut 300 Jahre vor Johannes Gutenberg (zw. 1397/1400 und 1468) die Weihe-Inschrift ihrer Klosterkirche mit einzelnen Lettern geprägt hatten. Brekle hatte fotografische Vergrößerungen der einzelnen Buchstaben der etwa 41 cm hohen und 26 cm breiten Tontafel verglichen und war zu dem Ergebnis gekommen, daß etwa alle E oder I ganz eindeutig mit demselben Buchstabentyp, eben der »Type oder Letter« gedruckt worden waren.

Quelle: *Spiegel* 33/1993

## ? Kaspar Hauser war ein Sohn der Großherzogin von Baden

Am 26. Mai 1828 stand er plötzlich auf dem Nürnberger Unschlittplatz. Auf Befragen nach seiner Herkunft stammelte er nur den rätselhaften Satz »Ä sechtene Reutä möcht i wähn wie mei Vottä wähn is« (Ein solcher Reiter möchte ich werden, wie mein Vater einer gewesen ist). In einem Brief wurde der verstörte Junge als Sohn eines Rittmeisters ausgewiesen. Er wies jegliche Nahrung bis auf Brot und Wasser voll Ekel ab, schrieb, als man ihm Tinte und Feder reichte, ungelenk »Kaspar Hauser« auf ein Blatt Papier und gab an, am 30. April 1812 geboren und in einem lichtlosen Raum eingesperrt aufgewachsen zu sein.

Der junge Mann kam in die Obhut des Nürnberger Professors und Schriftstellers Georg Friedrich Daumer, der seinem Schützling das Lesen, Schreiben und Rechnen beizubringen versuchte. Gleichzeitig wurde der Fall des rätselhaften Fremden international bekannt. Viele Monarchen (u. a. König Ludwig I. von Bayern und der russische Großfürst Nikolaj Michajlowitsch) machten sich für ihn stark. Auch verkehrte er an Höfen und in Salons des In- und Auslands, wo er als wunderlicher Wilder und »Kind von Europa« herumgereicht wurde.

Aber wer war dieser Kaspar Hauser? Schon kurz nach seinem Auftauchen wurde durch einen anonymen Hinweis aus Baden der Verdacht laut, der Findling sei der von Gräfin Luise von Hochberg kurz nach seiner Geburt gegen das todkranke Kind einer Bediensteten ausgetauschte Sohn des Großherzogs Karl-Friedrich und dessen Gattin Stéphanie; die Gräfin habe durch diesen Kindertausch die Erbfolge ihrer eigenen Linie in Baden sicherstellen wollen. Dieses Gerücht hat sich über Generationen gehalten. Am 14. Dezember 1833 wurde Kaspar Hauser eine Stichwunde beigebracht, an der er drei Tage später verstarb. Doch über seine Herkunft wurde weiter gerätselt.

Im November 1996 offenbarte eine von der Stadt Ansbach und dem Nachrichtenmagazin *Der Spiegel* veranlaßte genetische Untersuchung der Blutflecke auf Kaspar Hausers Kleidung, daß er in keinem verwandtschaftlichen Verhältnis zu dem Hause Baden stand. Allerdings fehlt bis heute der eindeutige Beweis, daß die untersuchte Kleidung tatsächlich diejenige Kaspar Hausers war. Die Herkunft Kaspar Hausers bleibt also weiterhin im Dunkeln.

Quelle: *Microsoft Encarta 98 Enzyklopädie; Spiegel* 48/1996

### Hermann der Cherusker wollte die Germanen befreien

Arminius (eingedeutscht: Hermann) stand im Dienst der römischen Armee und befehligte vermutlich zwischen 4 und 6 n. Chr. bei den Feldzügen des Tiberius in Germanien und Pannonien cheruskische Hilfstruppen. Für seine Verdienste um das Römische Reich erhielt Arminius das römische Bürgerrecht und die Ritterwürde. Sein Ziel war aber, Cheruskerkönig zu werden. Im Jahre 7 n. Chr. wollte der römische Statthalter in Germanien, Publius Quintilius Varus, dort Steuern und das römische Rechtswesen einführen, doch Arminius hielt das für eine unrechtmäßige Einmischung der Römer und übernahm die Führung im Widerstand der Cherusker und einiger benachbarter germanischer Stämme gegen Rom. Als sich Varus im Herbst des Jahres 9 n. Chr. mit drei Legionen samt deren Troß Richtung Westen, zum Rhein, ins Winterlager zurückzog, lockte ihn Arminius in einen Hinterhalt und vernichtete Varus' Truppen, insgesamt etwa 20 000 Mann, in der sogenannten Varusschlacht. Varus beging nach der Niederlage Selbstmord. Danach führte Arminius seinen Kampf gegen die Römer weiter, andere Germanenfürsten suchten dagegen Verständigung mit Rom. Zwischen 14 und 16 n. Chr. unternahmen die Römer unter Tiberius und Germanicus Feldzüge nach Germanien, um die Niederlage des Varus zu rächen. Arminius wurde im Jahre 16 n. Chr. zwar besiegt, doch als Germanicus nach Rom zurückbeordert wurde, erreichte Arminius schließlich den Abzug der Römer. Seither wagte es kein römisches Heer mehr, in das rechtsrheinische Germanien einzudringen.

Quelle: *Microsoft Encarta 98 Enzyklopädie*

### Die Hexenverfolgung fand im Mittelalter statt

Nein, in der Neuzeit. Nachdem die für die Exzesse der Hexenverfolgungen verantwortliche Schrift *Der Hexenhammer* (Straßburg 1487) der von Papst Innozenz VIII. eingesetzten Inquisitoren Institoris und Sprenger am Ende des Mittelalters (1492) erschienen war, wurde sie bis ins 17. Jahrhundert zum Strafkodex der Gerichtspraxis in Mitteleuropa. Außerdem führte sie die Denunziation anstelle der Anklage und die Anwendung der Folter und Hexenprobe ein. Die Hexenprozesse (Höhepunkt zwischen 1590 und 1630) wurden zu Strafverfahren »gemischter« Zuständigkeit kirchlicher und weltlicher Gewalten. Die letzten Hinrichtungen von Hexen (meist Verbrennung bei lebendigem Leib) fanden in Glarus (1782) und Posen (1793) statt.

Quelle: *Meyers Lexikon*

## Als Hexen wurden nur Frauen verfolgt

Auch die Männer blieben von der Verfolgungswut nicht verschont. In England waren etwa 8 Prozent der Beschuldigten Männer, von denen etwa die Hälfte mit einer beschuldigten Hexe verheiratet war. In der Gegend um Genf betrug der Anteil vor 1600 rund 5 Prozent, nach 1600 22 Prozent.

Quelle: Hans Sebald: *Hexen*,
Frankfurt am Main 1987

## Der germanische Rassenwahn ist eine Erfindung Hitlers

Nein, er geht auf den römischen Geschichtsschreiber Tacitus (ca. 55–115 n. Chr.) zurück. In seinem Buch *Germania* zeichnete Tacitus ein Idealbild von den Germanen, um sie seinem eigenen Volk als Vorbild anzupreisen. Später waren die Deutschen, die sich gerne als Nachkommen der Germanen empfanden, von Tacitus' Schilderungen überaus entzückt, schließlich machte sie Hitler zum Leitbild seiner Rassenpolitik.

Tacitus sah in den Germanen ein »eigenwüchsiges, rassereines Volk« und lobte, daß sie es als Schande ansahen, Geburten zu beschränken. Er lobte, daß die Mütter ihre Kinder selbst stillten und sie nicht – wie in Rom üblich – Ammen und Mägden überließen. Er pries die Keuschheit der germanischen Jugend und wies seine Landsleute besonders auf die strenge Auffassung hin, die die Germanen von der Ehe hatten: »So zahlreich die

Menschen in diesem Volk sind, so vereinzelt kommt es zu einem Ehebruch. Für Preisgabe der Frauenehre gibt es nämlich keine Verzeihung: Eine Ehebrecherin findet keinen Mann wieder, und wenn sie noch so jung, so schön oder so reich wäre. Denn niemand belächelt dort Laster, und verführen und sich verführen lassen, gilt nicht als Geist der Zeit ...«

Quelle: Gerhard Prause: *Niemand hat Kolumbus ausgelacht*, Düsseldorf 1978

? **Hitler erfand die Autobahn**

Diese Legende hält sich hartnäckig. Doch als Hitler während seines Aufenthaltes im Landsberger Gefängnis davon träumte, ein Autobahnnetz kreuz und quer durch Deutschland zu spannen, war die erste Autobahn bereits in Betrieb: die 1921 eingeweihte Berliner Rennstrecke AVUS. 1926 begann unter anderem die Planung für den Bau der Autobahn Hamburg–Frankfurt–Basel, 1932 wurde die erste nur für den Kraftverkehr bestimmte Verkehrsstrecke Bonn–Köln eröffnet. Daß Hitler immer wieder als »Schöpfer« der Autobahnen gilt, ist wohl darauf zurückzuführen, daß er ab 1933 den Ausbau der Schnellstraßen vorantrieb.

Quelle: *Microsoft Encarta 98 Enzyklopädie; Meyers Lexikon*

? **Der Holocaust wurde von Hitler auf der Wannsee-Konferenz befohlen**

Bisher war man davon ausgegangen, daß Hitler auf der Wannsee-Konferenz am 20. Januar 1942 die »Endlösung der Judenfrage« angeordnet hatte. Ein Irrtum, wie sich Ende 1997 herausstellte, als der Berliner Historiker Christian Gerlach herausfand, daß der Beschluß zur Vernichtung der Juden bereits früher an einem anderen Ort stattgefunden hatte: am 12. Dezember 1941. Adolf Hitler hatte an diesem Tag seine Paladine in seine Privatgemächer der Reichskanzlei bestellt und ihnen seine teuflischen Pläne unterbreitet. Bei diesem geheimen Treffen mit den Reichs- und Gauleitern der NSDAP gab Hitler seine Grundsatzentscheidung bekannt, alle europäischen Juden zu ermorden. Einen Tag zuvor – am 11. Dezember 1941 – hatte Deutschland den USA den Krieg erklärt. Damit war der Krieg für Deutschland zum Weltkrieg geworden und jene Situation eingetreten, die Hitler in seiner berüchtigten Reichstags-Rede vom 30. Januar 1939 beschworen hatte: Wenn es den Juden »gelingen sollte, die Völker noch einmal in einen Weltkrieg zu stürzen, dann wird das Ergebnis nicht die Bolschewisierung der Erde und damit der Sieg des Judentums sein, sondern die Vernichtung der jüdischen Rasse in Europa«. Nun war der Weltkrieg da und damit nach Hitlers perverser Logik der Zeitpunkt für den Holocaust gekommen. Auf der für den 9. Dezember 1941 geplanten, dann aber auf den 20. Januar 1942 verschobenen Wannsee-Konferenz ging es um einen Gesamtplan zur »praktischen Durchführung der Endlösung der Judenfrage«.

Quelle: *Hamburger Abendblatt* 19. 1. 1998

## ? Sherlock Holmes hat wirklich gelebt

Millionen Menschen auf der ganzen Welt glauben, daß Sherlock Holmes wirklich gelebt hat. Doch wenn sie in Nachschlagewerken versuchen, etwas über seine Person zu erfahren, werden sie enttäuscht – der Meisterdetektiv war nämlich reine Erfindung. Sherlock Holmes gehört nach wie vor zu den bekanntesten Romangestalten. Ein wacher, messerscharfer Verstand war der Motor seines ganzen Wesens. Dabei durfte man ihn als Gegner nicht unterschätzen – er war etwa 1,90 Meter groß, muskulös, hager und geschmeidig wie ein Meisterboxer. Er mußte auch nie Sport treiben, um in Form zu bleiben – er war einfach von Natur aus fit.

Dabei hat ihn sein geistiger Vater, Sir Arthur Conan Doyle, niemals leiden können. Denn Sherlock Holmes überflügelte seinen Schöpfer und stach ihn beim Publikum einfach aus.

Schließlich wollte ihn Doyle nur noch loswerden, um sich anderen literarischen Arbeiten zuwenden zu können, die er für wichtiger hielt. Im Dezember 1893, sechs Jahre, nachdem der unvergleichliche Detektiv ins Licht der Öffentlichkeit getreten war, schrieb Doyle frohlockend in sein Tagebuch: »Holmes umgebracht.« Und zwar in einem tödlichen Kampf mit Professor Moriatry an den Reichenbachfällen in der Schweiz. Aber das Publikum reagierte mit einem Aufschrei der Empörung. Doyle mußte dem allgemeinen Druck schließlich nachgeben und den toten Detektiv wiederauferstehen lassen. Doch schon bald versetzte er Holmes in den Ruhestand und ließ ihn auf dem Land Bienen züchten. Nur einmal noch verließ Holmes seinen Alterssitz, um im ersten Weltkrieg der englischen Regierung seine Dienste zur Verfügung zu stellen, wie in der Erzählung *Sein letzter Auftritt* berichtet wird.

Quelle: Wainwright Evans in *Saga* 10/1954

**Josuas Posaunen zerstörten Jericho**

Nicht Josuas Posaunen, sondern die gewaltigen Stöße eines Erdbebens haben ein Jahrtausend vor Christi Geburt die Mauern von Jericho zerstört. Immer wieder haben im Laufe der vergangenen zehntausend Jahre schwere Erschütterungen der Erdkruste die Region der alten Festungsstadt heimgesucht, weil sie an der Nahtstelle zweier beweglicher Erdplatten liegt. Mit seinen Untersuchungen zur Platten-Tektonik des Jericho-Grabens bestätigte Ende 1988 der Geophysiker Amos Nur von der Stanford-University die von Archäologen schon lange gehegte Vermutung, daß die historischen Mauern der Festung auf dem Weg zum Gelobten Land aufgrund geophysikalischer Vorgänge und nicht durch den in der Bibel geschilderten Lärm der Kinder Israels einstürzten. Ähnlich deutet Professor Nur auch andere dramatische Bibel-Ereignisse – etwa den Untergang von Sodom und Gomorrha oder die wundersame Erscheinung beim Tode Jesu – schlicht als Folgen eines Erdbebens.

Quelle: *Spiegel* 2/1989

? **Karl der Große war deutscher Kaiser**

So heißt es, und so ist es falsch. Zu Lebzeiten Karls des Großen gab es kein Deutschland, daher konnte er kein deutscher Kaiser sein. Er war zunächst König eines fränkischen Großreiches, und als gekrönter römischer Kaiser war er schließlich der Herrscher des christlichen fränkischen Reiches.

Quelle: Jacques Delperrié de Bayac:
*Karl der Große*, Wien 1976

? **Karl der Große ließ 782 in Verden 4500 »sächsische Edle« enthaupten**

Nein, es sollen »nur« 40 gewesen sein. Vielleicht aber ließ er sie aber auch nur umsiedeln – die lateinische Quelle ist nicht eindeutig.

Quelle: Gisela Graichen:
*Das Kultplatzbuch*, Hamburg 1988

? **Kolumbus entdeckte Amerika**

Wie in der 1320 von einem gewissen Hauk geschriebenen *Saga von Erik dem Roten* berichtet, segelte der Grönländer Leif Erikson (Leif der Glückliche) im Jahre 1000 n. Chr. nach Norwegen, wo ihn König Olaf überredete, sich und seine Mannen taufen zu lassen. Anschließend trug der König Leif auf, das Christentum auch in Grönland zu verbreiten. Leif stach in See, geriet in einen schweren Sturm, »und lange schleuderten ihn die Wogen umher«. Endlich ließ der Sturm nach, und Leif erblickte eine Küste, die sich nach Norden und Süden erstreckte. Sie war flach und dicht bewaldet; das konnte nicht Grönland sein. Es war – mit den Worten der alten Sage – eine neue Welt. Die Neue Welt.

Welchen Teil des nordamerikanischen Festlandes aber Leif der Glückliche entdeckt hatte, bleibt ein Geheimnis. »Es gab wildwachsenden Weizen und Weinreben. Es gab auch besondere Bäume, die man ›mausur‹ nannte, und von alldem nahm man

Proben mit. Einige der Baumstämme waren so mächtig, daß man sie zum Bauen verwendete.« So heißt es in Hauks Hauksbók, aber das ist auch alles, was von diesem gewaltigen historischen Ereignis berichtet wird. Nähere Hinweise finden sich nirgendwo. Es gibt keinen wildwachsenden Weizen in Amerika; vermutlich hatte Leif ein Strandgras gesehen, das diesem Weizen ähnlich ist. Wir wissen nicht, welcherart Weinreben er meinte. Bäume, die so groß sind, daß man sie beim Bauen verwenden kann, wachsen von der Spitze Floridas bis in den Süden Labradors.

In Grönland aber müssen die Proben, die Leif heimbrachte, neugierig betrachtet worden sein; gewiß hatten viele den Wunsch, in dieses neue Land zu fahren, das man »das gute Weinland« nannte. Da kam im Herbst des Jahres 1003 aus Island ein Mann nach Grönland, der Karlsefni hieß, »der Mann, der ein Held zu werden verspricht«. Er war ein Kaufmann, mit Gütern gesegnet und voll Wagemut.

Karlsefni hörte im folgenden Winter viel von dem »guten Weinland«. Er sah auch häufig eine Christin namens Gudrid, eine schöne Witwe mit einer sanften Stimme. Um Weihnachten heiratete er sie, und im Frühling des Jahres 1004 brach er mit seiner jungen Frau, die ein Kind erwartete, und einer Schar kräftiger Seeleute nach Vinland auf. Zwei mit Vieh und Werkzeug schwerbeladene Schiffe führten alles zur Gründung einer Kolonie Notwendige mit. Es waren insgesamt 160 Männer und Frauen, die ersten europäischen Auswanderer, die nach Amerika zogen.

Sie segelten südwärts, bis sie an ein Land mit mächtigen Wäldern und einer tiefen Einbuchtung kamen, aus der eine starke Strömung kam, und nannten sie »Stromfjord«. Hier lag eine Insel, die derart dicht von Vögeln bevölkert war, daß die Nordmänner kaum einen Schritt gehen konnten, ohne auf Eier zu treten.

Aus der Beschreibung der Stellen, an denen sie landeten, haben Wissenschaftler herauszulesen versucht, wo diese Entdecker damals an Land gegangen waren. Zunächst müssen sie zur Insel Baffinland oder zur Nordküste Labradors gefahren sein. Das waldreiche Markland war Südlabrador. Der Stromfjord muß etwa das Gebiet des St.-Lorenz-Golfs gewesen sein. Und die Vogelinsel war wahrscheinlich Bonaventure vor Quebec.

Am Stromfjord überwinterten die Nordmänner. In einer Hütte wurde der Sohn Gudrids und Karlsefnis geboren. Sie nannten ihn Snorre. Er war das erste auf amerikanischem Boden geborene weiße Kind. Hauk war sein direkter Nachkomme.

Nach einem entbehrungsreichen Winter hißten Karlsefni und die Seinen die Segel zur Fahrt nach Süden. Als sie »lange« südwärts gefahren waren, kamen sie zu einer rings von Land umschlossenen »hop«, einer Bucht, wo sie eine Menge »wildwachsenden Weizen« und »Weinreben« fanden. Hier gruben sie an der Hochwassergrenze Löcher in den Strand, in denen sie Heilbutte fingen, wenn Ebbe eintrat. In den Wäldern gab es Wild in großer Zahl, und hier, so erzählt die Legende, führten sie zwei Wochen lang »ein fröhliches Leben«.

Schließlich berichtet die Sage auch von Indianern. Während ihres Aufenthaltes im »hop« sahen die Wikinger eines Tages eine Schar Kanus herankommen, in denen unbekannte Wilde saßen – »Skrälinger« nannte man sie –, »dunkelbraune, übel aussehende Männer; ihr Kopfhaar war häßlich. Sie hatten große Augen und breite Backenknochen«. Die Skrälinger erschienen ebenso verwundert über die blauäugigen, blonden Nordmänner; staunend starrten sie die Fremden an und paddelten dann schweigend davon.

Erst im Frühling kehrten sie wieder, boten Pelze zum Tausch an und versuchten, die eisernen Waffen der Wikinger zu kaufen, was der kluge Karlsefni verhinderte. Dann deuteten die Wilden auf ein Stück rotes Tuch. »Für ein tadellos sauberes Fell verlangten die Skrälinger roten Stoff in der Länge einer Spanne, den sie sich um den Kopf banden«, berichtet die Saga. Aber plötzlich brüllte ein Stier auf, der den Weißen gehörte, und die Skrälinger flohen entsetzt. Drei Wochen später kamen sie wieder, diesmal aber mit wildem Geschrei und »Kriegsschleudern«. Eine blutige Schlacht folgte.

Da die Nordmänner kein Verlangen nach weiteren Schlachten hatten, beschlossen sie, nordwärts zu segeln; den dritten Winter verbrachten sie im Stromfjord. Als der Frühling kam, beluden sie ihre Schiffe mit dem Holz, das sie »mausur« nannten, und segelten nach Grönland und von dort nach Island.

Damit endet die Saga. Noch etwa 300 Jahre lang fuhren die Nordmänner aus dem waldlosen Grönland nach Markland, um ihre Schiffe dort mit Holz zu beladen. Doch eines Tages hörte das auf; keiner weiß, warum die Schiffe aus der Neuen Welt nicht mehr zurückkehrten. Später schrieb ein Mönch in Europa, es seien 80 Jahre vergangen, seitdem das letzte Schiff aus Grönland gekommen sei, und setzte mit kratzendem Federkiel das Jahr unter seine Eintragung: 1492, das Jahr, in dem Kolumbus seine erste Amerika-Expedition startete.

Quelle: Donald Culross Peattie: »Kolumbus war nicht der erste«, *Reader's Digest* 2/1955

**Kolumbus wurde ausgelacht, weil die Menschen die Erde für eine Scheibe hielten**

Aber nicht von den Mitgliedern des portugiesischen Königshofes. Zwar wird diese Legende immer wieder gern erzählt, aber damals bezweifelte keiner mehr, daß die Erde eine Kugel war und keine Scheibe, von der man herunterfallen würde, wenn man über ihren Rand hinaussegelte. Auch die Geschichte, am Hof des Königspaares von Aragon-Kastilien sei man wegen Kolumbus' Plan, Indien auf einer Route nach Westen über das Meer zu erreichen, in schallendes Gelächter ausgebrochen, ist erfunden.

Der Grund, warum Kolumbus bei den Königshäusern auf Widerstand stieß, war ein anderer: Man bezweifelte seine Berechnungen, die auf den Erkenntnissen des italienischen Arztes und Astronomen Paolo del Pozzo Toscanelli beruhten, wonach die Erde um ein Viertel kleiner war als bisher angenommen. Nach intensivem Kartenstudium legte Kolumbus einen Vorschlag für seine Route nach Westen fest, unterbreitete diesen

1484 Johann II., König von Portugal, mit der Bitte, die Überquerung des Atlantiks zu finanzieren. Das Gesuch wurde jedoch von der königlichen Schiffahrtskommission wegen seiner Fehlberechnungen abgelehnt. Daraufhin begab sich Kolumbus nach Spanien und legte 1486 Isabella I., Königin von Kastilien, seinen Plan vor. Auch dort wurde er von der königlichen Kommission abgelehnt. Kolumbus gab aber nicht auf und richtete im April 1492 sein Gesuch an Ferdinand V., König von Kastilien, und Königin Isabella. Erneut erhielt er eine Absage. Verbittert verließ Kolumbus den Hof, doch als er zwei Meilen von Granada entfernt war, rief ihn ein königlicher Bote zurück: Die Majestäten hatten es sich anders überlegt und wollten die Expedition nun doch finanziell unterstützen.

Es wurde ein sogenannter Kapitulationsvertrag aufgesetzt, nach dem Kolumbus Vizekönig aller Gebiete werden sollte, die er entdeckte. Darüber hinaus umfaßte das Abkommen die Erhebung in den erblichen Adelsstand eines Großadmirals sowie die Zusicherung eines Zehntels aller wertvollen Metalle, die auf dem neuen Territorium zu finden sein würden.

Quelle: *Microsoft Encarta 98 Enzyklopädie;*
Gerhard Prause: *Niemand hat Kolumbus ausgelacht*, Düsseldorf 1978

## Kolumbus stellte ein Ei auf die Spitze

Die Sage ist zwar hübsch, aber erfunden. Wie der Italiener Girolamo Benzoni in seiner *Historia del Mondo Nuovo* berichtet, forderte Kolumbus bei einem Empfang des Erzbischofs von Toledo die anwesenden »edlen spanischen Herren« auf, ein Ei auf die Spitze zu stellen. »Sie versuchten es alle, doch keinem gelang es. Als das Ei die Runde gemacht hatte und wieder zu Kolumbus kam, nahm er es und setzte es fest auf den Tisch, so daß die Spitze ein wenig eingedrückt wurde und es aufrecht stand.« Es gibt keine Dokumente, wonach zu dieser Zeit ein solches Ereignis wirklich stattgefunden hätte. Vielmehr handelte es sich um eine alte italienische Anekdote, die mindestens ein Jahrhundert lang von verschiedenen »Genies« kolportiert wurde.

Quelle: Kirkpatrick Sale: *Das verlorene Paradies*, München 1991

## Mit Kolumbus kam die Tuberkulose nach Amerika

Anfang 1994 gelang es dem amerikanischen Pathologen Arthur C. Aufderheide, in der Lunge einer etwa 1000 Jahre alten Mumie einen verkalkten Tuberkuloseherd nachzuweisen. Die Tote, eine etwa 40 Jahre alte Frau, wurde nahe der peruanischen Stadt Ilo in einem von etwa 600 entdeckten Gräbern gefunden. Um sicherzugehen, untersuchte der Molekularbiologe Wilmar Salo eine winzige Gewebeprobe und konnte ein DNA-Segment identifizieren, das typischerweise nur in einem Mycobacterium tuberculosis – dem Erreger der Tuberkulose – gefunden wird. Die Tuberkulose gab es also schon vor der europäischen Entdeckung Amerikas.

Quelle: *Spiegel* 15/1994

## Lenin war ein humaner Kommunist

Wladimir Iljitsch Lenin (1870–1924) ließ es schon in jungen Jahren an Humanität fehlen. 1891, als an der Wolga die Hungersnot wütete, wandte sich der 21jährige als einziger in seiner Heimatstadt Simbirsk gegen humanitäre Hilfe für die sterbenden Bauern. Lenins Begründung: »Indem der Hunger die Bauernwirtschaft zerstört, zerschlägt er nicht nur den Glauben an den Zaren, sondern auch den an Gott und wird die Bauern auf den revolutionären Weg stoßen.« Und wie die Kämpfer aus den eigenen Reihen auf den revolutionären Weg zu bringen seien, beschrieb Lenin am 22. Januar 1919 in einem Brief an Leo Trotzki: »Könnte man nicht noch 20 000 Petersburger Arbeiter plus 10 000 Bourgeois mobilisieren, hinter ihnen Maschinengewehre aufstellen, ein paar hundert von ihnen erschießen und so erreichen, daß die Massen gegen den weißen General Judenitsch stürmen?« Mehrmals rief Lenin die Seinen auf, Geiseln aus der Bevölkerung zu nehmen, Bauern, Priester und Landärzte zu erschießen und zu erhängen. Unter seiner Regierung wurden zwei Vernichtungslager errichtet.

Quelle: *taz, Die Tageszeitung* 8. 11. 1997

## ? Urmenschen jagten Mammuts

Der weltweit führende Mammutexperte Adrian Lister aus London behauptet: »In Nordamerika haben wir einige Mammutskelette gefunden, in denen Speerspitzen steckten, in Eurasien kein einziges. Damit fehlt der Beweis, daß Menschen hier Mammuts töteten.« Könnte er sich da vielleicht geirrt haben? Immerhin wurden Ende 1997 in einem Kalksteinbruch bei Bollschweil südlich von Freiburg Knochen von Mammuts, Wollnashörnern, Pferden, großen Rindern und einigen kleinen Tieren gefunden. Daneben mindestens fünf Steinwerkzeuge, die nahelegen, daß es sich bei den Tieren um Jagdwild handelte. Wer also hat recht? Der Paläontologe Lister? »Die Pirsch auf Riesen war gefährlich, die Menschen bevorzugten kleinere Tiere.« Oder die Tübinger Wissenschaftler, die die Knochen und Artefakte in Süddeutschland geborgen haben? Die Wahrheit wird sich – vielleicht – zeigen, wenn die Bollschweiler Knochen auf Spuren hin untersucht worden sind, die der Neandertaler hinterlassen haben müßte.

Quelle: Adran Lister und Paul G. Bahn: *Mammuts – Die Riesen der Eiszeit*, Sigmaringen 1997; *Focus* 41/1997; *Frankfurter Allgemeine Zeitung* 10. 12. 1997

## ? Das Mittelalter endete mit Beginn des industriellen Zeitalters

Falsch: Vieles, was wir heute für »mittelalterlich« halten, gehört tatsächlich in die Neuzeit. Das Mittelalter begann mit der Völkerwanderung im 4. bis 6. Jahrhundert und ist in der europäischen Geschichte die Bezeichnung für die Epoche zwischen der Antike und der Neuzeit. Geprägt wurde der Begriff von den Humanisten Ende des 15. und Anfang des 16. Jahrhunderts. Sie waren der Auffassung, daß die »dunkle« Epoche des Mittelalters durch einen Verfall von Kultur und Bildung gekennzeichnet sei und sich dadurch deutlich von der kulturellen Blütezeit der Antike einerseits und der Wiedergeburt der antiken Traditionen in der Renaissance andererseits absetzte. Der negative Beiklang des Begriffs Mittelalter verstärkte sich noch ab dem 17. Jahrhundert, vor allem aber im Zeitalter der Aufklärung. Als Ende des Mittelalters gilt die Entdeckung Amerikas und das Ende der Reconquista (Bezeichnung für die Kriege christlicher Heere im mittelalterlichen Spanien und Portugal zur Rückeroberung der seit 711 von muslimischen Mauren besetzten iberischen Halbinsel) im Jahre 1492.

Quelle: *Microsoft Encarta 98 Enzyklopädie*

**Benito Mussolini war von allen Diktatoren unserer Zeit der beste Schriftsteller**

Verglichen mit dem, was beispielsweise Hitler oder Stalin zu Papier brachten, schrieb Mussolini geradezu akzeptable Prosa. Aber die glänzendsten Stellen sind meist von anderen Autoren übernommen. Mussolini bediente sich unter anderem der Schriften von Machiavelli, Nietzsche, Marx, Engels, Plato und besonders des französischen Anarchisten Georges Sorel.

Quelle: *Playboy* 2/1973

**Nero zündete im Juli 64 n. Chr. Rom an**

Stimmt nicht, Nero befand sich bei Ausbruch des Feuers im vornehmen Antium, seiner Geburtsstadt. Dem Feuer fielen sein Palast, eine wertvolle Kunstsammlung und eine Menge Bargeld zum Opfer. Kurz nach der Katastrophe begann man zu munkeln, Nero habe einige Männer beauftragt, das Feuer zu legen. Der römische Schriftsteller Sueton schrieb, Nero hätte behauptet, daß der Anblick der häßlichen Häuser sein Auge beleidige, woraufhin er die Stadt in Brand stecken ließ. Aber schon damals wurde diese Behauptung von »gutunterrichteten Kreisen« angezweifelt. 1981 schrieb Philipp Vandenberg in seiner Nero-Biographie: »Wir können davon ausgehen, daß die Brandstiftertheorie von Sueton in die Welt gesetzt wurde, einem Autor, der nicht Geschichte aufzeichnete, sondern Geschichten, und mitunter unkritisch Gerüchte und Anekdoten kolportierte, die ihm zu Ohren kamen.«

Quelle: Philipp Vandenberg: *Nero: Kaiser und Gott, Künstler und Narr*, München 1981

### Odysseus eroberte Troja

Lange Zeit hielt man ihn für eine Sage, doch inzwischen haben sich viele Historiker darauf geeinigt, daß der Trojanische Krieg tatsächlich stattgefunden hat. Anlaß war der Raub Helenas durch Paris. Daraufhin belagerten die Griechen unter Führung Agamemnons zehn Jahre lang in wechselvollen Kämpfen die Stadt Troja. Schließlich eroberte Odysseus mit dem »Trojanischen Pferd« die Stadt, wobei nur wenige Trojaner überlebten. So weit, so gut – nur: Die Geschichten von Odysseus und seinen Freunden Menelaos, Patroklos, Ajax, Diomedes und Achill sind erfunden. Der griechische Dichter Homer (8. Jh. v. Chr.) hatte sie sich ausgedacht.

Quelle: *Focus* 40/1997

### Der Kampf ums Öl begann mit dem industriellen Zeitalter

Stimmt nicht, der erste Ölkrieg hat vor rund 2300 Jahren auf dem Toten Meer stattgefunden. Davon zeugen antike Anker und Taureste, die am Ufer des salzigen Grenzsees zwischen Jordanien und Israel gefunden wurden. Nach Angaben von

Wissenschaftlern handelt es sich um Zeugnisse einer Schlacht, die der spätere syrische Antigonos I. im Jahre 312 v. Chr. um das begehrte Erdpech geführt hat. Der israelische Geochemiker Ariel Nissenbaum untersuchte die Palmtaue, an denen drei rechteckige, 110 bis 135 Kilogramm schwere Steinanker befestigt waren. Die Altersbestimmung des gut erhaltenen Tauwerks, so Nissenbaum, erlaube den Schluß, daß die Anker zu Schiffen jener Schlacht gehörten, in der Antigonos – erfolglos – gegen die Anwohner des Toten Meeres kämpfte.

Quelle: *Spiegel* 27/1990

## Jacqueline Onassis war die »kostbarste« Frau der Weltgeschichte

Immerhin erhielt sie von ihrem Gemahl allein in den Flitterwochen Juwelen im Wert von 20 Millionen Dollar. Aber was ist das schon gegen Kleopatra, die sich von Mark Anton die Hälfte des römisch besetzten Orients schenken ließ? Auch der mazedonische Eroberer Demetrios Poliorketes zeigte sich generös: Er führte vor 2200 Jahren die Mehrwertsteuer für Seife ein, um seine Gespielin, die Hure Lamia, auszuhalten. Und im Indien des 17. Jahrhunderts ließ Shah Jahan 20 000 Arbeiter zwanzig Jahre lang schuften, um seiner Liebsten Arjumand Banu Bagam das Taj Mahal als Mausoleum zu bauen.

Quelle: *Playboy* 1/1983

## Die Potemkinschen Dörfer waren aus Pappe

Diese Lüge war eine von vielen, die der sächsische Diplomat Helbig zwischen 1797 und 1799 mittels zahlreicher Artikel in die Welt setzte. Er behauptete, der russische Fürst Grigorij Aleksandrowitsch Potemkin (1739–1791) habe Hunderttausende Leibeigene in den Tod getrieben und drei Millionen Rubel veruntreut und anläßlich eines Besuchs von Katharina II. von Rußland auf der Krim den Befehl gegeben, Dorfattrappen zu errichten, um der Zarin Wohlstand und Fortschrittlichkeit dieser Region vorzuspiegeln. An all diesen Geschichten ist kein Wort wahr, vielmehr gehörte der Fürst zu den großen Staatsmännern des 18. Jahrhunderts, der mit seinen Reformen und Städtegründungen (u. a. Sewastopol und Nikolajew) im In- und Ausland großen Eindruck machte. Doch weil Potemkin der Liebhaber Katharinas – vielleicht sogar ihr angetrauter Ehemann – war, hatte er eine Menge Neider, die für die Entstehung der »Potemkinschen Dörfer« sorgten. Zunächst wurden die Geschichten nur hinter vorgehaltener Hand erzählt, dann brachte Helbig sie zu Papier. Erst anderthalb Jahrhunderte später wies der Russe George Soloveytchik in seiner Potemkin-Biographie nach, daß die Geschichte von den Papp-Dörfern eine bösartige Erfindung war.

Quelle: Gerhard Prause: *Niemand hat Kolumbus ausgelacht*, Düsseldorf 1978

### Pythagoras war 588 v. Chr. Olympiasieger im Faustkampf

Dabei hat es sich um keinen Fall um den Philosophen und Entdecker des $a^2$ plus $b^2$ gleich $c^2$ gehandelt. Dieser Pythagoras wurde erst um 570 v. Chr. auf Samos geboren. Bei der Teilnahme an den Olympischen Spielen 588 hätte er mindestens 20 Jahre alt und somit spätestens 608 v. Chr. zur Welt gekommen sein müssen. Bei dem boxenden Olympiagewinner handelte es sich um einen sonst unbekannten Namensvetter.

Quelle: *Frankfurter Allgemeine Zeitung* 5. 12. 1997; Meyers Lexikon

### Der Rattenfänger von Hameln schickte 130 Kinder in den Tod

Vermutlich war der Rattenfänger einer von vielen »Lokatoren«, die im Dienste des Bischofs Brun von Ölmütz (1245–1281) in Hameln junge Leute für die ostdeutschen Kolonien warben. Die

Ratten wurden dem Auszug erst später vorgeschaltet, um diesen »Auszug der Kinder«, der der späteren Generation schwerverständlich erschien, nachträglich erklären zu können.

Quelle: *Focus* 40/1997

**Robin Hood unterstützte die Armen**

Er raubte die Reichen aus und schenkte einen Großteil seiner Beute den Armen. So will es die Legende, doch erst lange nach seinem Tod wurde der Räuber Robin Hood der Held englischer Volksballaden des späten 14. oder frühen 15. Jahrhunderts – da waren alle Zeitzeugen längst verstorben. Robin Hood personifiziert vermutlich den angelsächsischen Widerstand gegen die Normannen. Noch heute streiten die Wissenschaftler, ob überhaupt je ein reales historisches Vorbild existierte.

Quelle: *Focus* 40/1997

**Die Sumerer haben die Schrift erfunden**

Dies konnten chinesische Archäologen 1993 widerlegen, als sie an zwei Grabungsstätten, südlich von Peking und bei Jinan, Artefakte mit eingeritzten Zeichen fanden. Die gravierten Tonscheiben, Jadesteine und Schildpattstücke sind bis zu 7500 Jahre alt und deuten darauf hin, daß die Entwicklung der Schrift in China ihren Ausgang nahm. Vor dem chinesischen Fund galten die Sumerer, die im Süden des heutigen Irak lebten, als Erfinder des geschriebenen Wortes; sumerische Piktogramme sind rund 5000 Jahre alt.

Quelle: *Spiegel* 17/1993

**Wilhelm Tell ist Schweizer Nationalheld**

Allerdings hat er nie gelebt. Nachdem der Schweizer Sagenheld aus Bürglen (Kanton Uri) vom habsburgischen Landvogt Geßler gezwungen wurde, einen Apfel vom Kopf seines Kindes zu schießen, soll er den Tyrannen in der Hohlen Gasse bei Küssnacht getötet haben. Dies sei das Signal zum Aufstand der drei 1291 zum ewigen Bund zusammengeschlossenen »Waldstätten« Uri, Schwyz sowie Ob- und Nidwalden gewesen. Das sogenannte *Tellenlied* wurde allerdings erst 150 Jahre nach den genannten Ereignissen geschrieben – und die Legende von dem berühmten Apfelschuß ist schon in verschiedenen nordischen Märchen lange vor dem Jahr 1300 zu finden.

Quelle: *Focus* 40/1997

**Im Teutoburger Wald wurden die Römer vernichtend geschlagen**

Seit 1875 steht Hermann der Cherusker (falscher Name des Arminius) nahe Detmold im Teutoburger Wald auf seinem Sockel. Doch wer den Ort besuchen will, an dem die Römer tatsächlich geschlagen wurden, muß etwa 80 Kilometer nordwestlich suchen. Vier Kilometer östlich der Autobahnabfahrt Bramsche (Kreis Osnabrück) liegt im Wiehengebirge der 157 Meter hohe Kalkrieser Berg, wo im Jahre 9 n. Chr. die Kampfhandlungen zwischen Römern und Germanen stattgefunden haben. Den Beweis erbrachte 1987 der britische Archäologe J. A. S. Clunn, als er nahe der Wasserburg Barenaue einen Schatz römischer Silbermünzen sowie Schleudergeschosse aus Blei entdeckte. Darüber hinaus wurden Waffen, Pferdegeschirre, Gewandfibeln und die Silbermaske eines römischen Soldaten gefunden.

Quelle: B. Macher: »Muß Hermann jetzt umziehen?«, *Neue Zürcher Zeitung* 24. 4. 1997

**Die Vandalen waren ein besonders wütender Volksstamm**

Den (ursprünglich in Jütland lebenden) Vandalen, einem Germanenstamm von 80 000 Männern, Frauen und Kindern, der während der Völkerwanderung (4. bis 6. Jh. n. Chr.) bis nach Nordafrika zog und 439 unter König Geiserich das einst von den Römern »dem Erdboden gleichgemachte« Karthago eroberte, wird eine beispiellose Zerstörungswut nachgesagt. Seine Krieger überfielen 455 Rom, plünderten die Stadt systematisch und deckten sogar das mit Bronzeziegeln bedeckte Dach des Jupiter-Capitolinus-Tempels ab, ehe sie auf ihren Schiffen davonfuhren. Doch im Grunde handelten die Vandalen nicht brutaler als andere Völker. Die Vandalen hatten auch nicht Rom niedergebrannt. Ihr Pech war, daß die römischen Chronisten über keinen anderen Raubzug so eindrucksvolle Berichte wie über diese Attacke schrieben, in der die Vandalen als Barbaren dargestellt wurden. Aber auch Henri-Baptiste Grégoire, der erste Geistliche, der in der Französischen Revolution den Eid auf die neue Verfassung ablegte, sorgte für den üblen Ruf der Vandalen: Als er 1792 gegen die jakobinischen Kunstschänder protestierte, prägte er den heute gängigen Begriff »Vandalismus«.

Quelle: *Welt am Sonntag* 7. 12. 1997

**Van Gogh war wahnsinnig**

Hundert Jahre nach seinem Selbstmord wurde der niederländische Maler Vincent van Gogh (1853 bis 1890) vom Verdacht, wahnsinnig gewesen zu sein, befreit. Wie das *Journal of the American Medical Association (Jama)* berichtete, habe der Maler an einer schmerzhaften Erkrankung des Innenohres gelitten – am sogenannten Ménière-Syndrom. Bei der Krankheit kommt es zu Flüssigkeitsansammlungen und Überdruck im inneren Ohr; Schübe von Schwindelgefühlen, Taubheit und lästiges Ohrenklingeln zählen zu den Anzeichen. Die Autoren des Jama-Berichtes, Ohrenarzt I. Kaufmann Arenberg und die Malerin Lynn Flieger Countryman, kamen nach der Lektüre von 796 van-Gogh-Briefen zu ihrer posthumen Diagnose: Die Schilderung seiner Leiden würden fast wörtlich jenen Berichten Tausender von Ménière-Patienten gleichen, die von Ohrenarzt

Arenberg behandelt wurden. Um die Qualen zu lindern, glaubt er, habe van Gogh zunächst sein linkes Ohr verstümmelt und eineinhalb Jahre danach, während eines neuen Krankheitsschubes, verzweifelt Selbstmord begangen.

Quelle: *Journal of the American Medical Association* 6/1990

? **Die Wikinger hielten Mut und Kraft für die wichtigsten Tugenden**

Nein, die Anhäufung des Vermögens bedeutete ihnen viel mehr. Und anstatt brutal zu kämpfen, versuchten sie es mit List. Die Wikinger schlugen auch keine großen Seeschlachten. Ihre militärische Begabung war zudem eher dürftig: Sie bevorzugten den Überfall (strandhögg), einen kurzen Krieg mit wenig Personalaufwand und sicherem Gewinn.

Quelle: Régis Boyer: *Die Piraten des Nordens. Leben und Sterben als Wikinger*, Stuttgart 1997

? **Die Wikinger trugen Helme mit Hörnern**

Verzeihung, Hägar du Schrecklicher. Aber kein einziger Wikinger hat jemals einen Helm mit Hörnern auf sein Haupt gesetzt.

Quelle: Régis Boyer: *Die Piraten des Nordens. Leben und Sterben als Wikinger*, Stuttgart 1997

# 16. Einstein war ein Plagiator
## Lenin, Plastik, Kokain – skurrile Irrtümer und Fehlleistungen aus der Welt der Wissenschaft

? **Der Himmel kann nicht einstürzen**

... behaupteten die Wissenschaftler noch Anfang 1997. Doch im Frühjahr 1997 funkte der Polarsatellit der NASA eindrucksvolle Bilder zur Erde, auf denen Kometen, groß wie Einfamilienhäuser, die Erde täglich zu Tausenden bombardierten. In einer Höhe zwischen 1000 und 20 000 Kilometern verdampfen die tonnenschweren Eisklumpen und bilden Wolken in der oberen Atmosphäre. Die Objekte sind für Astronomen besonders interessant, weil sie möglicherweise organische Moleküle enthalten und somit vor langer Zeit überhaupt erst die Entstehung von Leben auf der Erde ermöglichten.

Quelle: *Spiegel* 23/1997

? **Elektrosmog fördert Krebs**

Die Behauptung, daß die von Hochspannungsleitungen oder Haushaltsgeräten verursachten elektromagnetischen Felder für den Menschen schädlich seien, vor allem das Risiko erhöhten, an Leukämie zu erkranken, wurde 1995 widerlegt. Zwei voneinander unabhängige Untersuchungsteams veröffentlichten die Resultate streng kontrollierter Versuche über den Einfluß dieser Felder auf menschliche Zellkulturen. Weder die amerikanischen Wissenschaftler vom Pacific Northwest Laboratory in Richland noch das britische Forscherteam von der University of Cambridge fanden »einen Beweis für eine durch elektromagnetische Felder ausgelöste Änderung« in der Zellstruktur.

Quelle: *Spiegel* 20/1995

## Einstein war ein Plagiator!

Über 80 Jahre lang wurde in Fachkreisen behauptet, Albert Einstein habe die allgemeine Relativitätstheorie von seinem Freund, dem Mathematiker David Hilbert, »abgekupfert«. Ende 1997 wurde er jedoch vom Vorwurf des Plagiats freigesprochen. Nach Angaben des Max-Planck-Instituts für Wissenschaftsgeschichte in Berlin führten Einstein und Hilbert einen intensiven Austausch über ihre jeweilige Arbeit an der Relativitätstheorie.

Einstein gelang schließlich der Durchbruch. Der Verdacht, Hilbert sei Primus inter pares gewesen, ist auf den Umstand zurückzuführen, daß dieser die Ergebnisse seiner Arbeit bereits am 20. November 1915 an die Königliche Gesellschaft in Göttingen geschickt hatte und sie damit fünf Tage vor Einstein der Preußischen Akademie der Wissenschaften vorlegte. Außerdem hatte Einstein kurz zuvor einen Entwurf von Hilberts Arbeit erhalten, wie sein Brief an Hilbert vom 18. November 1915 beweist.

Obgleich Hilberts Arbeit erst am 31. März 1916 veröffentlicht wurde, entstand der Verdacht, daß Einstein durch Hilberts Aufsatz zu einer entscheidenden Korrektur an seiner Theorie veranlaßt worden sein könnte. Er hatte nämlich bis zum 18. November 1915 für die Feldgleichungen, die die Krümmung des Raumes durch die Materie beschreiben, noch nicht die korrekte mathematische Formel gefunden. Eine Woche später gab er sie in seinem Aufsatz für die Preußische Akademie jedoch korrekt an.

Einstein selbst wiederum erhob in einem Brief an seinen Freund Heinrich Zangger den Vorwurf des Plagiats gegen Hilbert. Wie sich herausstellte, lag er mit seiner Beanstandung nicht ganz falsch: Ende 1997 entdeckte Leo Curry von der Universität Tel Aviv im Hilbert-Archiv die Korrekturbögen von dessen entscheidender Arbeit. Aus ihnen ging hervor, daß Hilbert seinen Aufsatz vor dessen Veröffentlichung am 31. März 1916 überarbeitet hatte. Weil aber in der Zwischenzeit Einsteins Aufsatz erschienen war, konnte Hilbert seine noch unvollständigen Ergebnisse komplettieren. Jedenfalls kommt Hilbert in seiner korrigierten Niederschrift zum selben Ergebnis wie Einstein.

Quelle: *Science,* Bd. 278, S. 1270; Rainer Scharf: »Einstein vom Vorwurf des Plagiats befreit«, *Frankfurter Allgemeine Zeitung* 10. 12. 1997

## Eisen fällt schneller als Holz

Die Behauptung des Aristoteles, daß schwere Gegenstände schneller fallen als leichte, hat – vermutlich als erster – der italienische Mathematiker Giambattista 1585 angezweifelt, ein Jahr später widerlegte sie der Niederländer Simon Stevin im Experiment, das Galileo Galilei 1590 wiederholte.

Quelle: Thomas von Randow: »Sünden wider die Methodik« in *Der Teufel in der Wissenschaft,* Hamburg 1985

## Eisenbahnfahren macht verrückt

Im Jahre 1830 erbrachte das königlich-bayerische Medizinal-Kollegium den »Beweis«, daß die schnelle Bewegung der geplanten Eisenbahn schreckliche Gehirnstörungen verursachen würde. In zahlreichen Abbildungen wiesen die damaligen Ingenieure nach, daß es unmöglich sei, Lasten zu bewegen, wenn glatte Räder auf glatten Schienen laufen. Zudem errechneten die Mathematiker der damaligen Zeit, daß ein Zug nie schneller als 34 km/h fahren könne, weil sonst die Luft aus ihm herausgepreßt würde und somit die Passagiere ersticken müßten.

Quelle: Adolf Schneider: *Besucher aus dem All,* Freiburg i. Br. 1973

## Galileis Fernrohr ist heute völlig veraltet

Von wegen! 350 Jahre nach dem Tod des italienischen Astronomen und Physikers Galileo Galilei (1564–642) nahm eine Gruppe von italienischen Wissenschaftlern seine Beobachtungswerkzeuge unter die Lupe. Messungen mit einem digitalen Interferometer an zwei Teleskopen und an einer einzelnen Linse aus der Sammlung der Medici in Florenz bestätigten Galileis Ruf als bester Linsenschleifer Europas. Besonders beeindruckt waren die Prüfer von den plangeschliffenen Oberflächen eines Okulars und einer Teleskoplinse. Für bestimmte Wellenlängen, so die Wissenschaftler, seien Galileis Fernrohre nahezu beugungsfrei und damit »optisch perfekt«.

Quelle: *Spiegel* 30/1992

## Flugverkehr wird es nie geben

Dies behauptete der amerikanische Astronom Professor Simon Newcomb und schrieb Anfang dieses Jahrhunderts ein vernichtendes Urteil über die Aussichten der Luftfahrt: »Die Tatsache, daß keine nur irgend mögliche Kombination bekannter Werkstoffe, bekannter Maschinen und bekannter Antriebskräfte zu einem praktischen Fahrzeug vereinigt werden können, mit dessen Hilfe der Mensch über lange Entfernungen fliegen könnte, erscheint diesem Autor so völlig klar, wie eine physikalische Tatsache nur sein kann.«

Auch andere Gelehrte bezweifelten die Möglichkeit des Fliegens. Als 1894 auf Befehl Kaiser Wilhelms II. eine Sachverständigenkommission, bestehend aus den damaligen Koryphäen der verschiedensten Wissenschaften, die Pläne des Grafen Zeppelin für ein lenkbares Luftschiff prüfen sollte, kamen die Gelehrten zu einem einstimmigen Ergebnis: »Unmöglich«. Der berühmte Professor von Helmholtz hielt das Vorhaben für total verfehlt, weil es den primitivsten physikalischen Gesetzen widerspreche. Der namhafte Schiffbauer Professor Busley glaubte nicht an ein Luftschiff, weil es sich wegen des Luftwiderstandes nicht fortbewegen könne. Und der anerkannte Statiker Professor Müller-Breslau prophezeite, daß das Luftschiff sofort nach Beginn seiner Fahrt auseinanderbrechen werde.

Quelle: Adolf Schneider: *Besucher aus dem All*,
Freiburg i. Br. 1973

### Freud, ein Krimineller?

Als im Jahre 1910 beim Kongreß deutscher Neurologen und Psychiater im Hamburg eine Diskussion über Freuds Psychoanalyse angekündigt wurde, schlug Professor Wilhelm Weygandt mit der Faust auf den Tisch und rief: »Dies ist kein Diskussionsthema für eine wissenschaftliche Versammlung, dies ist eine Sache der Polizei.« Und ein Sprecher der Medizinischen Gesellschaft von Budapest meinte: »Der richtige Ort für Psychoanalytiker ist nicht der Ordinationsraum, sondern das Gefängnis.«

Quelle: Adolf Schneider: *Besucher aus dem All*,
Freiburg i. Br. 1973

### Ein Graffiti-Schutzanstrich schützt Bauwerke

Leider nicht. Zwar lassen sich nach Auftragen der Schutzschicht die Schmierereien fast immer mit warmem Wasser oder Haushaltsreinigern entfernen, doch sie hat auch einen großen Nachteil: An Gesteinsproben, die unter anderem vom Brandenburger Tor stammten, haben Wissenschaftler der Universität Oldenburg nachgewiesen, daß die üblichen Anti-Graffiti-Beschichtungen das Wachstum bestimmter Mikroorganismen fördern. Diese sorgen auf lange Sicht für den Zerfall der Bauwerke und Denkmäler. Insgesamt fanden die Forscher neun gesteinsschädigende Pilz- und fünf Bakterienstämme. Fast alle bedienten sich der Schutzschichten als Nahrungsquelle

Quelle: *Spiegel* 32/1993

## Grammophone sind Schwindel

Am 11. März 1878 stellte Dr. de Mouzel der Pariser Akademie zum erstenmal den von Thomas Alva Edison (1847–1931) entwickelten Phonographen (den Vorläufer des Grammophons) vor. Plötzlich stürzte der Humanist Professor Bouilland nach vorne und riß Dr. de Mouzel samt Phonograph vom Podium. Die ehrwürdige Versammlung solle sich nicht von einem Bauchredner zum Narren halten lassen, schimpfte der Professor. Ein Betrüger wie de Mouzel müsse umgehend der Polizei übergeben werden, denn es sei völlig ausgeschlossen, daß ein elendes Stück Metall den edlen Klang der menschlichen Stimme nachahmen könne. Tatsächlich wurde der Vorführer von der Akademie ausgeschlossen, bis nach einigen Monaten ein zweiter Apparat von Edison eintraf. Nur zögernd ließ sich darauf der gelehrte Professor Bouillard davon überzeugen, daß er sich bei der Beurteilung des Gerätes geirrt hatte, und Dr. de Mouzel wurde in allen Ehren wieder in der Akademie aufgenommen.

Quelle: Adolf Schneider:
*Besucher aus dem All*, Freiburg i. Br. 1973

## Ernst Haeckel war ein Ehrenmann

Vielleicht doch nicht? Immerhin kam Mitte 1997 heraus, daß der berühmte Biologe Ernst Haeckel (1834–1919) mit gefälschten Dokumenten seine Evolutionsgesetze untermauert haben soll. Bis heute lernen Schüler und Studenten Haeckels »biogenetisches Grundgesetz« von 1866: Jedes Lebewesen wiederholt während seiner Embryonalentwicklung im Zeitraffer die Stammesgeschichte der Vorfahren. Junge Embryos von Fisch, Huhn, Rind und Mensch sind danach kaum zu unterscheiden. Die Zeichnungen, mit denen Haeckel seine Theorien unterstützt hatte, sind jedoch frei von menschlichen Embryonen abgeleitet, behauptet der amerikanische Forscher Michael Richardson, der gemeinsam mit Kollegen in einer weltweiten Studie die Embryonen neu untersuchte. Der Schwindel flog erst 1997 auf, weil Embryologen seit Jahrzehnten keine vergleichenden Studien mehr durchgeführt hatten.

Quelle: *Focus* 34/1997

## Chinesen haben eine gelbe Haut, Indianer sind rothäutig

Die Haut der Chinesen ist genau so blaß wie die der Europäer, während die Indianer einen bräunlichen Teint haben. Der Begriff »Rothaut« wurde wahrscheinlich von Gelehrten eingeführt, die im 16. Jahrhundert über Indianer schrieben, ohne je in deren Land gewesen zu sein, geschweige denn einen Indianer gesehen zu haben. Sie verließen sich auf die Berichte von Eroberern und Missionaren. So entstand unter anderem die Legende, Indianer hätten eine rote Haut. Auch der Philosoph Immanuel Kant (1724–1804), der 1785 seine Abhandlung zur *Bestimmung des Begriffs der Menschenrasse* veröffentlichte, war davon überzeugt, daß Indianer rothäutig seien. Und weil Kant in der Hautfarbe das augenscheinlichste Merkmal zur Unterscheidung der Rassen sah, teilte er die Menschen in vier Kategorien ein: Weiße, Schwarze, Rote und Gelbe. Daß die Chinesen keine zitronenfarbene Haut haben und die oftmals rot bemalten Indianer nicht rothäutig sind, hat sich inzwischen herumgesprochen. Der Begriff »Rothaut« aber ist geblieben.

Quelle: Gerhard Prause: »Massenmord aus Rassenwahn« in *Der Teufel in der Wissenschaft*, Hamburg 1985

## Homer war blind

Der Dichter Homer gilt als Verfasser der beiden wichtigsten altgriechischen Epen, der *Ilias* und der *Odyssee*. Doch ob Homer wirklich existierte, ist nicht belegt. Die in der Antike gemachte Behauptung, daß er ein blinder Greis war, kann also nicht aufrechterhalten werden. Zumal es Zweifel gibt, ob alle Textteile beider Epen überhaupt von ein und demselben Autor verfaßt wurden.

Quelle: *Microsoft Encarta 98 Enzyklopädie*

## ? Kokain ist ein Segen

Das jedenfalls meinte Sigmund Freud. Nach seinem medizinischen Doktorexamen im März 1881 und drei Semestern am Physiologischen Institut verdiente der junge Mann seinen Lebensunterhalt als Arzt im Wiener Allgemeinen Krankenhaus. Im Jahre 1884 erfuhr er vom Kokain, dessen Reingewinnung erstmals 1859 gelungen war, und ließ sich von der Arzneimittelfirma Merck in Darmstadt eine kleine Menge zukommen. Er schluckte eine Dosis von 200 Milligramm und war von der Wirkung hellauf begeistert. »Ich sah mich sogleich in einem Zustand der Behaglichkeit«, schrieb er seiner Verlobten Martha Berneys, »wie nach einem guten Diner, wenn man an gar nichts, aber auch gar nichts zu denken braucht.« Freud war überzeugt, im Kokain ein wirksames Medikament gegen alle möglichen Alltagsbeschwerden entdeckt zu haben.

Natürlich wollte der ehrgeizige junge Arzt seine Erkenntnisse sofort veröffentlichen, weshalb er wie besessen einen Aufsatz schrieb, der 1884 in der Juli-Ausgabe des *Centralblatts für die gesamte Therapie* unter dem Titel *Ueber Coca* veröffentlicht wurde – es war ein einziger Lobgesang auf das Kokain. Noch im gleichen Jahr wurde der Beitrag auch im amerikanischen *St. Louis Medical and Surgical Journal* publiziert. Damit wurde der knapp 28jährige »Secundararzt im k. k. Allgemeinen Krankenhaus, Dr. Sigmund Freud« innerhalb kurzer Zeit international bekannt.

Unter anderem beschrieb Freud auch die psychische Wirkung von Kokaindosen zwischen 0,05 und 0,1 Gramm: »Sie besteht in einer Aufheiterung und anhaltenden Euphorie.« Man sei »eben einfach normal und hat bald Mühe, sich zu glauben, daß man unter irgendwelcher Wirkung steht«. Diese Stimmung entstehe nicht sosehr durch die direkte Erregung als vielmehr »durch den Wegfall deprimierender Elemente des Gemeingefühls«. Und er fuhr fort: »Während dieses an sich nicht weiter gekennzeichneten Cocainzustandes tritt das hervor, was man als die wunderbare stimulierende Wirkung des Coca bezeichnet. Langanhaltende, intensive geistige oder Muskelarbeit wird ohne Ermüdung verrichtet. Nahrungs- und Schlafbedürfnisse, die sonst zu bestimmten Tageszeiten gebieterisch auftreten, sind wie weggewischt. Man kann im Cocainzustand, wenn man aufgefordert wird, reichlich und ohne Widerwillen essen, aber man hat die deutliche Empfindung, daß man der Mahlzeit nicht bedurft hat. Ebenso kann man, wenn die Cocainwirkung im Abnehmen ist, einschlafen, wenn man zu Bette geht, aber auch ohne Beschwerde den Schlaf umgehen.«

Freud empfahl die Behandlung mit Kokain, ohne je ausreichende Versuche gemacht zu haben. Man solle das »Zaubermittel« bei den »verschiedenartigsten psychischen Schwächezuständen« anwenden, etwa bei Hysterie, Hypochondrie, melancholischen Störungen. Aufgrund seiner eigenen Erfahrung solle Kokain auch bei »Störungen der Magenverdauung« eingesetzt werden. Er habe die »peinlichen Beschwerden nach grossen Mahlzeiten: Gefühl von Druck und Völle im Magen, Unbehagen und Arbeitsunlust nach geringen Dosen Cocain ... unter Aufstoßen schwinden gesehen«. Bei »allen krankhaften Zuständen, die mit Consumption der Gewebe einhergehen wie: schwere Anaemien, Phthise, langandauernde fieberhafte Erkrankungen« sei ein längerer Kokaingebrauch dringend zu empfehlen.

Eine Gefahr, süchtig zu werden, sah Freud nicht. Nachdem er das »Zaubermittel« höchstens fünf Wochen lang genommen hatte, meinte er: »Bemerkenswerth erscheint mir, was ich an mir selbst und anderen urtheilsfähigen Beobachtern erfahren habe, daß nach der ersten oder wiederholten Cocaeinnahme durchaus kein Verlangen nach weiterem Cocagebrauch eintritt, vielmehr eher eine gewisse, nicht motivierte, Abneigung gegen das Mittel.« Und dann unterlief ihm sein unseligster Irrtum: Unter der Überschrift »Coca in der Morphin- und Alkoholentwöhnung« berichtete er:

»In den letzten Jahren ist in Amerika die wichtigste Wahrnehmung gemacht worden, daß die Cocapräparate die Kraft besitzen, den Morphinhunger bei gewohnheitsmäßigen Morphinisten zu unterdrücken und die bei der Morphinentwöhnung auftretenden Collapserscheinungen auf ein geringes Mass zurückzuführen.« Freud schilderte auch eine »Entziehungskur«, die er seinem morphiumsüchtigen ehemaligen Kollegen Dr. Fleischl verordnet hatte, und er glaubte allen Ernstes, den Abhängigen binnen zehn Tagen von seiner Sucht geheilt zu haben: »Ich hatte Gelegenheit, eine plötzliche Morphinentziehung unter Cocagebrauch bei einem Mann zu beobachten, der bei einer früheren Entziehungscur unter schwersten Abstinenzerscheinungen gelitten hatte. Das Befinden war diesmal ein erträgliches, insbesondere fehlten Depression und Nausea, solange die Cocawirkung anhielt ... Der Kranke blieb ausser Bette und leistungsfähig, und verbrauchte in den ersten Tagen je 3 Decigramm Cocainum muriaticum; nach 10 Tagen konnte er das Mittel bei Seite lassen.«

Freuds Enthusiasmus für Kokain zeigte schon bald verheerende Wirkungen. Immer mehr Menschen, denen man das »Zaubermittel« verordnet hatte, wurden süchtig. Auch Dr. Fleischl. Zwar nahm er kein Morphium mehr, griff aber zu immer höheren Dosen Kokain.

Quelle: Gerhard Prause: »Freuds Loblied auf das Kokain« in *Der Teufel in der Wissenschaft*, Hamburg 1985; Sigmund Freud: *Schriften über Kokain*, herausgegeben von Albrecht Hirschmüller, Frankfurt am Main 1966

### ? Lenin war ein Genie

Nachdem Lenin 1924 gestorben war, forschten zahlreiche Wissenschaftler in dem vom Freiburger Hirnforscher Oskar Vogt in 31 000 Scheiben zerlegten Gehirn von Wladimir Iljitsch Lenin nach den Ursachen und Gründen für die »Genialität« des Mitbegründers der Sowjetunion. Doch erst 1993 legte der Direktor des für diesen Zweck eigens gegründeten Instituts das Ergebnis der fast 70 Jahre dauernden Bemühungen vor: Das 1340 Gramm schwere legendäre Gehirn erwies sich als durchschnittlich. Abgesehen davon, daß man relativ große Frontallappen und eine größere Zahl von »pyramidalen Neuronen« gefunden hatte, konnte Oleg Adrianow kaum Bemerkenswertes mitteilen. Noch mehr war Adrianow allerdings von Stalins Schädel enttäuscht: »Stalins Hirn hatte gar nichts zu bieten.«

Quelle: *Spiegel* 46/1993

**Auf dem Mars gab es Leben**

Im Mai 1996 erregte der vor 13 000 Jahren in der Arktis niedergegangene Mars-Meteorit »Allan Hills 84001« weltweites Aufsehen, weil man darauf Spuren biologischer Lebensformen entdeckt haben wollte. Es wurde vermutet, auf dem Mars habe es vor mehr als 3,6 Milliarden Jahren möglicherweise frühe Spuren außerirdischen Lebens gegeben. Doch im Dezember 1997 machten amerikanische Wissenschaftler aus Ohio, Georgia und Tennessee diese Hoffnung zunichte. Sie hatten bei ihrer letzten Untersuchung zwar auch Spuren gefunden, die wie Würmer oder Nano-Fossilien aussahen. Diese waren aber keinesfalls das Ergebnis biologischer, sondern geologischer Prozesse. Es handelte sich um zerbrochene Oberflächen von Pyroxen- oder Karbonatkristallen. Gleichwohl sei damit die Debatte über Leben auf dem Mars aber noch nicht beendet, betonte der Forscher Ralph Harvey von der Case Wester Reserve University in Cleveland (Ohio).

Quelle: *Die Rheinpfalz* 15. 12. 1997

**Meteoriten gibt es nicht ...**

... befand der berühmte französische Gelehrte Antoine Laurent de Lavoisier (1743–1794): »Es ist unmöglich, daß Steine vom Himmel fallen, weil es keine Steine im Himmel gibt.« Er folgte damit seinem Landsmann Petrus Gassendi (1592–1655), der die Möglichkeit von Meteoriten sogar noch bestritt, nachdem man ihm einen kurz zuvor niedergegangenen, noch heißen Stein überreicht hatte: »Steine können nicht vom Himmel fallen.« Der dritte US-Präsident Thomas Jefferson (1743–1826) glaubte auch nicht an Meteoriten. Nachdem am Morgen des 14. Dezember 1807 ein Feuerball in der Nähe von Weston (Connecticut) niedergegangen war, sammelten die Yale-Professoren James L. Kingsley und Benjamin Silliman zahlreiche Bruchstücke des Meteoriten ein. Doch als Jefferson die Fundstücke gezeigt wurden, winkte er ab: »Es ist einfacher, zu glauben, daß zwei Professoren lügen, als daß Steine vom Himmel fallen.«

Quelle: Adolf Schneider: *Besucher aus dem All*, Freiburg i. Br. 1973; C. D. Bryan: *Close Encounters of the Fourth Kind*, London 1995

**Museumsfachleuten unterläuft kein Irrtum**

Doch, manchmal, wie das Beispiel des naturgeschichtlichen Museums der Yale University in New Haven (Connecticut, USA) beweist. Dort war jahrzehntelang ein Dinosaurier mit einem falschen Kopf ausgestellt worden, und keiner hatte es bemerkt. Das kopflose Skelett war vom Museumsgründer Dr. O. Marsh 1879 in Wyoming ausgegraben und kurzerhand mit einem Kopf versehen worden, den er vier Meilen weiter gefunden hatte. Erst 1981 wurde der Fehler entdeckt und das stupsnasige Haupt gegen ein passendes ausgetauscht.

Quelle: *New York Times* 26. 10. 1981

**Neandertaler waren Menschenfresser**

Lange Zeit neigten Archäologen zu der Annahme, die Neandertaler hätten die Leichen ihrer Artgenossen zuweilen verspeist. Als Beweisstücke galten versteinerte Skelettreste, die am

Fundort meist verstreut umherlagen und deutliche Nagespuren zeigten. 1990 aber konnte nachgewiesen werden, daß die prähistorischen Gebißmale von Hyänen stammen, die sich einst an den Neandertaler-Leichen gütlich getan hatten. Zahnspuren der gefräßigen Raubtiere, die es nachweislich schon vor 50 000 Jahren gab, fanden sich auch am Vorzeigestück der Kannibalismus-Theoretiker, einem Neandertaler-Schädel mit klaffenden Löchern in der Hirnschale. Zwar seien nach Ansicht der Forscher die Toten in grauer Vorzeit zuweilen rituell entbeint worden, jedoch niemals zu Ernährungszwecken. Zudem seien in den versteinerten Fäkalien der Urmenschen niemals Reste kannibalistischer Mahlzeiten gefunden worden.

Quelle: *Spiegel* 51/1990

## ? »Es gab keine Neandertaler!« ...

... befand der berühmte Arzt und Urgeschichtsforscher Rudolf Virchow (1821–1902), nachdem man 1856 in der Höhle Feldhofer Kirche im Neandertal nahe Düsseldorf eine eiszeitliche Urmenschengruppe gefunden hatte. Und Virchow ließ sich nicht beirren, vielmehr erklärte er nach mehrmaligen Untersuchungen von Skelettresten den Neandertaler-Menschen für eine Abnormität der Natur. »Das fragliche Individuum«, so lautete seine irrige Diagnose, »hat in seiner Kindheit an einem geringen Grad von Rachitis gelitten, hat dann eine längere Periode kräftiger Tätigkeit und wahrscheinlich Gesundheit durchlebt, welche nur durch mehrere Schädelverletzungen, die daher glücklich abliefen, unterbrochen wurde, bis sich später Arthritis deformans (verbildende Altersgicht) mit anderen, dem hohen Alter angehörigen Veränderungen einstellte, insbesondere der linke Arm ganz steif wurde; trotzdem aber hat der Mann ein hohes Greisenalter erlebt. Es sind dies Umstände, die auf einen sicheren Familien- und Stammesverband schließen lassen, ja, vielleicht auf Seßhaftigkeit hindeuten. Denn schwerlich dürfte in einem bloßen Nomaden- und Jägervolk eine so vielgeprüfte Persönlichkeit bis zum hohen Greisenalter sich zu erhalten vermögen.« Damit war das Urteil gesprochen. Und die Welt glaubte dem irrenden Genie. Denn Virchow hatte immer recht. Auch wenn er im Unrecht war ...

Quelle: Rudolf Pörtner: *Bevor die Römer kamen*, München 1973

### Die Paläontologie ist eine exakte Wissenschaft

Das mag schon sein, andererseits ist die Geschichte der Paläontologie (der Lehre vom Leben in der Urzeit) voller skurriler Irrtümer. Mancher stolze Entdecker von Fossilien (lat. fossilis = ausgegraben) erntete statt Lob nur Hohn und Spott. So wurde 1715 der Londoner Apotheker Conyers ausgelacht, nachdem er in einem ausgetrockneten Flußbett einige Elefantenknochen und daneben einen roh behauenen spitzen Stein entdeckt hatte. Damals wurde in den Kneipen über den Fund gewitzelt und vermutet, es handle sich um die Überreste eines ausgerissenen Zirkuselefanten, der an der britischen Kost gestorben sei. Schließlich wandte sich der Apotheker an einen befreundeten Forscher. Der datierte die Elefantenknochen in die Zeit des römischen Kaisers Claudius, der Elefanten über den Kanal gebracht habe, um die Briten zu unterwerfen. Daraufhin wurden die Knochen und der Stein in ein Raritätenkabinett gebracht und als Funde aus der Römerzeit bezeichnet.

Auch die erste Entdeckung von Dinosaurierspuren in Nordamerika durch den Farmer Pliny Moody wurde anfangs nicht ernst genommen, weil der Begriff Dinosaurier noch nicht bekannt war. Er wurde erst 1841 vom Londoner Paläontologen Richard Owen eingeführt. Der Farmer Pliny Moody hatte im Herbst 1802 beim Pflügen seines Feldes nahe South Hadley im US-Bundesstaat Massachusetts einen umgestoßenen Felsbrokken erblickt, auf dem der Abdruck von drei riesigen Zehen zu erkennen war. Sie ähnelten Spuren von Vögeln, die über Schlamm oder Sand gelaufen waren. Die Menschen von South Hadley redeten viel über diesen sonderbaren Fund, bis einer von ihnen behauptete, es handle sich um Fußspuren jenes Raben, den Noah nach der Sintflut ausgeschickt hatte, um trockenes Land zu suchen.

Geirrt hatte sich auch der englische Antiquar Edward Lluyd, der 1669 den ersten Fund eines versteinerten Fischsauriers als »Lithophylacii Britannici ichnographia« bezeichnete. Lluyd hielt den Fischsaurier, der vom Aussehen her heutigen Delphinen ähnelt, für einen Fisch besonderer Art: Lluyd zufolge gerieten mit der Verdunstung des Meerwassers auch Fischeier in die Wolken, die später mit dem Regen auf das Festland fielen. In den trockenen Erdschichten, so erklärte er, hätten sich aus ihnen keine normalen Fische entwickelt, sondern solche aus Stein.

Über diese Theorie lächelte 40 Jahre später ein weiterer Entdecker eines Fischsauriers, der Züricher Arzt und Chorherr Johann Jakob Scheuchzer. Doch heute schmunzelt man auch über ihn. Scheuchzer erklärte, mehrere unter dem Galgenberg der fränkischen Stadt Altdorf geborgene Wirbel gehörten zum Beingerüst eines verruchten Menschenkindes aus der Sündflut, um dessen Sünde willen das Unglück über die Welt hereingebrochen sei.

Um 1712 wies der Altdorfer Arzt und Mineraloge Jacob Baier, der die Gesteinsbildungen und Fossilien der Jurazeit in Franken untersuchte, zu Scheuchzers Ärger nach, daß solche gehöhlten Wirbelpaare niemals den Körper eines Menschen getragen haben konnten. Baier bestimmte die Ichthyosaurierknochen als Fischwirbel.

Als der Naturforscher Jacques Boucher de Perthes im Jahre 1838 in Steinen Fußspuren prähistorischer Tiere oder jahrtausendealte Waffen zu sehen glaubte, wurde seine Theorie von der wissenschaftlichen Welt allgemein mit Gelächter aufgenommen. Erst 1859 wurde Perthes durch englische und französische Naturwissenschaftler bestätigt. Seine Entdeckungen führten zur wissenschaftlichen Erforschung der Altsteinzeit. Heute sind die Museen gefüllt mit Fossilien und Steinen, die von primitiven Menschen bearbeitet wurden.

Quelle: Adolf Schneider: *Besucher aus dem All*,<br>Freiburg i. Br. 1973;<br>Ernst Probst: »Noahs Rabe – ein Dino?«,<br>*Süddeutsche Zeitung* 16. 10. 1993

## Max Planck wurde von seinen Kollegen verehrt

Als Student erhielt Max Planck (1858–1947) von seinem Lehrer den Rat, nicht Physik zu studieren, »weil auf diesem Gebiet nichts Neues mehr zu erforschen« sei. Im Dezember 1900, nach seinem Berliner Vortrag über die Quantentheorie, wurde Max Planck von seinen Kollegen heftig angegriffen, verlacht und gemieden. Erst 18 Jahre später wurde ihm für sein Werk der Nobelpreis verliehen.

Quelle: Adolf Schneider: *Besucher aus dem All*, Freiburg i. Br. 1973

## Okapis gibt es nicht ...

... glaubte die europäische Wissenschaft, als im Jahre 1901 europäische Jäger in den afrikanischen Urwäldern ein Tier beobachteten, das ihnen völlig unbekannt war. Es handelte sich um eine Art Kreuzung von Antilope, Zebra und Maulesel. Die Eingeborenen kannten das Tier und nannten es »Okapi«. Doch die Herren Universitätsprofessoren winkten ab und erklärten, ein solches Tier könne es nicht geben. Heute ist in jedem besseren Zoo ein Okapi zu bestaunen.

Quelle: Adolf Schneider: *Besucher aus dem All*, Freiburg i. Br. 1973

## Plastik ist hygienischer als Holz

Das Gegenteil ist der Fall: Bei dem Versuch, Holz die gleiche Sicherheit gegen lebensmittelvergiftende Bakterien zu verleihen, wie sie Plastik zugeschrieben wird, machten Wissenschaftler der University of Wisconsin eine überraschende Entdeckung: Vorsätzlich mit Bakterien wie Salmonellen, Listeria oder Escherichia coli verseuchtes Holz erwies sich nach drei Minuten als hygienisch einwandfrei – 99,9 Prozent der Erreger waren abgestorben. Dagegen waren sämtliche Krankheitskeime auf dem Vergleichskunststoff lebensfähig. Auch ein zweiter Test führte zu verblüffenden Ergebnissen: Nachdem man den verseuchten Kunststoff eine Nacht bei Raumtemperatur liegengelassen hatte, vermehrten sich die Bakterien auf den Plastikbrettern. Auf dem Holz hingegen wurden am nächsten Morgen keine Erreger mehr gefunden. Insgesamt wurden sieben Holzarten und vier Kunststofftypen untersucht. Die Ergebnisse fielen stets ähnlich aus.

Quelle: *Spiegel* 7/1993

## Der einzige Planet mit einem Ring ist der Saturn

Jupiter, Neptun und Uranus sind ebenfalls von Ringen umgeben.

Quelle: *Microsoft Encarta 98 Enzyklopädie*

## Sauerbruch wurde von der SED aus politischen Gründen entlassen

Als der berühmte Professor Ferdinand Sauerbruch (1875–1951), genötigt wurde, seine Stellung als Direktor des Berliner Krankenhauses Charité aufzugeben, entstand die Legende, die SED-Machthaber hätten ihn wegen seiner politischen Überzeugung fallenlassen. Der wahre Grund aber war: Der berühmte Arzt litt unter einer Zerebralsklerose, die seinen Intellekt und die Sicherheit seiner Bewegungen zunehmend negativ beeinträchtigten, ohne daß es Sauerbruch selbst merkte. So wurde dieser weltberühmte Chirurg für seine Patienten zu einer immer größeren Gefahr. Er machte verhängnisvolle Fehler, und nachdem es einige Todesfälle auf dem Operationstisch gegeben hatte, mußte er die Charité verlassen. Doch so lange er lebte, blieb Sauerbruch für viele Menschen der große Chirurg. In dem Glauben, daß nur er sie von ihren Krankheiten heilen könne, bedrängten sie ihn in seinem Berliner Privathaus. Und Sauerbruch, der glaubte, körperlich und geistig fit genug zu sein, operierte in seiner Wohnung unter primitivsten Bedingungen, als er das Skalpell schon längst nicht mehr hätte einsetzen dürfen. Dabei brachte Sauerbruch seine Patienten immer wieder in echte Lebensgefahr. Die Wahrheit aber wurde lange vertuscht.

Quelle: Gerhard Prause: *Niemand hat Kolumbus ausgelacht*, Düsseldorf 1978

**Das Schnabeltier ist ein schlechter Witz ...**

... behaupteten erboste Zoologen des Britischen Museums in London, nachdem sie einen sonderbaren Tierbalg untersucht hatten, den ihnen ein gewisser Dobson aus Australien geschickt hatte. Das Geschöpf besaß einen breiten Schnabel wie eine Löffelente, trug ein braunes Otterfell, hatte einen platten Schwanz wie ein Biber, vier kurze Beine, Schwimmhäute zwischen den Zehen und einen Sporn am Hinterfuß wie ein Hahn. Hinten, wo bei einem anständigen Säugetier die Nieren- und Verdauungsprodukte den Körper verlassen, wies das Wesen eine einzige Körperöffnung auf. Obwohl Dobson in seinem Begleitschreiben behauptet hatte, das Geschöpf existiere tatsächlich und sei in den australischen Gewässern oft zu finden, beharrten die verärgerten Zoologen darauf, daß es sich bei der Kreatur um eine Fälschung handele, die aus den Teilen verschiedener Tiere »zusammengebastelt« worden sei.

Quelle: Herbert Wendt: *Die Entdeckung der Tiere*, München 1980

**Schnee am Äquator? Unsinn.**

Nachdem der Afrikaforscher David Livingstone (1813–1873) während seiner 1866 begonnenen Expedition im heutigen Tansania schneebedeckte Berge entdeckte und dies der Royal Geographical Society in London mitgeteilt wurde, wollten sich die dortigen Wissenschaftler darüber ausschütten vor Lachen.

Schnee am Äquator? Völliger Quatsch. Heute kennt jedes Kind den 5895 Meter hohen, mit einer Eiskappe versehenen Kilimandscharo.

Quelle: Adolf Schneider: *Besucher aus dem All,* Freiburg i. Br. 1973

**? 1924 wurde die Stenografie erfunden**

Die Kurzschrift wurde bereits im Jahre 63 v. Chr. von Marcus Tiro entwickelt. Sie war etwa eintausend Jahre in Gebrauch und hatte rund fünftausend Zeichen. Davon ist als einziges das »&« erhalten geblieben. Es wird auch heute noch in mehreren hundert Sprachen als Symbol für das Wörtchen »und« gebraucht.

Quelle: *Colliers Magazine* 5/1949

**? Die Tage waren immer gleich lang**

Nein, sie sind länger geworden. Auf den im Britischen Museum in London befindlichen Tontafeln aus dem alten Babylon sind die genauen Zeiten der Sonnen- und Mondfinsternisse vor rund 2500 Jahren genau festgehalten. Aus ihnen geht hervor, daß die Erde sich heute etwas langsamer dreht als damals. Astronomen haben diese Finsternisse analysiert und daraus errechnet, daß infolge der verlangsamten Erdumdrehung die Tage im Durchschnitt um 1,7 Millisekunden pro Jahrhundert länger geworden sind.

Quelle: *The Independent,* London 1/1995

# Register